民家
Minka

最後の声を聞く

藤木良明

学芸出版社

はじめに

今、古民家が静かなブームを迎えているとされる。民家がホテルやゲストハウス、カフェに転用されたり、店舗として再生されたりしている例は全国いたるところで見られる。逆の言い方をすると、これは民家の空き家化と住まいとしての終焉を暗示している。

近世という時代区分の幅を広げて明治期までに建てられた住居が、町家、農家を含めてどれほど残っているのか正確な数を知らないが、この数年、急速に空き家化が進行し、解体されたり、空き家のまま放置され倒壊したりしたものが目立ってきた。とりわけ茅屋根家屋にその現象が著しい。文化財の指定建物は、国または自治体の文化遺産として末永く保存することを目的としているから安易に解体されることはないが、その維持の様態には変化が生じている。昭和末年ころまでは文化財指定を受けた後も生活住居として維持されている家が少なからずあった。しかし近年は、所有者の高齢化、死亡によって住まいとしての役割を終え、管理または所有が自治体に委譲されたものが少なくない。文化財指定を受けた民家においても生活住居として維持していくことが容易ではない現実を迎えているのである。また、国の重要伝統的建造物群保存地区の選定を受けたものでも、ほとんどの家が空き家になっている地区もある。その一方、白川郷荻町の合掌造り集落のように外国人を含む多くの観光客が訪れ、集落の生活基盤が以前とはまったく変容したところも少なくない。

かつて民家は「庶民の家」と言われ、そこに住む人たちの生活、風土、歴史、時代などを反映して、多様な生活の総括的な意味合いを包含していた。しかし現在は生活のさまざまな局面で画一化が進行し、民家という言葉が持っていた総括性、多義性はどこか茫洋となり、ましてや住み手が居なくなった民家では家の本来の姿が見えないものになっている。

このような時代の転換期にあって、民家は現代の私たちに何を語りかけているのかを考えてみたくなった。実は私は四〇年余り前から民家を見て歩き、重要文化財に指定された家を含めてお住まいの方々から家にまつわるいろいろなお話を聞かせていただいた。民家が地方ごとに持つ形態の美しさに驚かされもした。当時、民家にお住まいであった人たちからのお話を基にしてかつて民家が何であったのかを問い直すことは、どうやら私の世代を最後としてできなくなりそうだし、それを書き残しておく必要があると考えたのである。加えて、私は福島県奥会津にある茅屋根集落の支援にかかわってきたのでその経験から得たことや、巷間にあまり知られず茅屋根家屋の保存活動が行われてきた事例をいくつか紹介し、それらが現在どのような状態を迎えているかを述べることで現代から何が失われ、そして何を見失ってはいけないのかを問い直してみたいと考えた。

私は民家の研究者ではなく建築の設計に携わってきた実務家である。したがって本書は民家に関するさまざまな既往の成果を参照しながら私の関心のおもむくままに書いた論考と思っていただきたい。本書からこの時代の大きな転換のなかでかつて民家が持っていた多義性、豊穣さの意味を何か一つでも汲み取って頂ければそれにすぎることはない。

目次

1

千年家

瀬戸内海の東端、播磨灘に流れる揖保川《いぼがわ》を三〇キロ近く遡ると、たつの市を経て、今は合併して宍粟市《しそうし》となった山崎という小さな町に出る。ここから先は姫路を始点とする因幡《いなば》街道で、深い山間の道が揖保川の上流に沿って鳥取市まで続いている。かつて、山崎は瀬戸内から山陰地方に出る要衝の地として栄えていた。

古井かずゑさんは、大正の初めにこの町で生まれた。生家は代々この地方を治めた藩主に仕える侍の家で、明治になって全国に廃藩置県の制が敷かれて五十数年たった後でも、かずゑさんは侍の家の厳しい躾《しつけ》で育てられた。

娘になって婚期を迎えたかずゑさんは、人並以上に気性が強く、両親が用意してくれる嫁ぎ先になかなか良い返事をしなかった。母親の心配をよそに、数えてみると三九回のお見合いを繰り返していた。中には一日に三人の候補者とお見合いをしたこともあったと言う。こんな日々を送るうち、ある日のこと、突然、初老の男性がかずゑさんの家を訪れた。かずゑさんのことを人づてに聞いて、息子の嫁になって欲しいと申し込みに来たのである。話を聞くとこの人は碩学《せきがく》の人で、百姓の身でありながら仏典に詳しく、全国をくまなく行脚していた。やがてかずゑさんが嫁ぐことになる古井徳治さんの父親である。かずゑさんはこのときのことを振り返って、「何とはなく古井の家が私を呼んでいるような気がした」と語っておられた。

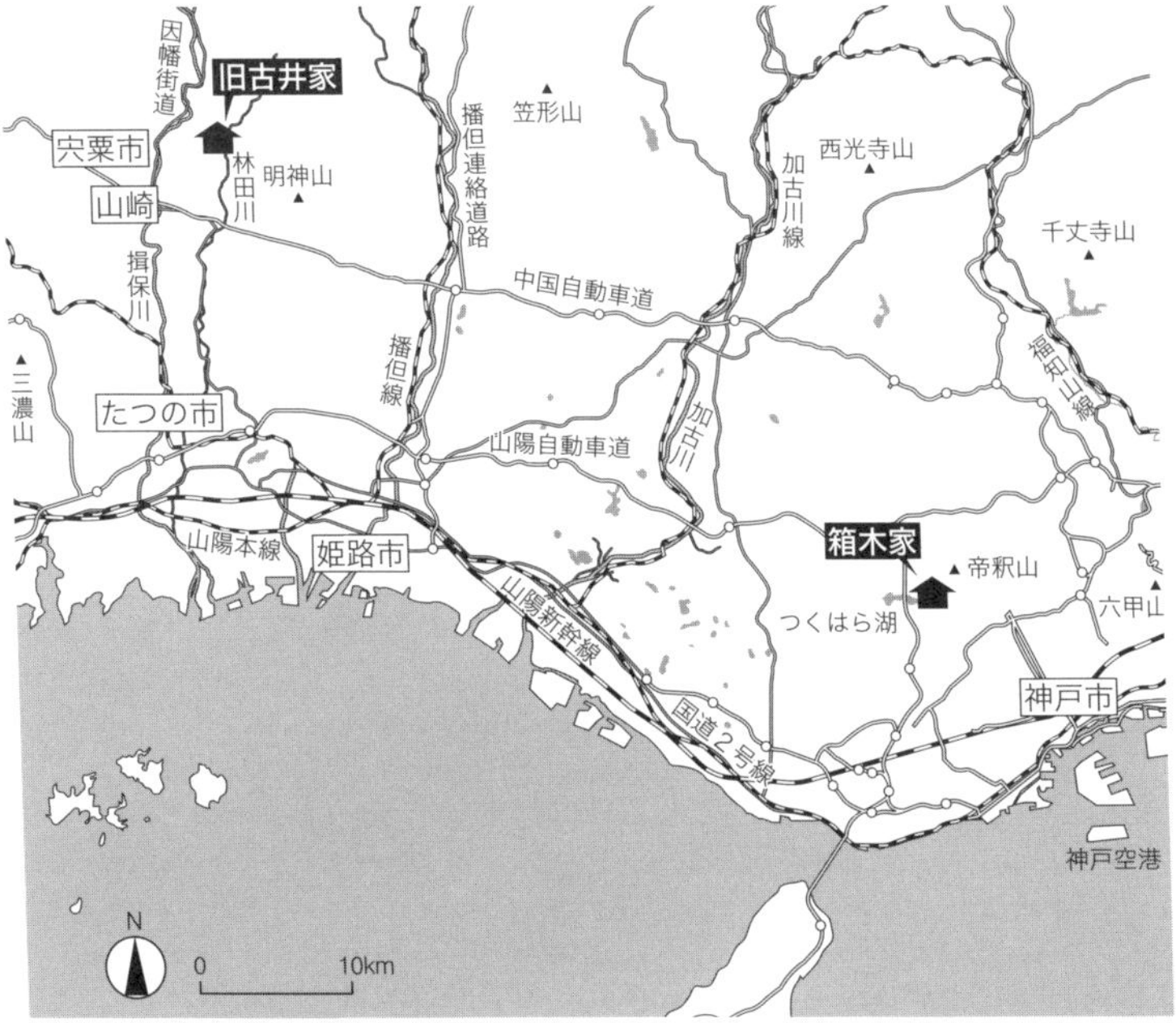

〈所在地〉

旧古井家（千年家公園）：兵庫県姫路市安富町皆河 233-1

箱木家：兵庫県神戸市北区山田町衝原字道南 1-4

皆河《みなご》の千年家……旧古井家

旧古井家はかずゑさんが生まれた山崎の町から五キロばかり東に行き、そこから林田川の流れに沿って、六キロほど北へ入った皆河という集落にある。この辺りは林田川の両脇から標高四〜五百メートルの山々が迫り、耕地はあまり多くない。周囲の山は美しい杉林で、林田川に沿った道の両側の窪地に一〇軒、二〇軒と家々が散在している。道は皆河の集落の中心地で大きく東にカーブしており、旧古井家はこのカーブのちょうど先端、小高い場所に建っている。かつて辺りの家々はみんな茅屋根であったが、おおかたは建て替えられ、残っているものでも茅屋根の上にトタンを被せているので、現在は旧古井家が唯一の茅屋根の家である。しかしながら旧古井家が周囲の家々と比べてきわだっているのは、屋根が茅葺きであるという点だけではない。

なお、旧古井家は後述するが一九九九年（平成一一年）に姫路市に合併する前の安富町に委譲されているので旧を付したが、以下ではかずゑさんを偲んで古井家とする。

かつて皆河に交通の便が開かれていなかったころ、ある高名な建築学者が古井家を訪れたことがある。この学者は「道を歩いていると、周囲の家々の中で古井さんの家は輝くように後光が射していた」とかずゑさんに話したと言う。この辺りにまだ茅屋根の家が残っていた時代にも、それほどに古井家は不思議な魅力を放つ存在であった。

現在、全国各地に残されている国の重要文化財級の民家は、江戸時代に名主を務めていたり、豪農や豪商であったりして、周囲の家々に比べて規模の大きなものが多い。しかし古井家は屋根の主構造を構成する間口六間、奥行き三間の上屋《じょうや》に対して、周囲半間通りの軒を下ろした七間×四間（約一三・九メートル×八・一メートル）の建物で、規模の上からは決して目立つ存在ではない。屋根の軒先が低く、遠くからは地面にとどくばかりに見える。このような佇まいが高名な建築学者に「後光が射していた」と言わせたものと思われ、古井家がこの土地で想像もおよばない古い時代から住み継がれてきたことを物語っているのである。

古井家は古くから〝皆河の千年家〟と呼ばれてきた。建設当初の確かな記録は残っていないが、一八三六年（天保七年）に書かれた「播州《ばんしゅう》皆《みな》河《ご》邨《むら》千年家之記」が伝えられている。それによると「神代の時利《ときより》、未《いま》だ周《あまね》からず斧斤鑿鋸《ふきんさくきょ》の類ばかりにて建てたる家なり」とあり、この家の古さを記録している。創建を神代の昔まで遡らせるのは無理としても、この記録が書かれた天保年間にあっ

図1·1　在りし日のかずゑさん

図 1･2　公園化する前の古井家（1985 年）

図1・3　ハマグリ刃のチョウナ仕上げ

て、この家がいつごろ建てられたのか判らないほど古いものであったことを窺わせる。事実、一九六七年（昭和四二年）に国の重要文化財の指定を受け、一九七〇年（昭和四五年）に解体修復工事が行われており、その際に建設年代を明らかにする資料は見つからなかったが、構造形式、仕上げの仕方などから判断してこの家の創建が室町末期ごろ（一六世紀後半）まで遡るであろうとされた。

　柱や梁、床板などの木材はカンナではなく、ハマグリ刃のチョウナによる仕上げとなっている。図1・3から窺うことができるが、木材の表面にはハマグリ刃チョウナで削り取った紋々の跡が復原工事によって残された。屋内の柱の内、家の長手方向の桁行《けたゆ》きは一間《いっけん》ごとに建てられており、民家の構造技法がまだ十分に発達していなかった時代の方法であることを示している。ここでいう一間は柱と柱の間《あいだ》のことで、桁行き六尺六寸、家の短手方向の梁間《はりま》は六尺九寸になっており、桃山時代以降になると一間が六尺五寸の柱間になるから、桃山期以前に建設されたことが明らかである。

これらのほかにも随所に古い手法が残されているが、四〇〇年以上の年月の間にはさまざまな変更がなされてきた。古くは図1・4に見る「おもて」が二室に区切られたし、明治になってから室内の竹のスノコと板の床は畳《たたみ》敷きに変えられ、「とこ」と「ぶつだん」が新設されたりもしている。しかし、重要文化財の指定に伴う復原工事によって、平面や構造形式などが可能な限り創建当初のものに戻された。現在の建物は、前座敷三間《みま》取りと呼ばれる民家のもっとも古い平面構成で、屋内に畳の敷かれた部屋は一つもない。「おもて」の床は巨木を年輪にそって引き割いたものをハマグリ刃チョウナで仕上げた板敷きで、その後ろの「ちゃのま」と「なんど」は竹のスノコ床である。復

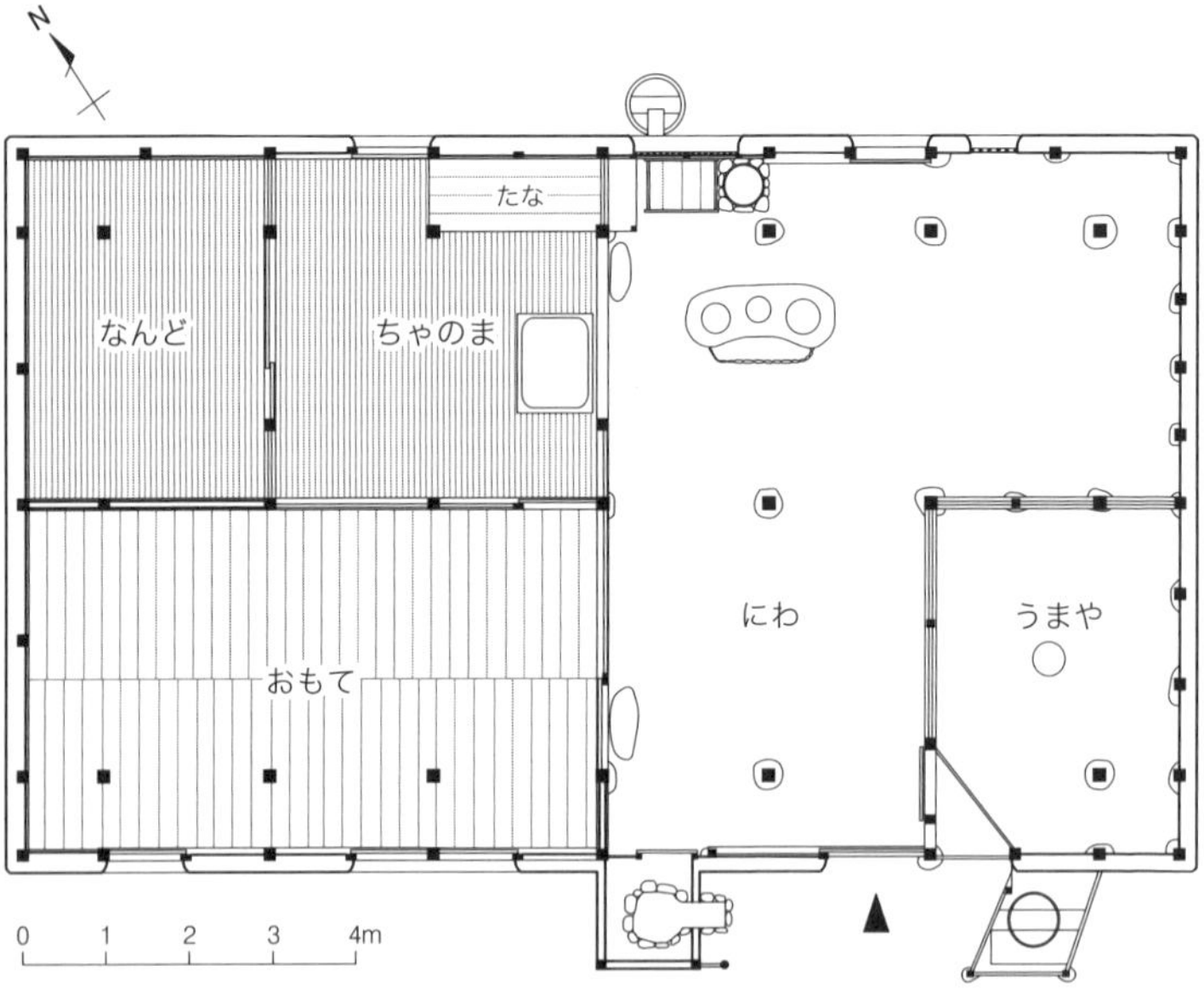

図1・4　古井家復原平面図（『重要文化財古井家住宅修理工事報告書』掲載図より作成）

原調査によると、創建当初の外部回りに開口部は少なく、わずかに「おもて」に三カ所、「ちゃのま」に一カ所、三尺幅の引き戸が設けられているだけである。屋根の軒先が地面にとどかんばかりに低いから、開口部からの光の量は少なく、日中でも屋内は薄暗い。これは江戸時代以前の民家として平常の形態であったと考えられている。なぜこのように開口部が少なく、薄暗い室内構成がとられていたのかについては、外敵の侵入に対する防御、冬期の防寒、道具が未発達な段階であるため建具類は貴重であったなどさまざまな理由が推論されている。これらの諸説はそれとして、当時の人々が日中でも薄暗い室内空間を、ごく自然のものと考えていただろうことに留意しておきたい。近世になると建物の屋内は次第に明るくなってくる。ある意味で、建物の発展過程は明るさに向けての指向と位置づけることができる。これは民家だけに限らず、たとえば茶室にも同じことが言える。日本最古で千利休の作と伝えられる妙喜庵待庵《たいあん》の室内は薄暗い。しかし、時代が下るにしたがって茶室も次第に明るいものが好まれるようになる。明るさへの指向は現代の家づくりに続く近代化へのもっとも顕著な傾向である。

　以上のように私たちは古井家を知ることによって、近世以降の家が明るさを求めて変容してくるのに気づくのであるが、その一方で家の中から姿を消してゆくものを見落としてはならない。

図 1･5　深く垂れ下がった軒先

家の霊力

古井家では「おもて」の一角に亀石と言われる大きな岩石が床を突き抜けて、頭の一部を室内に露出させている。古井かずゑさんはこの石を世界に二つしかない大隕石の一つと言っており、大昔、「大国主命がここに腰かけていた」と話してくれた。また、「千年家之記」には、

「其造立《そのぞうりつ》の初《はじめ》、夜中山上《やちゅうさんじょう》より大石落来《おおいしおちき》て寿永《じゅえい》が宅中《たくちゅう》へ転《ころ》び入《い》りけり」

とあり、家を建てるのに邪魔になるので再度、林田川へ捨てたが、夜になるといつのまにか元の場所に帰っていたと、この石にまつわる不思議な話を伝えている。古井家の周りが火事に見舞われたとき、この石は大量の水煙を吹き上げ、古井家を火災から救ったと言う。また一五八一年（天正九年）、羽柴秀吉が姫路城に三層の天守閣を築くとき、千年家にあやかって古井家の隅木《すみぎ》を切り取って部材の一部に使ったとも伝えられている。いずれも真偽のほどは定かでないが、現在も亀石の上に小さな殿舎がかけられており、家の守護神として祀られてきた。古井家は亀石に守られた〝無災の千年家〟と信じ続けられてきたのである（図1・6）。

現代の感性のあり様からすると、これらのことがらは信じるに足らないと一笑に付されがちであるが、そうとばかりは言えない。私たちの時代は家を住み継ぐことによって蓄積される力とも言え

図 1･6　亀石の覆い屋（1985 年）

るものを追放して久しい。それを〝家の霊力〟と名づけてよいかと思われる。古井家にはかずゑさんとともに〝家の霊力〟が息づいていた。亀石はその象徴としてあり、かずゑさんは古井の家に引かれ、育てられ、そして家への強い意志を持って住み継いできたのである。かずゑさんが受け継いだ家に対する代々の思いが古井家を四〇〇年以上にわたって生かし続けてきたのだと思う。家の持つ力が見えなくなったのは私たちの側の問題で、かつて家と家族は同義としてあり、あまねく家の無災が祈念され、またそう信じることによって家が代々住み継がれ、人は生かされてきたことを古井家は教えているのである。

かずゑさんがご健在のころ古井家に足を踏み入れると、なんとも言葉にしがたい雰囲気につつまれた。これは決して写真で再現できるようなものではない。わずかに、「ちゃのま」に座ったかずゑさんの姿が、どこにいるよりも幸せそうに見えるのを窺うことができるだけである（図1・1）。

実はこの〝家の霊力〟とも言えるものが現在の古井家からは感じられなくなってしまった。かずゑさんは一九八九年（平成元年）に七五歳で亡くなり、同時に古井家を守ってきた霊力もかずゑさんとともに去ってしまった。かずゑさんが亡くなった後、古井家は一九九九年（平成一一年）に姫路市と合併する前の安富町に委譲され、二〇〇〇年には家の周辺の整備がされたうえで、「千年家公園」として一般公開されるようになった。周辺が整備され、屋内もきれいに片付けられたが、その反面、生活の匂いも、家が長年見続けてきたさまざまな出来事も消えてしまったように思える。

重要文化財の指定を受けると、その家は従前の生活と同じようには使われなくなることが多い。所有者が勝手に変更することも法のうえで規制される。所有者が自治体や公的機関に移ることも多い。しかしながら古井家は修復工事によって室町時代の創建時の姿にもどされ、さらに家族の生活の場が別棟にあるにもかかわらず、かずゑさんの手でかつての生活がこの家の中で守り続けられていた。かずゑさんはご主人の徳治さんを早くに亡くしたが、くどにマキを焚き、手づくりの山菜みそや、肝臓に良いという大豆の酢づけを作り続けてきた。三九回のお見合いをしたうえで出会ったご主人であったが、心の広いおだやかな人で、亡くなった後もかずゑさんと一緒にこの家で生きておられた。かずゑさんは、時々、徳治さんが夢枕に立って「もうそろそろこちらへ来い」と語りかけると仰った。かずゑさんは、「まだ、この世にいるのが楽しいから、もう少し待ってくだ

図 1・7　千年家公園

さい」と答えるのだと言っておられた。

かつて私が名残りを惜しみながらいとまを乞うと、かずゑさんが、「夏になったら、また来るといい。この家は涼しいよ」と言ってくれたのを懐かしく思い出す。

現在は姫路市の委託により周辺の人たちの協力で土日、祝祭日のみ一般公開されている。

箱木千年家

兵庫県内には「千年家」と言われる古い民家が旧古井家以外にもう二棟残っている。二棟とも神戸市北区にある。神戸市街から新神戸トンネルをぬけると北区に出る。この辺りには茅屋根民家が全国的にも有数の形で残っており、北区は二〇〇八年（平成二〇年）に区内の茅葺き民家調査を実施した。それによると区内全域で七四九棟の茅葺き家屋があり、その内、六五〇棟は鉄板で覆われているが、九九棟は茅屋根のまま維持されているとしている。六甲の北側は神戸市街から十数キロ隔っただけであり、昭和四〇年代に入ると神戸電鉄沿線に沿って大規模住宅地の開発が行われ、小高い丘陵はあちこちで切り崩されたが、その隙間をぬうように茅屋根の民家が残った。

「千年家」と言われる二棟の内の一棟は北区小部《おぶ》にある兵庫県指定重要文化財の内田家であるが、創建が一八世紀中ごろまで下るのでここでそれに触れるのは割愛する。もう一棟は北区の西側、つくはら湖の東端にある「箱木千年家」である。かつてこの近辺には千年家と呼ばれる家が数軒あったとされるが、箱木家は北区に残る茅屋根民家の内でもきわだって古い。と言うより、古さにおいては皆河の旧古井家よりその創建が一層遡ると推定され、全国に現在残る茅屋根民家のうちで最古のものとされる。おそらく一五世紀に建てられたのではないかと考えられている。

箱木家は旧古井家と同様、一九六七年（昭和四二年）に重要文化財に指定され、指定後も住居として住まわれてきたが、一九七四年（昭和四九年）に山田川流域に呑吐《どんど》ダムの建設が決定し、その水没地域に入るため、旧位置から約七〇メートル東南に移築された。戦後のダム建設により多くの民家が水没したり、移築されたりしたがその代表例の一軒である。旧位置は山田川に沿った台地に建っており、高さ六メートルの石垣が築かれていたと言う。家の裏手には小さな丘があり、そこには持仏堂もあった。一般に農家に持仏堂がある例はまれで、このことからも箱木家の先祖は山田庄の地侍であったという伝えが納得できる。

ダム建設に伴う移築に際して解体調査が行われたが、その結果、この家の創建以来の経過がある程度まで判明した。移築前には東側の広い土間に続いて六つの畳の部屋があるいわゆる整形六間取りであったが、これは江戸時代になって離れ座敷を増築し、やがて、主屋と離れ座敷との間に二室を作り、一つの屋根で覆《おお》ったものであることが跡づけられた。移築再建に当たっては、主屋と離れをつないでいた二室を撤去して、創建時の姿をより明確に復原することとなった。したがって、現在見られる箱木家は、創建時の主屋と江戸時代に建てられた離れの二棟となっており、移築以前の姿とは大幅に異なっている。ここでは国の重要文化財の解体復原に伴って旧古井家よりもなおのこ

図 1･8　箱木千年家

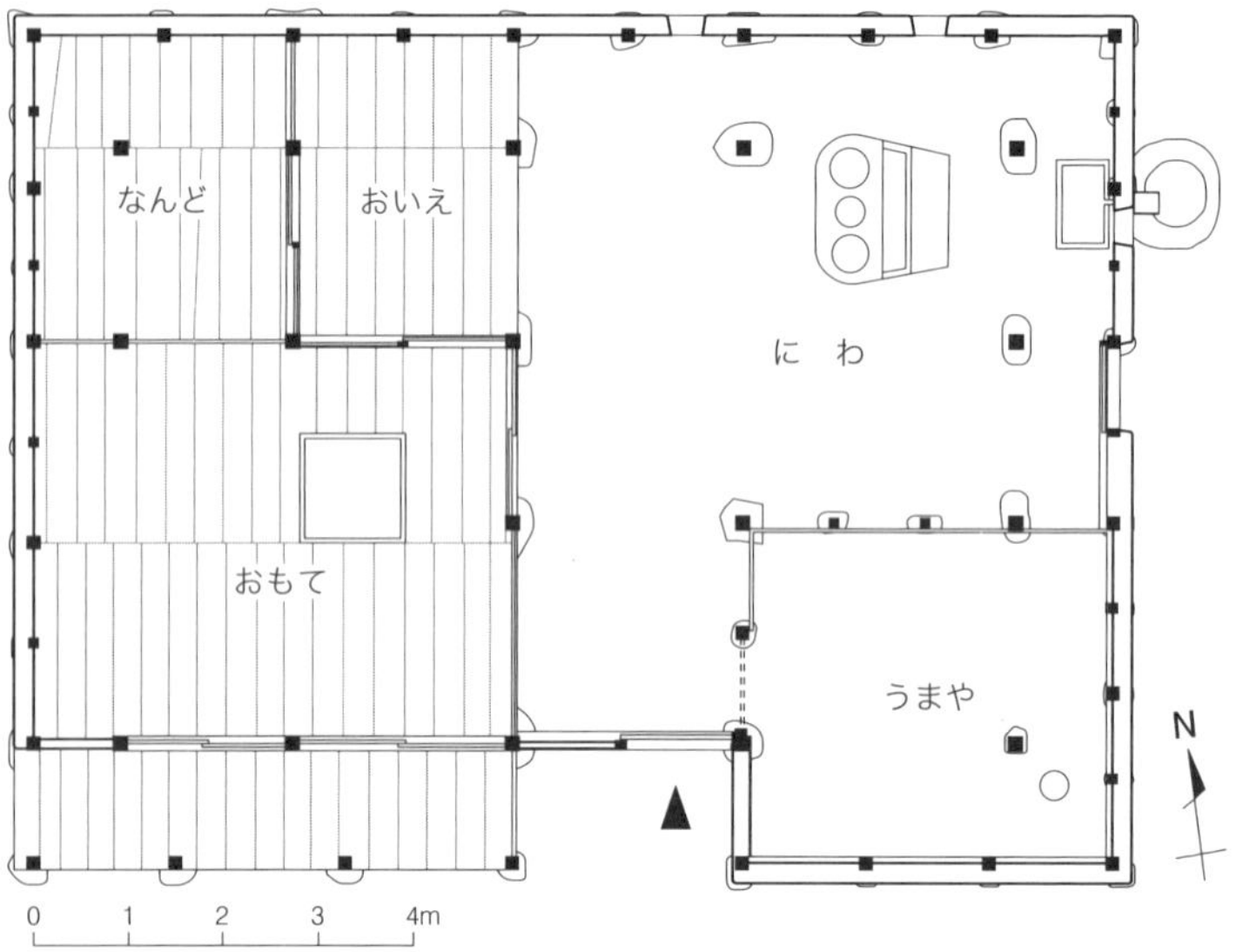

図 1·9　箱木家復原平面図（『重要文化財箱木家住宅（千年家）修理工事報告書』掲載図より作成）

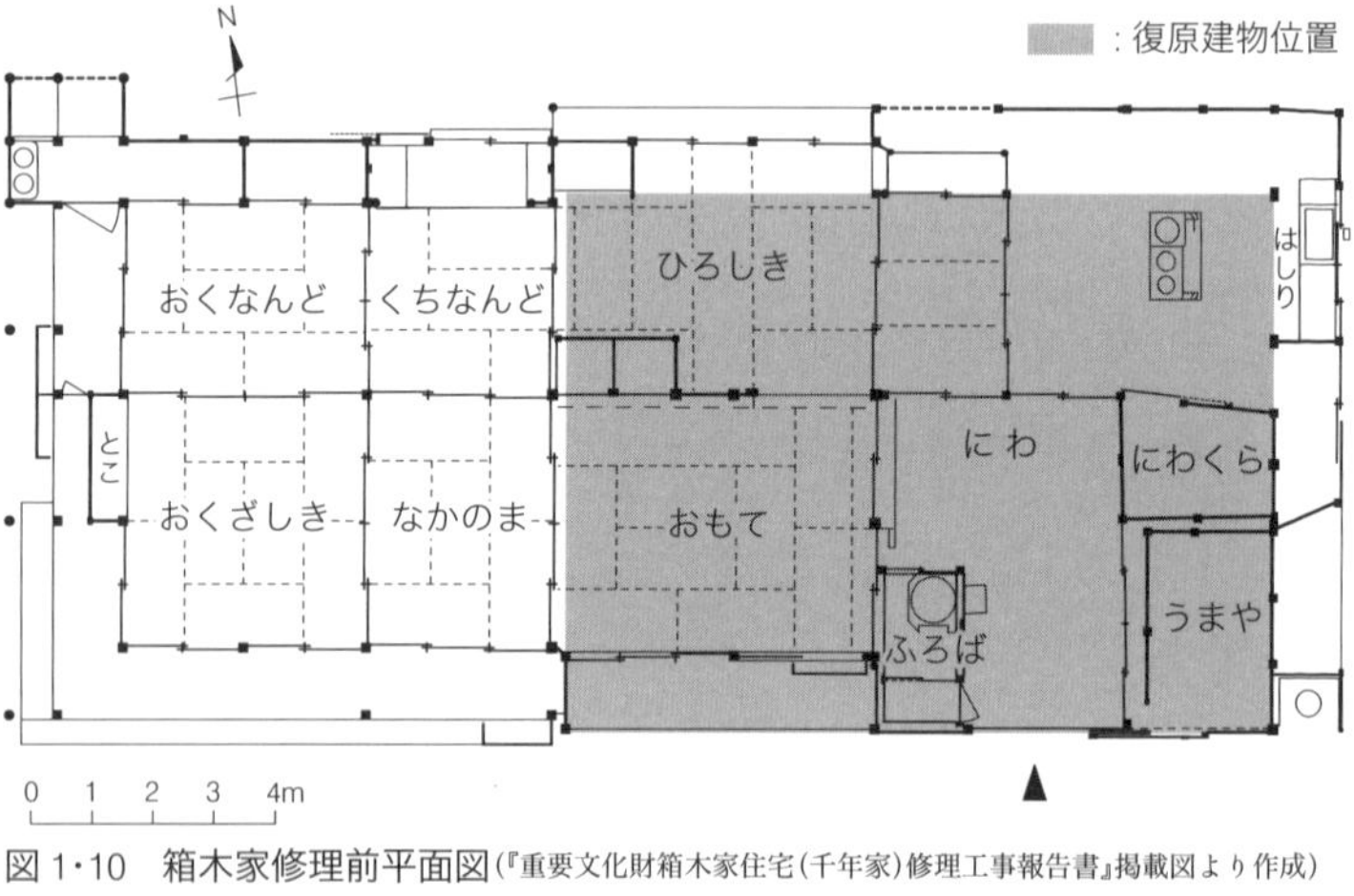

図 1·10　箱木家修理前平面図（『重要文化財箱木家住宅（千年家）修理工事報告書』掲載図より作成）

と五百年以上にわたる家の歴史は葬り去られており、時代とともに培《つちか》われた生きた家の力を感じ取ることはできない。移築とともに五世紀にわたる住まいの役割を終え、国の重要文化財として一般に公開され、神戸市街に近いこともあって日曜、祭日ともなると見物客が絶えないが、重要文化財の移築に伴う解体復原工事によって家の歴史が名実ともに葬り去られた典型事例と言ってよいであろう。

旧古井家には、重要文化財の指定を受けて創建時の姿に復原されたにもかかわらず、かずゑさんの生活が息づいていた。その一方、箱木家は移築保存とともに住まいの役割を終えた。しかし、旧古井家もかずゑさん亡き後は公園化によって家の持つ霊力とも言える力が失われた。これらを見ると、家を住み継ぐということは、単に家屋としての形態上の問題ではなく、住まう人の精神に深くかかわる問題であることが判る。また、重要文化財の指定を受けた家の解体復原工事によって、建物の創建時の姿をより正確に学ぶことができるが、その反面、家とそこで生きてきた人たちの生活を見失うことにもなるのである。

2

花祭の家

天龍川の中流域、三河、信州、遠江の国境、現在の愛知、長野、静岡の三県が接する辺りには、古い祭りが各所に伝えられ、「まつりのふるさと」として知られている。なかでも愛知県北設楽《きたしたら》郡東栄町、設楽町、豊根村の三町村では、一一月から三月上旬にかけて、段々畑のつらなる谷あいの集落で夜を徹しての「花祭」が行われる。

花祭というと、春の灌仏会《かんぶつえ》や花見を連想するが、ここでの花は桜ではない。花は「蓮の花」を指すとされ、白山信仰に基づく浄土入りにかかわるとか、再生や子孫繁栄にかかわる生まれ清まりを意味する、などの諸説があるがいずれも定説というより祭りの一側面を捉えたもので、湯立てを中心とする神事とそれに続く村人たちの奉納の舞や仮面の舞を総称して花祭と呼んでいる。現在、東栄町に一一カ所、豊根村に三カ所、設楽町に一カ所、合わせて一五カ所の花祭が残されている。かつて佐久間ダム、新豊根ダムの建設により村の水没とともに滅んだもの、集落の過疎化、高齢化により消滅、または休止しているもののほか、今後の存続が危ぶまれるものも少なからずある。

花祭の起源は戦国から安土・桃山時代にこの地に入った修験者が修験道の教義に基づいて行った湯立ての祭儀にあるとされる。古くは三日三夜、七日七夜連続して大神楽《おおかぐら》が開催されたともいう。奥三河の谷あいは東海道と中山道《なかせんどう》からそれるものの諏訪地方と東海道側を結ぶ要衝であったので修験者が往来した。修験者たちがもたらした神楽と土着の信仰が混交して現在の祭りの原型ができあがったものとされる。

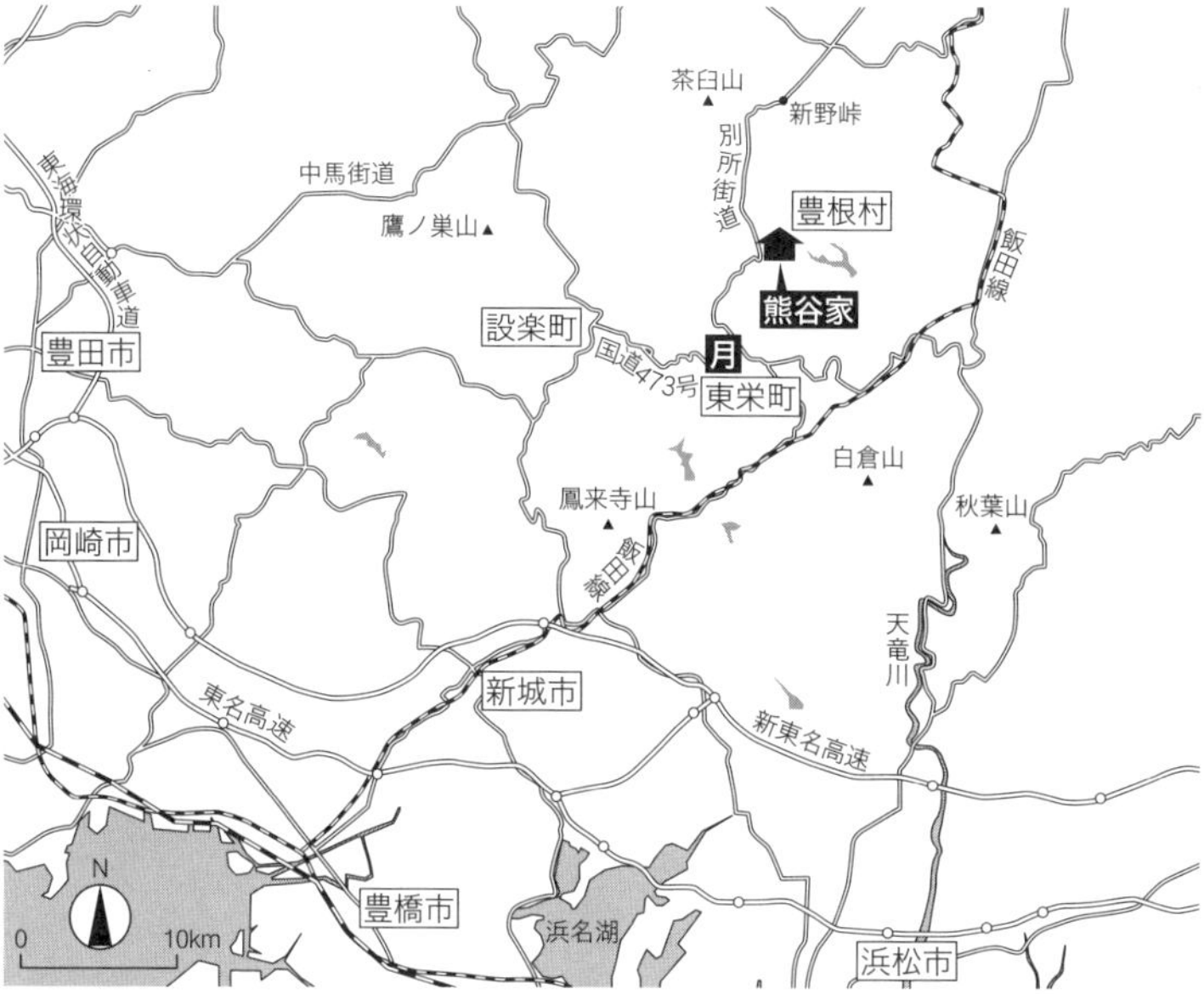

〈所在地〉

月集落：愛知県北設楽郡東栄町大字月

熊谷家：愛知県北設楽郡豊根村大字上黒川字老平 12 番地

花祭の空間

花祭は、現在では地区ごとの公民館や神社で行われている。しかし以前には一般の民家が使われることが多かった。花祭の家は「花宿《はなやど》」と呼ばれ、家人の病気平癒の願《がん》かけや、新築した家の安泰などの立願《りゅうがん》によって花宿が決められた。これは花祭の拡張期である江戸中期以降のことと思われるが、家と集落とのかかわり、集落を存続させてきた共同性のあり方を考えるうえで示唆されるところが多い。一九三〇年（昭和五年）の記録では北設楽一帯で一七カ所の民家が花宿になったとあるが、近年は民家で花祭が行われることはなくなった。花祭が民家で行われたのは今から三三年前、一九八四年（昭和五九年）の「月」集落が最後である。そこで、花祭が民家で行われた最後の様子からかつての家と共同性のあり方を見ることにする。

花宿になったのは「月」の集落を横断する国道四七三号から山あいの方に一キロばかり入り、さらに段々畑の畔道を少しばかり上ったところにある村松寛さんの家であった。

民家を花宿にする際、家の中の土間で舞を奉納する場合と、家の前庭を舞の場にする場合があったとされる。村松さんの家では土間が舞を舞うには十分な広さを持たなかったので、家の前の庭が舞の場所として選ばれた。

舞を舞うには、ほぼ三間四方の広さが必要である。ところが、村松さんの前庭の奥行きは二間少々しかないので段々畑の石垣にせりだして杉の丸太で吹き抜け舞台を組むことになった。

舞を舞う場所を「まいど」と呼ぶが、村松さんの家の前庭とそれに続く畑に作られた仮設の「まいど」は四間半に二間半の広さであった。四隅と中央の五カ所に榊《さかき》忌竹《いみたけ》をたて、四方に注連《しめ》縄《なわ》をめぐらす。「まいど」の中央には湯釜が据えられ、ここが神事や村人たちの奉納舞の中心となる。湯釜の真上には「湯蓋《ゆぶた》」が吊り下げられる。「湯蓋」は切り紙

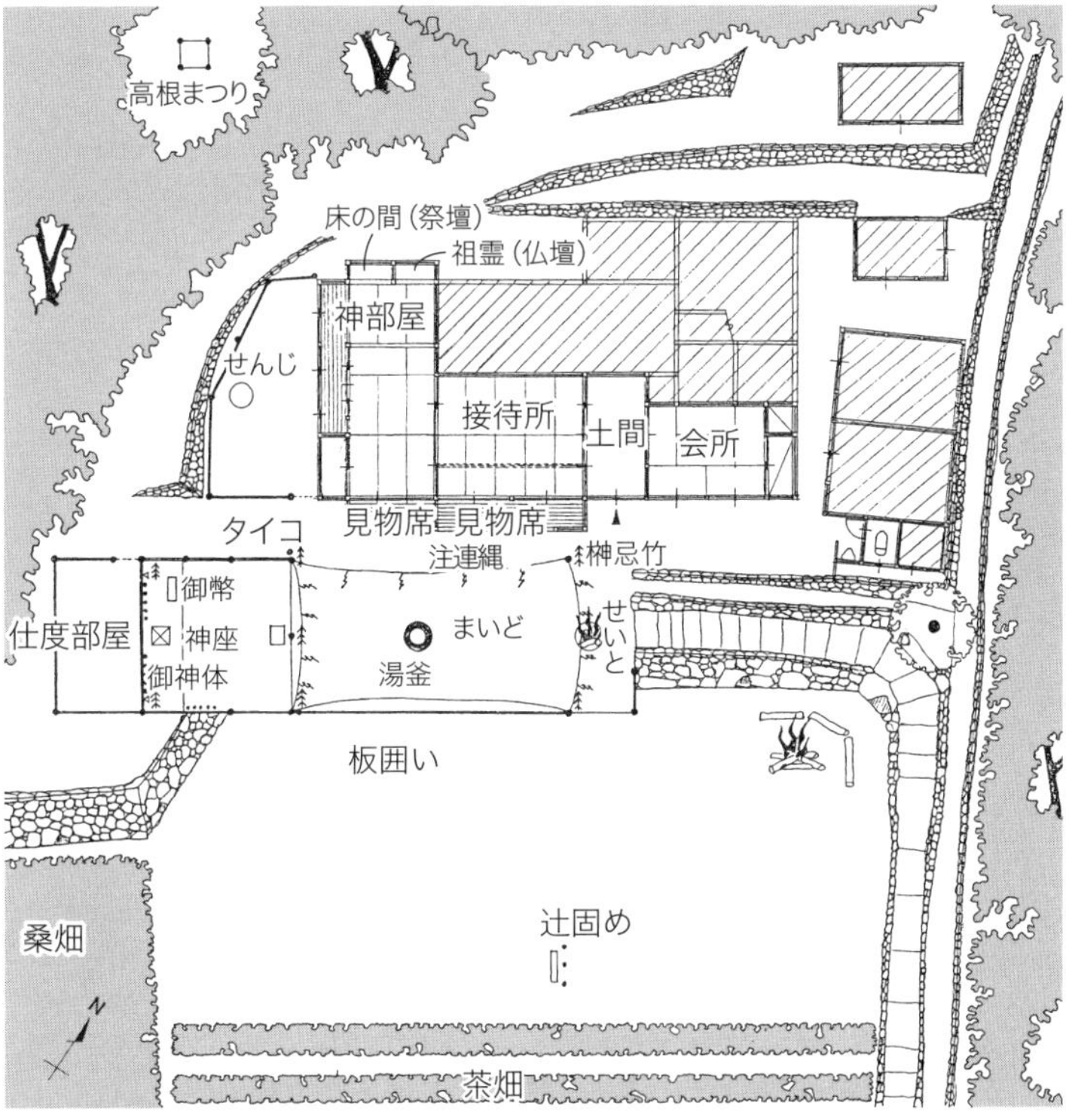

図2·1　村松家と「まいど」

で作られた一種の天蓋《てんがい》で、湯釜のお湯が沸き立つと、その湯けむりが天蓋を包む。湯釜のお湯を沸きたたせることによって、祭りの場に八百万《やおよろず》の神々を勧請し、神々が天蓋に宿るものと考えられている。

「まいど」の天井には湯蓋を少し小さくした「一力花」や「添花」がところ狭しと吊り下げられており、里を吹く風になびく。「一力花」や「添花」は地区の人たちが、それぞれに願いを込めて手作りし、奉納したものである。「まいど」のまわりには「ざぜち」という切り絵や、祭りのためにお金やお酒を奉納した人たちの名前も貼り出される。「湯蓋」や切り絵は祭りの場を華やかなものにし、辺りの種々《くさぐさ》と融和して山里の祭りらしい雰囲気を高めている。

こうして整えられた「まいど」に続いて、一段と高いところに「神座」が設けられる。祭りを司る人たちの場所で、近くの神社から移した御神体と神々の憑代《よりしろ》の御幣が「まいど」の正面にあたるところに祀られる。その背後が舞の仕度部屋となっている。

以上が村松さんの家の前庭に設けられた仮設の祭場であるが、屋内も祭りのための空間として使われた。なかでも床の間のある北西隅の座敷は「神部屋」となり、ここで祭りの最後の重要な儀式である「しづめの舞」が舞われる。祭りのために、お金やお酒を奉納した人や関係者の食事は、祭儀に供する食事を神聖視する考え方から、「せんじ」と呼ばれる仮設の調理場で準備し、日常の台所は使わない。しかし、その他の主だった部屋は祭りのために開放された。

花祭は昭和の初めに民俗学者の早川孝太郎によって紹介されて以来、多くの民俗学者の注目するところとなり、今日にいたるまでさまざまな研究が発表されているが、家と集落のあり方を考えると、個人の家が集落全体に開放されてきたことに大きな意味がある。現代の通念からすると、村をあげての祭りであるから神社の境内で行われるのが自然のように思われる。神社は個々の家をつなぐ信仰の象徴としてあり、そこに人々が寄り集まることにより共同体を構成させる。しかし、花祭が民家を舞台にして伝承されてきたことは共同体のあり方を逆照射している。個を集約する共同観念の象徴として神社があるのに対して、個を共有することが共同体を担保しているのである。花宿になると個人の家と言えども村人や見物人が自由に出入りする。村松さんの家では、舞を舞うには家の前庭が狭かったので畑の一部を壊してまで祭りの場を作っている。これは、一個人の家が村中の人たちに共有された状態と言ってよい。

花宿は年ごとの輪番や当番によって決められるのではなく、立願《りゅうがん》によって設定されるが、願《がん》を立てた一家の喜びや苦しみ、そして再生への願いが村の人たちに共有されることで祭りが進められたのである。家が新築されると、その年の花祭は新しい家で行われたとも言われているが、この場合も、花宿となった家を村の新しい家として認知し、さらにその家の平安が村人の共同の願いともされたのであろう。そのために神々が招来され、子供たちから老人にいたる村人の舞が神々に饗応され、また悪霊を祓うために鬼たちがマサカリで中空を切り払い大地を踏みしめる反閇《へんべ》を踏むのである。このように考えることによって、「まいど」の天井に所せましと吊り下げられた「一力花」や「添花」は理解され、「一力花」や「添花」に託された各々の願いが村人たちに共有されるのである。

折口信夫は花祭の「花」は、なりものの前兆を示す一種のさきぶれのこととして穀物の成熟とともに成年戒とも関係があるとしているが、村人たちのこころのうちには《家》をもまた花と見立てて、花育て＝家育ての願いを花祭にこめてきたと考える。ここでいう《家》は住まいとしての物理的な家をいうのではない。先祖の霊を受け継いだ家族を単位とする家であるとともに、集落の構成員としての家である。家育ては共同体としての村育てに他ならない。いま、都市での《家》は、集落を構成する要素を希薄化させ、建物としての家と、家族としての家の二つにイメージが分化した。何百世帯もの家族が一つ屋根の下に生活するマンションでさえ集合住宅とは名ばかりで、その一戸一戸の住人は多様で、かつての集落のような共同体観は失われている。言い換えると、個としての住まいづくりが進み、家族が解体し、個と家族、家と家との関係が変容した状態を表出している。かつて個の家が集落の構成員として地域に位置づけられていた時代には、住まいとしての家と、家族としての家は一元的で不可分であった。

花宿になった家の室内を見るとき、もう一つ興味深いことは「神部屋」の構成である。床の間には〈山の神〉と書かれた軸が掛けられ、御幣を祀り、注連縄が張られている。祭壇となった床の間の隣は仏壇である。おおかたの地方では、一般に神事にかかわる祭りの際には仏壇の扉は閉められる。しかしここでは扉が開けられたままである。これは神と仏が家の守護として同居している姿と言ってよく、花祭の性格を物語る一面でもある。花祭は、もともと神仏習合の姿で受け継がれてきたが、一八六八年（慶応四年）以降の廃仏毀釈によって神儀性を強くしたと言われている。一つの部屋に神と仏が同居する室内構成は明治以降の近代化が葬った神仏が同居するなごりを色濃く示しているのである。

花祭の次第

祭りの当日は祭りを司る花太夫とその世話をする宮人《みょうど》による「うちきよめ」「滝ばらい」をすませた後、午後一時を過ぎると「高嶺まつり」と「辻固め」が行われる。翌日の夕刻すぎまで延々と続く祭りの始まりである。

高嶺まつりは「まいど」に据えられた湯釜のほぼ北西（戌亥《いぬい》）の方向、花宿の背後の山で行われた。その一方、辻固めは東南（辰巳《たつみ》）の方向の畑の一画で行われている。どちらも天地四方の諸霊、悪霊にかかわる神事で、それ以後に進められる祭りの場への悪霊の侵入が封じられる。これら二つの儀式が花宿の北西、東南で行われることは意義深い。早川孝太郎は「高嶺まつり」は白山信仰にかかわり、天狗を祀るとし、「辻固め」は地上の諸霊を防ぎ祀るとしている。つまり、ここには中国から伝承した鬼門・裏鬼門の東北・西南軸を重視する方位観とは異なる信仰の古層が認められる。

高嶺まつりと辻固めがすむと、いよいよ花宿での神事が始まる。祭りを司る花太夫は火打ち石でほだに火をつけ、「まいど」の中央に据えられた竈《かまど》に火を入れる。湯が沸き立つと花太夫は八百万の神々の名前を延々と呼びあげ、祭りの場に勧請する。その後、宮人による儀式舞があって、真夜

図 2･2　舞を舞う少年たち（月集落）

図 2･3　榊鬼と小鬼（中在家集落）

中の一二時ごろになるといよいよ村人たちの奉納の舞が始まる。「一の舞」「花の舞」など、村の少年や青年の舞いが絶え間なく続くが、やがては出番の前に村中の家々を練り歩き、病人を踏んだり、新築の家で反閇《へんべ》を踏んだりして悪霊を祓い鎮めてきた「榊鬼《さかきおに》」や「山見鬼」「茂吉鬼」が次々に登場して、祭りのクライマックスを迎える。その後も村人たちの奉納舞は続き、奉納舞の最後の「獅子」が終わるのは次の日の夕方近くなってからのことである。

村人たちの奉納舞が終わると、再び花太夫と宮人で神送りの儀式が行われる。祭りの場に招来した神々を送り返すのである。祭りの儀式がすべて終わるころは、すでに二日目の夜がとっぷりと暮れている。

凍てつく寒さと眠気におそわれながら花祭を見学して、もっとも感動的なのは舞を奉納する村人たちの姿である。舞を舞う村人たちの姿は美しい。ことに一時間近く舞い続ける少年たちの顔は極度の肉体疲労にもかかわらず厳しさを失わない。奉納の舞のうち、「花の舞」は五〜八歳、「三つ舞」は九〜一二歳、「四つ舞」は一三〜一八歳などと舞う人たちの年齢が定められており、舞が進むごとに跳躍や旋回の激しい動きが要求される。肉体の極限まで舞い続けることによってある種のトランス状態を得て神と共生し、幼児から少年、少年から青年への成長が約束される。

ちなみに、一九八一年度（昭和五六年）の学校基本調査を見ると、月小学校は全部で三学級、児童総数一六名、そのうち、男子は一〇名であった。舞を奉納するのは男子だけであるから、すべての少年たちが厳冬の真夜中の奉納舞に試練としてかかわったことになる。長老格の宮人たちは、時には少年たちの舞をいっしょに舞って手ほどきし、村人たちも「テーホへ、テホへ、もっと舞え、もっと舞え」とはやしたてる。青少年たちの舞は、いわば少年から青年へ、青年から大人へのイニシエーションであって、村の青少年たちは年ごとの祭りを試練として、村の成員として認知されてゆく。青少年たちの成長は〈家育て〉〈村育て〉につながり、修験がもたらした〈花〉の原義は家の安泰と村の繁栄に向かってさまざまな付会と展開をしてゆくのである。おそらく、このことが花祭の〈花〉の豊穣さの見落としてはならない重要な意味であると考える。しかしながら、近年は祭りの祭儀性が変質してきた。月小学校は一九九七年（平成九年）に東栄小学校に合併されて廃校になったし、男子だけで舞を舞うことはどの地区でも不可能になっている。

花太夫の家……森下家

「月」の集落を北の方へ小高い山をのぼると槻《つき》神社がある。その山裾に、神社の神主を代々つとめて花太夫を世襲してきた森下家がある。付属屋を除くと間口一〇間半、奥行き五間の平屋建てで、棟札に一八四五年（弘化二年）の上棟と書かれていると言うから、今から一七二年前の建物である。古写真を見ると、妻側を大きく見せた切り妻造りで、杉皮で葺いた勾配の緩やかな石置屋根である。棟には棟飾りが付けられており、外壁は板張りで、現在より間口が狭く七間半、奥行き五間である。この辺りでは一九五九年（昭和三四年）の伊勢湾台風により石置き屋根がことごとく飛ばされたと

図 2･4　古写真による森下家(写真提供：森下武之)

図 2･5　1984 年当時の森下家（現在は外壁がサイディングに変えられている）

言うから、その被害後に屋根を瓦葺にし、東側に新しい台所を中心として四間の増築がなされ、現在の姿になった模様である（図2・4～2・6）。

内部は、台所の位置変更に伴って以前の土間のまわりが大幅に改築され、座敷まわりにも中廊下を作るなどの改変があるものの創建当初の姿を良く残しており、この地域のかつての民家の典型を窺い知ることができる。玄関を入るとタタキの奥に和室が二部屋続いているが、家人の話によると以前は玄関を入ってすぐは広い土間であったと言う。二部屋続きの奥の一〇帖間は食堂兼居間のような使われ方をしており、室名を「だいどころ」と言っているとのことだが、そこに調理施設はなく、現在の調理場は増築された「いたま」を挟んだ東側にある。城戸久は昭和二〇年代に北《きた》設楽《したら》地方の多くの農家の平面を採録しており、それによると土間に突き出た板間がある間取りを「土間生活の困難な山間地向きの間取り

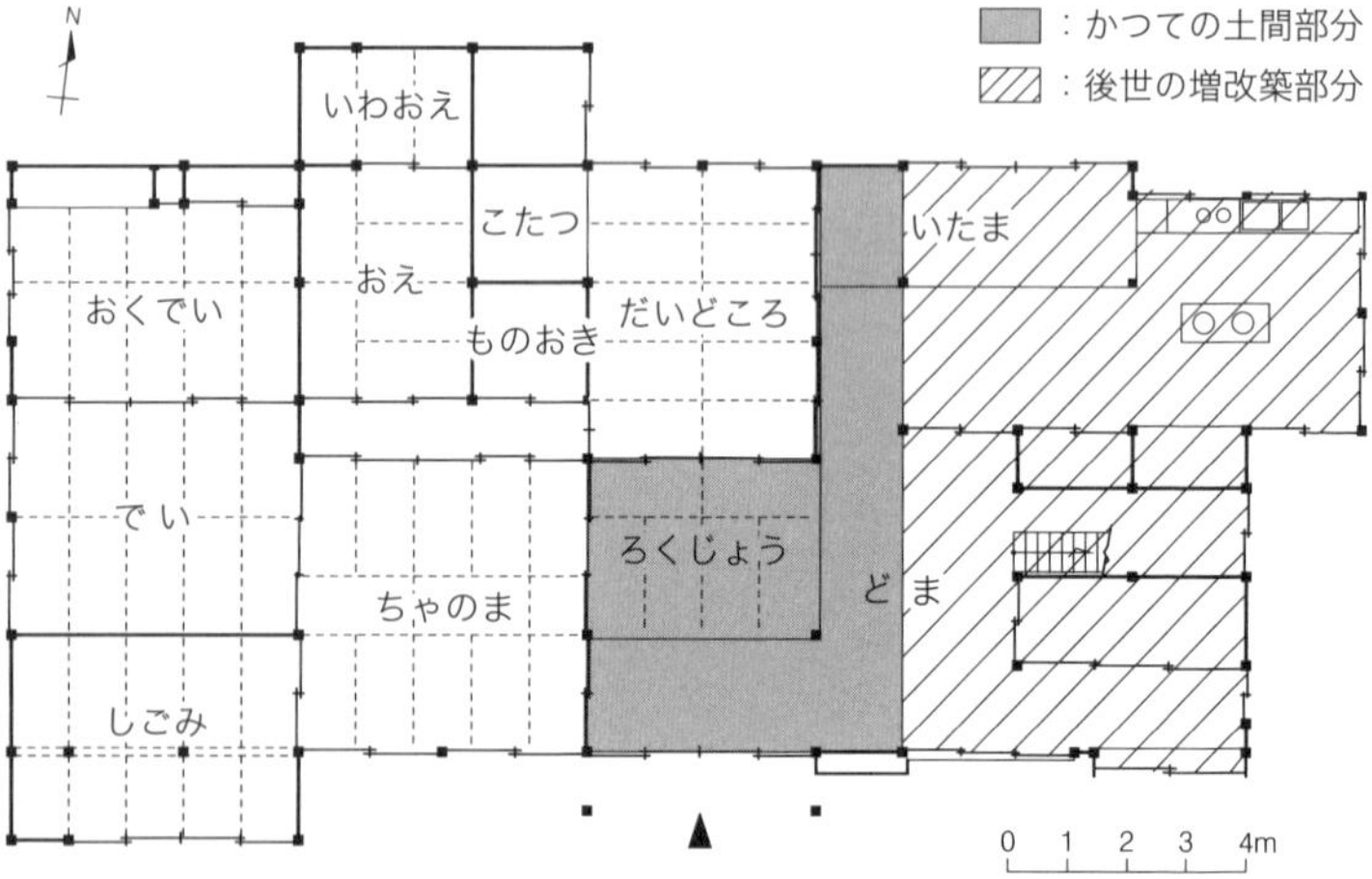

図2･6　森下家平面図

と言えよう」としている。図2・6に見る「だいどころ」が増改築以前も一〇帖の広さであったかそれとも拡幅されたものであるかは判明しないが、かつてはここが板間で食堂兼居間的に使われており、この「だいどころ」と玄関の間が土間であったのは間違いなかろう。

城戸久は花祭の花宿になった家の間取りも採録しており（図2・7）、これと森下家の増改築前の平面を比較すると多くの点で共通する。森下家は花太夫を勤める家柄であるからこの家が花宿になった可能性はないと思われるが、「だいどころ」と呼ばれる板間と土間とそれに続く部屋はこの地域の間取りの原型を示しており、かつての花宿の様子を窺わせて貴重である。言い換えると、森下家で土間が畳敷きの部屋に改変されたのは他の家々でも同様で、住居の近代化は土間での作業とともに祭りの場を屋内から追い出したのである。

なお森下家の南西の隅の部屋は「しごみ」と呼ばれる寝室である。「しごみ」は北設楽地方にみられる呼称で、かつて藁《わら》を敷き込んで若夫婦の寝室にしたことから名づけられるようになったとされる。これは次にあげる熊谷家の「ねま」と共通する。

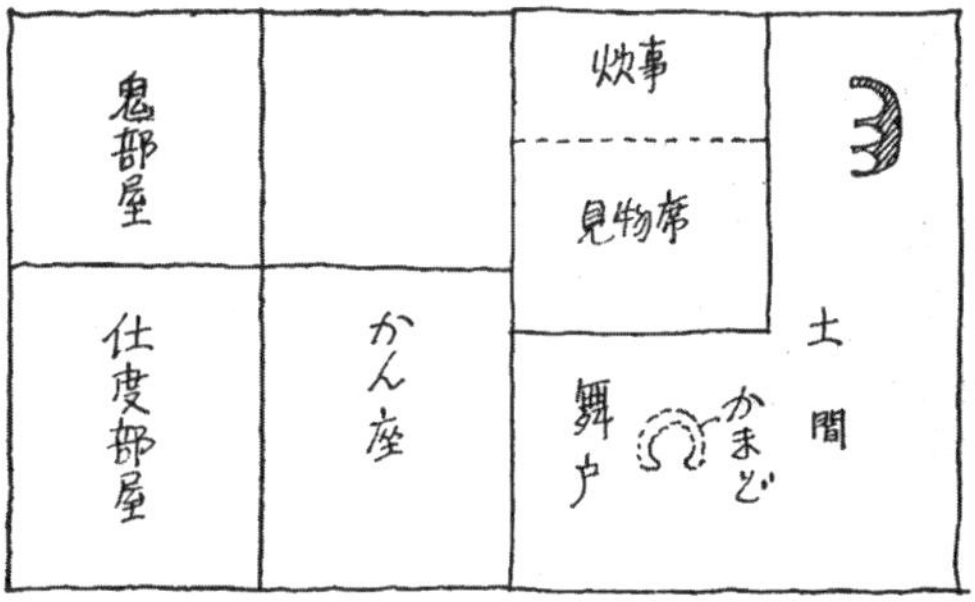

図2・7　花宿の部屋の使われ方（城戸久『城と民家』による）

北設楽地方に残る茅屋根……熊谷家

「まつりのふるさと」とされる自治体の一つである豊根村に、一九七四年（昭和四九年）に重要文化財の指定を受けた熊谷家がある。この辺りに残る唯一の茅葺き民家である。一七四四年（寛保四年）以降の祈祷札が残されており、創建は一八世紀前半と推定されている。この家は代々庄屋を勤めてきた家柄であるので規模が大きい。「にわ（土間）」に突き出た「いたのま」があり、変形田の字の部屋に続いて「なかのま」「じょうだんのま」「ねま」を持っている。熊谷家の方が森下家より時代が一〇〇年ほど遡るが、一八世紀前半には北設楽地方に森下家の増築前の間取りに見る土間に突き出た板間に続く田の字型の基本平面が成立していたことを窺わせる。

熊谷家には八八歳の熊谷臣代《とみよ》さんが今も住み続け

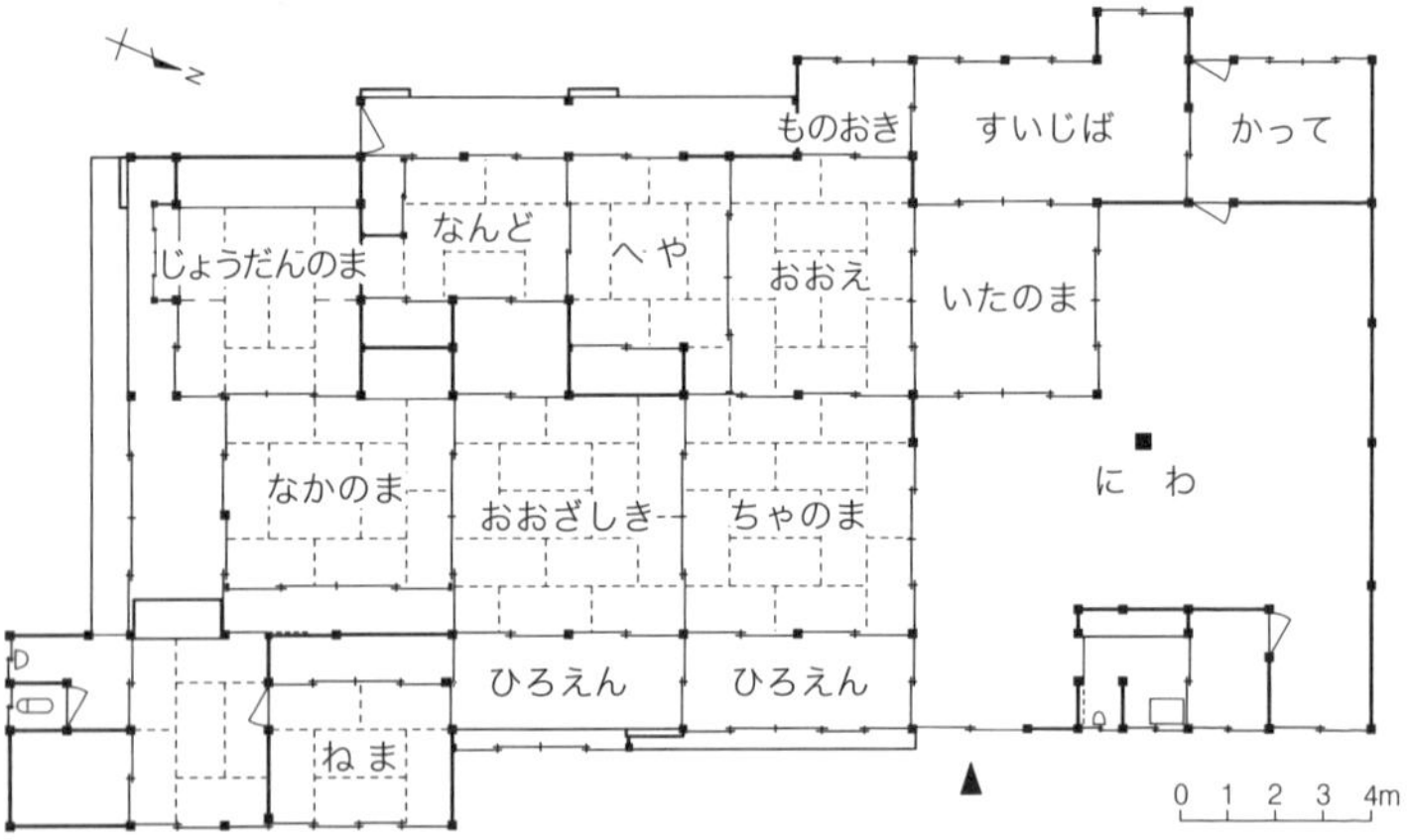

図 2･8　熊谷家平面図

（『日本の民家 第二巻 農家Ⅱ』『重要文化財熊谷家住宅主屋及び新倉修理工事報告書』掲載図より作成）

図 2・9　熊谷家遠望

ておられる。ご主人の賢一さんを一九八五年（昭和六〇年）に五九歳の若さで亡くし、それ以来三〇年、かつて醸造業を営んでいた時期があるので現在もお酒の小売をしながら一人でこの家を守ってこられた。重要文化財の指定を受けた茅葺き民家に今も住み続けられている全国的に見て稀な家である。臣代さんのお話では、この家の屋根はご主人の賢一さんが亡くなられた少し前の一九八二〜一九八三年（昭和五七〜五八年）に葺き替えがされた。かつては村に茅場があり、茅葺きの「結」も結ばれていたということであるが、修理工事の際、奥三河に文化財の屋根を葺き替えることができる茅職人はすでにおらず、東北から茅職人が来て仕事をした。茅も気仙沼のものが使われた。前回の工事から現在三四年を経過しており傷みがかなり進行している。北側の庇部分からは雨漏りも始まっている。国の重要文化財の指定を受けているので修繕には国、県、村から補助が出るが、文化財となると一般の家を直すのとは違って、さまざまな規制があり、費用も高額になる。臣代さんが自己負担分を捻出するのは容易でない。「昔なら山の木を売れば何とかなったけど、今は木を伐り出す手間にもならない」と仰る。人口一一〇〇人あまりの村の財政は厳しく、村で唯一となった茅葺き民家の保存に対して十分な見通しを立てられないのが実態のようである。

修理工事時の報告書によると、熊谷家は創建以来、幾度かの改変を経て現在に至っている。一八世紀末から一九世紀初頭に「じょうだんのま」と「なんど」が改変され、昭和の初めに南西側の広縁を取り潰し、寝間と便所が増築された。ここに寝室が増築されたのは森下家の南西角の「しごみ」と呼ばれる部屋と符号し、若夫婦の寝室として使われた。当主夫婦は「なんど」を寝室としており、これは全国的に見てかつての民家の一般的な就寝形態と言える。森下家では熊谷家の「なんど」の位置が「おえ」と呼ばれており、通常は日常の常居《じょうい》の場を「おえ」と言うが、森下家ではここが当主夫婦の寝室であったと推定される。世代交代に伴って当主夫婦の寝室が移動するのは全国的な傾向ではあるが、熊谷家の南東角の寝室が昭和初期に増築されたことから判断すると、若夫婦の寝室としての北設楽地方における「しごみ」の発生は、そう古いものではないことを窺わせる。おそらくこれは住居の近代化、言い換えれば個室の発生経過のなかに位置づけられる。

なお、臣代さんの話ではこの家に嫁に来た当初、養蚕が盛んで、家に多くの人たちが寝泊りしていたと言う。大正から昭和にかけては全国的に養蚕がもっとも盛んなころで、屋根の妻側に付いている小さな破風は養蚕の普及に伴って小屋裏の通気孔として付けられた可能性が窺える。

臣代さんは、かつて村には茅屋根の他に、杉皮葺きの石置屋根もあったと言う。一方、森下家の辺りは石置屋根ばかりであった。現在、東栄町にある「花祭会館」に一九五一年（昭和二六年）に廃村になった「東薗目《ひがしその め》字大入《おおにゅう》集落」の写真が残されているが、この写真には段々畑の下方に石置屋根が数棟見られる（図2・10）。写真の右下二軒目の家は入母屋の瓦屋根で、左上の家の主屋も瓦屋根であるが、写真の解説によると左上の家は右下二軒目の家の分家とあり、古くはすべてが石置屋根であった模様である。茅屋根と石置屋根の家では基本のところで様式上の出自を異にしている。

ちなみに森下家の正面の軒は出し梁で持ち送られており、これは中山道をはじめ、信州一円の街道沿いの宿場でよく見かける型式である。一方、熊谷家は静岡県浜松地方に見られる武家住宅の形

図 2・10　1950 年の大入集落（撮影：伊藤郷平「花祭会館」蔵）

図 2・11　杉皮葺きの石置き屋根

式と類似するとされる。同じ北設楽にありながら、茅屋根と石置屋根は違った出自を伝えているのである。これは必ずしも熊谷家が代々庄屋を勤めてきた家格の問題だけではない。熊谷家のある豊根村上黒川は東海道側から新野峠を通って飯田へ抜ける中馬街道の脇道としての要衝であり、東海道側の様式が入りやすかった。一方、森下家のある月集落は中山道側から南下してくる様式の影響が強かったと思われる。両家ともに深い山間にあるが、熊谷家のある上黒川の辺りは比較的平坦な地もみられる。一方、森下家は天竜川の支流である振草川から一〇〇メートルばかり上った高所にあり、平坦な土地はない。こうしたことも家の様式を変える要因になっていたと考えられる。

ともあれ奥三河の地は花祭や家作をはじめとしてさまざまな文物が交差する地であった。しかしながらそれぞれの地区を良く見ていくとそれぞれにアイデンテティを保っているところに興味が持たれる。花祭は、大きくは天竜川の支流ごとに「大入系」「振草系」「大河内系」の三つの系譜に分かれており、地区ごとに面形《めんぎょう》、囃子《はやし》、舞式などに微妙な差異がある。ちなみに月集落の「湯蓋」は五色の色紙でできているが、白一色とする地区もある。つまり基層として共通の基盤を持ちつつ、隣接する文化圏の影響を受けながら地区ごとに〈家育て〉〈村育て〉がなされ、集落の主体が育まれてきたのである。

今回三〇年ぶりに花祭を見て改めて思ったことがある。この三〇年来、民家が花宿になったのは「月」の村松さんの家が最後で、現在、東栄町、設楽町、豊根村の三町村に残されている一五カ所の花祭はすべてが神社や地区の公民館で行われている。舞手にも変化が見られた。かつて舞を舞うのは男たちに限られてきたが、今では少女たちも舞う。さらには、舞手になる子供がいないために他からの応援によってかろうじて祭りが継承されている地区もある。花祭を見る人たちの様相にも変化がある。「まいど」に集まるのは郷里の祭りとあって里帰りした都市への移住者が多い。かつてのように舞を舞う子供たちと一緒になって自分たちも舞ったり掛け声をかけたりすることがほとんどなくなった。外部から来た見物人はスマートホンや、首にぶら下げた大型のカメラの液晶画面を通して祭りを見ている。花祭の祭儀としての意味合いに大きな変化が生じているのである。すでに初期の白山信仰に基づく「浄土入り」は見えないものになっており、花育ての意味を問うことは困難になっている。初源の里神楽が持っていた修験の教義が次第に村人たちの現世利益、遊興へ移行し、そしてそれが見物人をも巻き込んでいった祭りのカタルシスも希薄になっていると感じられた。それでも今もなお一五カ所で花祭が継承されているのは、祭りを地域の拠り所として伝承保存しようとする地区の人たちの意志であろう。現在、東栄町、設楽町、豊根村と愛知県はユネスコ世界無形文化遺産への花祭の登録を目指しているが、自治体の思惑には、無形文化財の保存を命題にして、地域の過疎対策、さらには観光地化への志向が垣間見え、花祭を支えるものがかつての祭儀性とは異なるところへ転位している。ここでは家と共同体が持っていた同義性が変質した先での今日的な集落のあり方が根源的に問われているのである。

3

合掌造りの家

かつて飛騨白川郷、ならびに越中五箇山《ごかやま》の合掌造りは封建制度下の大家族の家として捉えられ、その成立と家長制の問題を中心にして明治以来多くの研究者の注目するところとなってきた。しかし、戦後に発表された幾つかの研究は合掌造りと大家族制度を一体として捉えることに問題があることを指摘し、集落ごとの特性に着目するようになった。ちなみに、同じ庄川流域の合掌集落である富山県側の五箇山と飛騨白川郷とでは家族構成や産業形態が異なるし、白川郷の中でも富山県に接する山家地域、国の重要伝統的建造物群保存地区に選定され世界遺産ともなった荻町のある大郷地域、村の南側の御母衣《みぼろ》ダム周辺の中切《なかぎり》地域とでは家族構成にそれぞれ違いのあったことが報告されている。ここでは昭和一八年（一九四三）に『白川村の大家族』を著した江馬三枝子の中切地域の木谷《きだに》に関する詳細な報告によりながら、戦後の研究成果を踏まえて合掌家屋はどのようなものであったかを見ていく。

木谷の大家族制

木谷は庄川の右岸にあり、周りを深い山に囲まれたわずかばかりの平地である。耕せる畑が少なく、米はほとんどとれず、稗《ひえ》や粟《あわ》が常食であった。長らく焼き畑が行われており、稗、粟、大豆、小豆、馬鈴薯《ばれいしょ》、アブラエ（えごま）、蕎麦《そば》などが主食として作られてきた。焼き畑は文字通り山に火をつけて焼いた灰を肥料にすることによって農作物を作るのである。土地は次第にやせていくので、

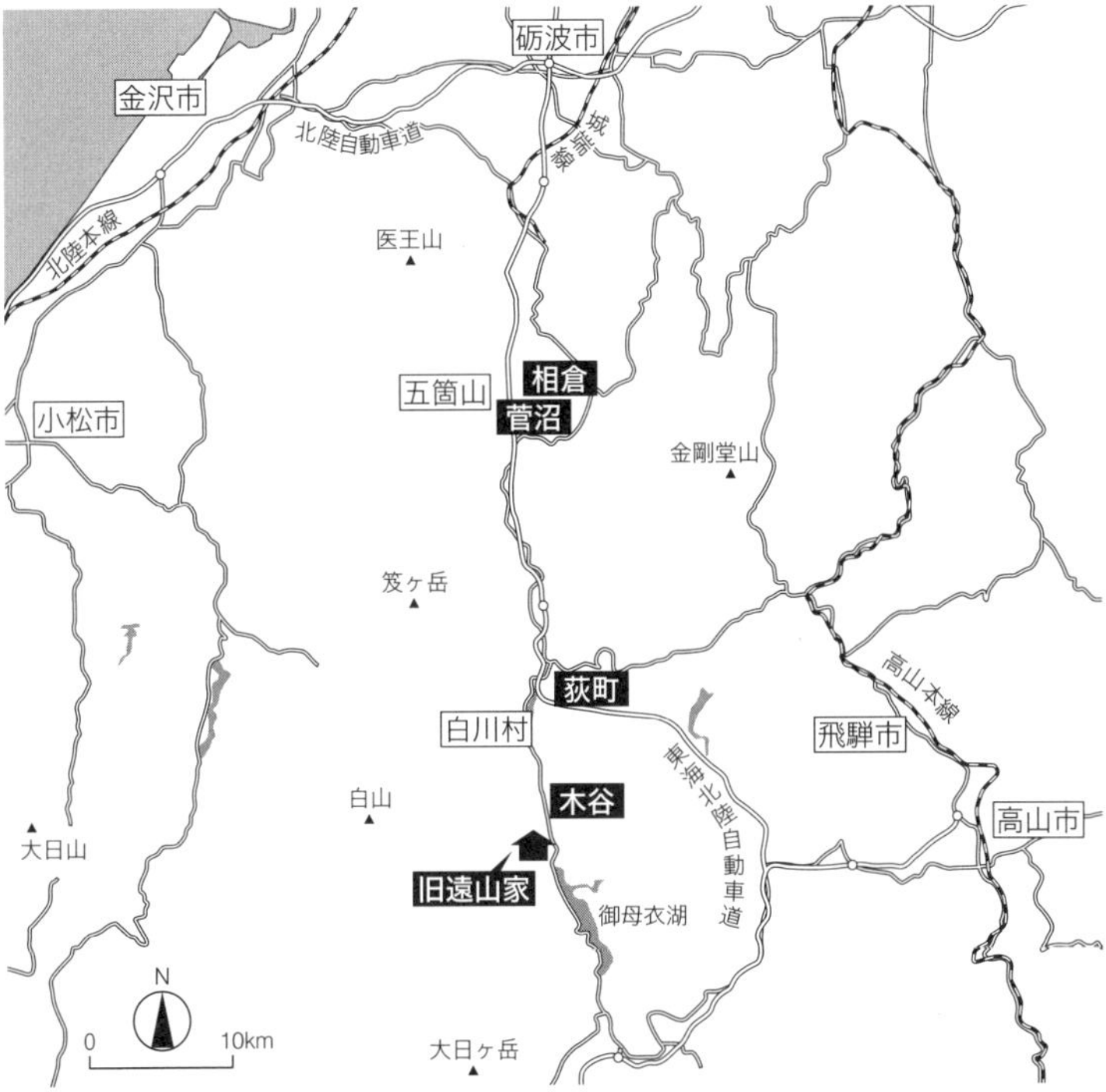

〈所在地〉

木谷集落：岐阜県大野郡白川村大字木谷

旧遠山家：岐阜県大野郡白川村大字御母衣 125 番地

荻町集落：岐阜県大野郡白川村大字荻町

菅沼集落：富山県南砺市菅沼

相倉集落：富山県南砺市相倉

長年にわたって同じ場所で耕作することはできない。数年間耕作した後に次の焼き畑へ移っていく。一一月の末から雪が降り、五月の初めまで根雪が残る豪雪地でもある。ちなみに明治初期の収穫記録では米三石に対して稗五七石二斗とある。その一方で大繭《おおまゆ》、小繭《こまゆ》合わせて一八四貫八〇〇目を生産している。こんな土地柄であるから、田畑の財産分けを伴う家の分家がなかなか叶わず、かつ養蚕は集約的な労働を必要とした。そこから一つ屋根の下に三〇人以上もの人が住む大家族制度ができあがってくる基盤が生まれたとされる。

江馬によると木谷ではかつて、「女は家についたもの」という考え方が何の疑いもなく信じられていたと言う。女は生まれたときから、死ぬまで生まれた家を離れることはなかった。たっての願いで、娘を嫁に乞われても、年取った女たちが「女は家についたものだから」と言って反対したと言う。女たちは、家の中の「ちょうだ」という一室へ集まって寝た。この「ちょうだ」の入り口近くに家の家長夫婦が寝て、女たちを守っていた。しかし、夜になって他家の男たちが、この部屋を訪れるのは許されていた。いわゆるナジミ婚である。長男以外の次男、三男は、今でいう正式な結婚はせず、ナジミの女ができると女の家の「ちょうだ」を訪れたのである。この関係は二人の間に子供が生まれても同じで、子供はすべて女の家で育てられた。今で言えば、この子供たちは私生児ということになるが、木谷など中切地方の村々ではごく当たり前のことで、ナジミの男もおらず子供のいない女は「たわけ」であったと江馬は記している。

このようにして一軒の家にトト・カカと呼ばれる家長夫婦、家長の両親であるジジ・ババ、ア

図 3·1　焔さんのアトリエ（旧東家）

ニ・オバと呼ばれる直系相続者である長男夫婦、それに各世代の次男、三男、嫁に行かず「家についた女たち」、そしてその子供たちが同居生活をした。家長はこれらの大家族の統率者としての役割を担わされていた。いろりを囲んで、家族の者たちが座る位置は決まっており、奥まった上座は土間の方を向き、そこが家長の座る「よこざ」である。次は「よこざ」の左または右側の勝手に近い方が「かかざ」と呼ばれる家長の妻の座である。「かかざ」の前が長男の座、「よこざ」の前が次男、三男、嫁や娘たちの座となる。

江馬の報告によると一六九四年（元禄七年）に木谷の人家は六戸であった。そして、江馬が現地調査をした一九三五年（昭和一〇年）の時点で七戸である。現在は地区の南端に村の施設と村営住宅が加わったが、中心部はかってのまま七戸で集落を構成している。昭和三〇年代の後半に六軒は現代風に建替えられたが、一軒だけ合掌造りが残っている。この合掌造りは一時期村の所有になっていたが、画家の焔仁《ほむらじん》さんが一九七七年（昭和五二年）に譲渡を受け、アトリエとして住んでいる（図3・1）。建替えられた六軒の内一軒は空き家で、住民の高齢化が進行し、「この先一〇年の内に、何軒が残るのか」と民宿を営む白弓荘の女将の新谷とき子さんは案じている。古い確かな記録はないが、一九〇〇年（明治三三年）の戸籍によると木谷の総人口は一七〇人である。単純にその当時の戸数七戸で割ると一戸当たり二四・三人となる。一時期、一軒に三〇人前後が暮らす家が三軒あり、残りの四軒も二〇人前後であったと言う。現在からすると隔世の感があり、かつての生活の様態を想像するのは容易ではない。

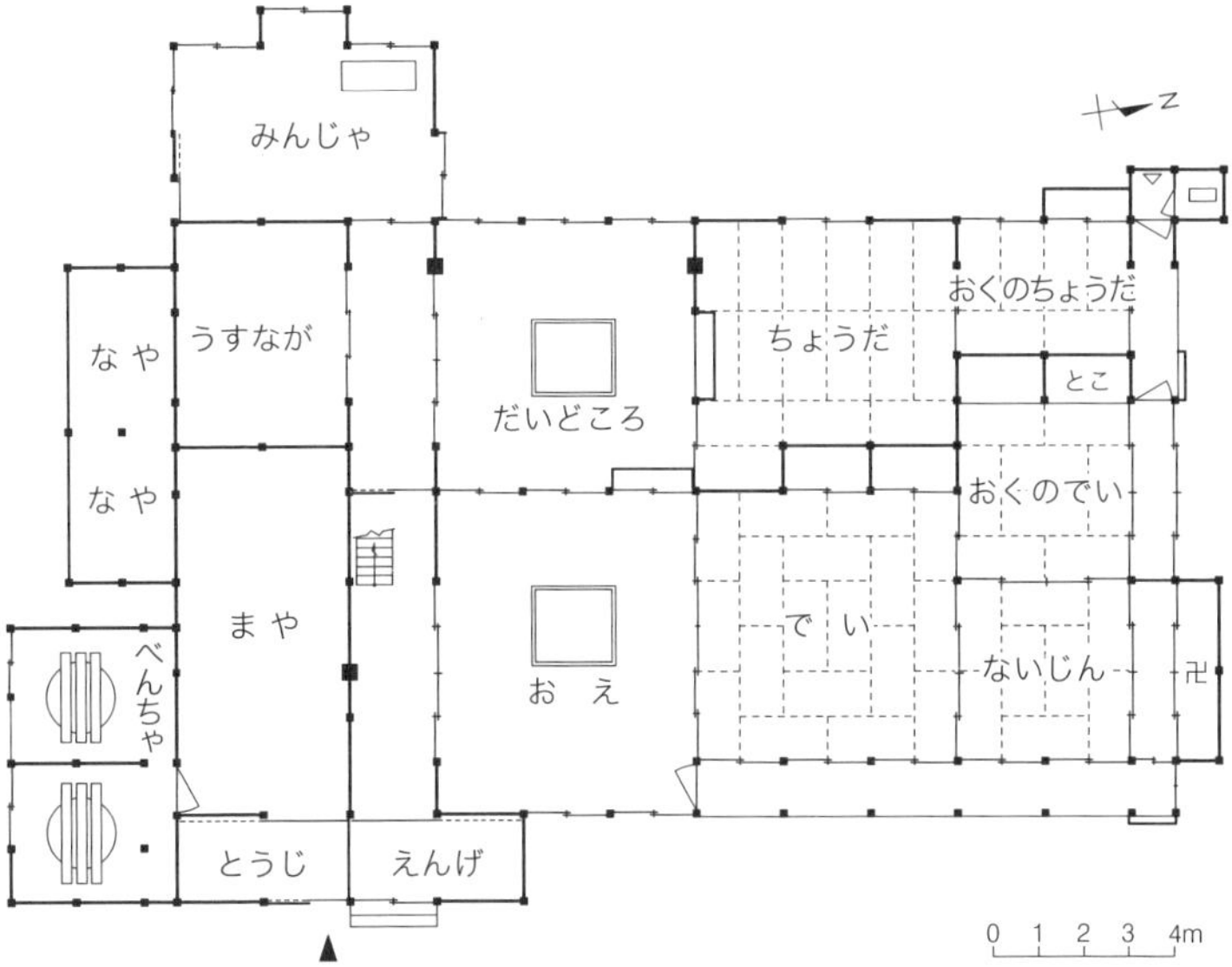

図 3･2　旧遠山家平面図(『日本の民家 第二巻 農家Ⅱ』掲載図より作成)

焔さんが住んでいる合掌造りの平面採取はできていないので、木谷と同じ中切地域にあり国の重要文化財として保存されている旧遠山家から、家族の様態を考えるうえで基幹となる就寝形態を見てみる。戸籍簿からすると一九一〇年（明治四三年）に三九人がこの家に籍をおいていたとされる。三九人が常に同居していたかは疑問があるようで、柿崎京一は大家族を同居大家族として固定的に捉えることを否定し、農閑期に傍系家族成員が出稼ぎなどで移動する実態を報告している。戸籍の人数と実際に同居していた人数に違いがあることに配慮しなければならないが、『新編白川村史』は明治三〇年代後半の旧遠山家での就寝形態を記載している。それによると、当時、遠山家には家長夫婦、長男夫婦のほか、女たち

四、五人、次男、三男以下の男たちが同居していた。「おくのちょうだ」に家長夫婦が寝て、玄関の上の三畳ほどの中二階を長男夫婦が専用していた。そして女たちは一六帖の「ちょうだ」にナジミ婚によって産んだ幼児と一緒に寝て、「でい」が男たちの寝べやになっていたと言う。竹内芳太郎はフィールドノートに「男たちはえんのまの上にも寝る」とも書き込んでいる。江馬は「男たちはちょうだ以外のどこにでも寝た」としているが、「おくのでい」「ないじん」は仏事など特別のときに使い、「でい」も接客や寄り合いなど表向きの部屋であるから、男たちの寝所も自ずから定まっていたと考えられる。その他、旧遠山家には母屋のほかに大小合わせると一二棟の小屋があり、その一部で期間的な寝泊りがされていたことも聞き取りされている。

以上のほか、松本継太は一八四二年（天保一三年）創建の大郷地区大牧の旧太田家（現名古屋東山植物園移築）の「おくのちょうだ」は家内から出入りはできず、外部からしか出入りできなかったことを復原考証し、「おくのちょうだ」がツマドイ部屋であった可能性を指摘している。この他、白川郷の話ではないが自らさまざまな体験をしてきた民俗学者の赤松啓介は相手を間違えることもあると言っているし、源氏物語の空蟬にも光源氏が女を間違える話が出てくる。いずれにしろ我々の時代通念からはかつてのツマドイの形を安易に推測することはできないが、ナジミ婚のあり方も地域、時代によって変容したものと思われる。また、旧遠山家の場合を見ると家長夫婦と長男夫婦だけが個室を持ち、家長とその長男だけが強権を持っていたように窺えるが、中切地域の大家族制度において家長だけが強大な権力を持っていたというわけではないらしい。江馬の聞き書きでは、

図 3·3　旧遠山家

家長夫婦の生んだ子供と「家についた女たち」の生んだ子供たちに差別はなく、大家族内にはいつも赤ん坊を入れておくツブラが七つ八つぐらい並んでいて、田畑の仕事から帰って来た女たちは、誰の子でも泣いている子供にまず乳を飲ませたと言う。家長は僧侶が家を訪れたとき以外は、めったに「よこざ」を他人に譲ることはなく、いろりを前にして座る位置が家長権の象徴のように言われてきたが、あまりこのことにこだわると、当時の生活の本質が見えなくなってしまう。家長となる長男だけ結婚が許され、次男、三男以下は結婚して独立した家を構えることはできなかったわけであるが、家長には大勢の家族を統率する役割があり、耕地の少ない土地柄と多数の人手を要する養蚕という産業構造が現在の我々からは想像しづらい生活形態を生み出していたのである。

後述する荻町地区は比較的広い耕地を持ち、戸数も多く早くから分家が行われていた。木谷と同様の記録から石高を見ると米一〇五石、稗二石三斗であり、木谷や他の地区に比べて米の生産量が稗より圧倒的に多い。このほか、小山隆は富山県側の利賀村ではナジミ婚による子はほとんどおらず、一八七二年（明治五年）の記録では一戸平均七人前後としており、合掌造りのすべてが大家族制度を取っていたわけではないことを指摘している。ともすると私たちはあの大屋根家屋と大家族とを一体として考える先入観を持って合掌造りを見がちであるが、同じ家屋形態をとりながらも立地状況や産業形態によってそこで営まれる生活は一律でなかったのを知るのである。

ともあれ、明治の終わりから昭和の初めにかけて、これらの合掌集落を支えていた生活形態が急激に変貌してくる。言うならば「近代」が、都市から隔絶した山間の集落にも急速にしのびよってくるのである。木谷のある中切地域でも大家族制の次男、三男、そして「家についた女たち」は、次第に家を離れるようになる。多くは、白川村から約五〇〜六〇キロ離れた高山へ出て山仕事をしたり、女中などになったりしている。ほとんどが単身の家抜けであるが、中にはナジミの相手と一緒に抜け出し、よそで同居生活を始める者もあったと言う。加えて、一九二六年（大正一五年）に平瀬地区に発電所が建設されたのを皮切りにして庄川流域に数々の発電所やダムが建設され近代化の波が大きく押し寄せる。豪雪がもたらす豊富な水量と庄川の急峻な落差がわが国の近代化を担う電力源として注目されたのである。電源開発は一九六一年（昭和三六年）の御母衣ダム第二発電所の完成で終わるが、この間に白川村、ならびにそれに隣接する荘川村は大きく変貌することになる。

荻町の合掌集落

かつて木谷の七軒の旧家はすべて合掌造りであった。ここでは特別の富や家格を持った家はなかった。現在、木谷に残された合掌造りは一軒だけになり、他の家々は今風の家屋に変わったのでそこから昔のおもかげを知ることはできないが、かつては多少の貧富の差があっても、どの家もみな対等のつき合いをしており、家の規模もほとんど同じであったと江馬は記録している。

それに比較して、荻町には主屋だけで五九棟、倉庫などの付属屋を入れると全部で一一九棟の合掌造りが残っている。もともと荻町は一八七六年（明治九年）の記録で九六戸とあり、白川村全域

図 3･4　昭和 30 年代の木谷集落(写真提供：新谷とき子)

図 3･5　荻町集落遠望

の中でも格段に規模の大きな集落であった。荻町の合掌集落を遠望すると、巨大な妻側を見せた茅屋根がつらなり、家の造りはみんな同じである。ここから二つの注目すべきことが見て取れる。

一つは屋根の形状である。合掌造りの屋根は他の地方の寄せ棟や入母屋の茅屋根に比べると勾配がきつく、妻側を見るとほぼ正三角形に近い。この勾配のきつさは白川郷・五箇山が豪雪地帯であることと関係する。屋根の形状に関するもう一点は妻側を一律に南北に向けていることである。これは茅屋根への日照時間を均質にして屋根の傷みに大きな格差が生じないようにする配慮とされる。ちなみに屋根の面を南北に向けると南側に比べて北側の傷み方が早くなる。また、妻側を南北に向けるのは風に対する配慮でもあった。白川郷は庄川が南から北へ流れており強風が南北方向に吹くので、妻側を南北方向に向けた方が風のあおりで屋根が持ち上げられるのを制御できるのである。こうして集落全体が自然環境と一体となった景観を形成しているのである。

荻町の遠望から留意したいもう一点は、良く見ると家の規模に大小があることである。建坪が一〇〇坪近いものから三十数坪のものまである。大家族制が行われていた中切地域では家々に大きな差はなく、相互対等的であったと江馬はしているが、荻町では家屋の規模の大小から富の集積と、分家による主従関係が生じていることを知るのである。つまるところ荻町の構成には自然環境と融和してそれぞれの家が自己を主張しない前近代的な側面と同時に、富の集積を基盤とした近代的な家格が生じているのである。

合掌造りの構造

合掌造りと言えばあの大きな屋根に注目が集まるが、基本的には図3・6に見るように「石場」「ガワ」「合掌」「屋根」の四部分からなっている。「石場」は柱の位置に基礎石を据える作業で、山から木材を伐り出す専門職である杣《そま》が伐り出した撞木《しゅもく》と呼ばれる材を、櫓《やぐら》を組んで落とすことにより基礎石を据え固める。この作業を「石場カチ」といい、隣りの集落からの応援もあり百数十人の村人たちが撞木を唄に合わせて引き落とす作業を行ったと言う。基礎石が据わると、建物本体の軸組みが組み立てられる。これを「ガワ建て」と言っており、かつては軸組みを大工が作り、組み立ては杣が中心となって村人たちの共同作業で行われた。現在の家作りでは、軸組みは工場生産され、クレーンで家が組み立てられることが多いが、クレーンが使われるまでは鳶職《とびしょく》が組み立ての指揮をしていたのを思い出させる。杣が大勢の村人たちの作業を指揮したのであろう。

「ガワ建て」は部屋ごとに組み立てられ、軸組み全体が立ち上がったところで三角形に組んだ「合掌」が一間ごとに軸組みの上に立ち上げられる。それらを「ヤナカ」という横材で結束し、垂木《たるき》にあたる「クダリ」材を屋根全体に流して茅葺き仕上げの下地にする。茅屋根の仕上げは、村中総出の共同作業によって行われ片面を一日で葺き上げたと言う。このような構造、作業手順を見ると、合掌造りは杣、大工という専門職と、村人の共同作業によって成り立っているのが判る。換言すれば、合掌造りは村に厳しい自然条件から発生した相互扶助の基盤が有り、それに加えて杣、大工の専門職へ支払う財の蓄積が建て主にあって初めて可能になったと言える。これらの財の蓄積は主に硝煙の生産と養蚕がもたらしたのである。

五箇山と白川郷地方では古くから硝煙の生産が行われてきた。硝煙の生産は一五四三年（天正一二年）に種子島に鉄砲が伝来したことに端を発するが、五箇山では永禄年間（一五六〇年代）ま

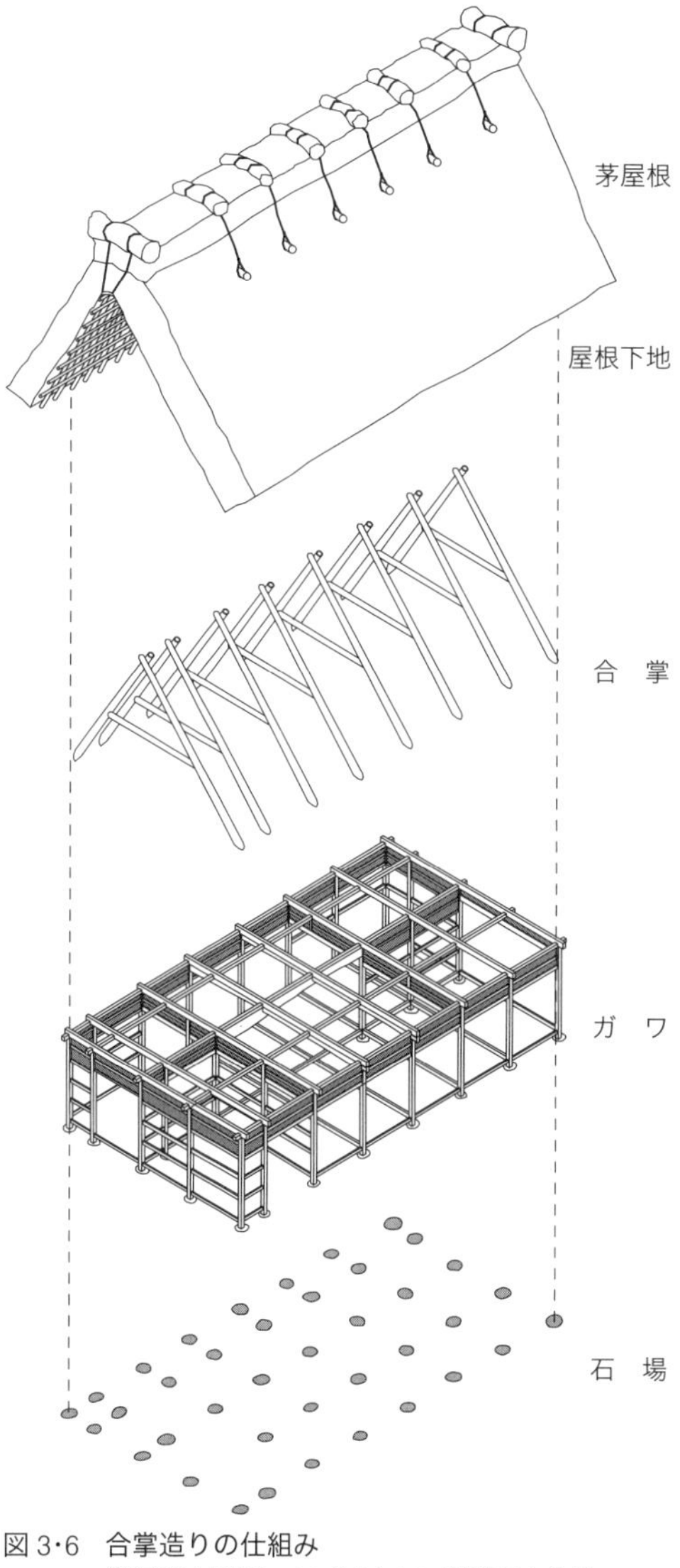

図3･6　合掌造りの仕組み
（『合掌造り民家はいかに生まれるか』掲載図より作成）

図 3･7　旧遠山家の屋根裏「アマ」

でに硝煙が生産され、白川郷でも遅くとも元禄年間（一六九〇年代）までに始まっていたとされる。白川村の硝煙は一八五三年（嘉永六年）のペリー来航によって高まった江戸幕府の国防策に際しても納入されており、チリ硝石の輸入が始まる明治二〇年代まで生産が行われていた。

もう一つの換金性の高い産業が養蚕である。養蚕も元禄年間までに広く行われていた模様であり、ことに生糸の海外輸出が盛んになる明治二〇年代から三〇年代にかけては全国的にも有数の出荷量を誇ったとされる。つまるところ耕作地が少なく、かつ稗や粟に主食を頼らざるを得なかった土地は村人の相互扶助を必然的に成立させるとともに、硝煙と養蚕という換金性の高い産業の成熟があってあの大屋根の家屋を成立させたのである。とりわけ、養蚕の隆盛が合掌造りを普及させる大きな要因になっていたと考えられる。

合掌造りの平面を見ると床面積に比べて、押し入れなどの収納部分が少ないのも特色である。ここで生活する人たちは、自分のわずかな衣類以外の私有物をほとんど持っていなかった。外観からすると、合掌造りは三層にも、場合によっては四層にも見えるが、生活に使われたのは前述のとおり一部の中二階を除いて、一階だけである。

合掌造りを一見すると、屋根の部分も居住空間のように見えるが、二層目以上は「アマ」と呼ばれる屋根裏で、養蚕のためのカイコ棚が、ところ狭しとばかりに置かれていた。しかしながら江馬による明治時代までは一階のない屋根だけでできた住まいもかなりあったと言う。本格的な合掌造りを「ハシラダテ」と言うのに対して、屋根の部分で出来た家を「マタダテ」と言う。木谷では、一八八七年（明治二〇年）と一九二四年（大正一三年）に、村内七戸のうち六戸まで全焼するという火事を起こしているが、この災難のあと、ただちに四軒の「マタダテ」が建てられ、火元の家では四年あまり「マタダテ」に住んでいたと言う。「マタダテ」は現在、五箇山の相倉《あいのくら》に一棟と、「白川合掌村」に復原したもの一棟が残されているが、丸太を合掌に組み、それを一間おきに土間につき建てて連結し、茅で屋根を葺いており合掌造りの上部構造となんら変わりはない。相倉のものは当家の祖母が生活していたと言う。

マタダテは火災などの後の仮設的なもの、または母屋に対する付属屋的なものとして合掌造りを簡略化したものとするか、マタダテを現在見る合掌造りに展開していった原型と見なすかについては学問的に十分な結論に達していないが、村落に生産力がつき専門職に下部構造を依頼するだけの財の蓄積が生まれた段階で、合掌造りが完成したものであることに間違いない。そしてその起源は五箇山、白川郷の地に硝煙と養蚕が普及した元禄年間とされる。五箇山と白川郷のいずれの合掌造りが先に成立したかについても学問的な検証は十分についていない。御母衣から「下呂温泉合掌村」に移築された旧大戸家は、棟札から一八三三年（天保四年）に能登の大窪《おおくぼ》大工によって創建されたことが判明しており、白川郷が硝煙、繭、木材などの交易において富山側の経済圏に入っていたことから、庄川の下流である五箇山から上流域の白川郷へ向けて合掌造りが浸透した可能性が言われているが確証はない。

以上のように合掌造りは石場カチから屋根葺きにいたるまで村人たちの相互扶助を基盤にして成立したことを大きな特色とする。とりわけ屋根葺きには村中の人たちが労働を提供しあったことは「結い」の代表例として知られている。「結い」は「2 花祭の家」の「熊谷家」でも触れたが、白川郷に限らず全国的に見られる相互扶助制度で、家づくりに限らず、農作業、材木の伐採、道づくりなど広範囲にわたっているが、かつての厳しい生活環境のなかで共同せざるを得なかった遺制とも言える。

そこで『新編白川村史』により中切地域平瀬での一九四八年（昭和二三年）における屋根葺き替えの例を見ると、当時、中切地域に三五軒の茅屋根家屋があったとされ、屋根葺きの際には中切地域の秋町、福島、牧、御母衣、平瀬、稗田、長瀬の七地区三五軒に加えて平瀬の発電所からも新住

図3·8　相倉のマタダテ（左奥が母屋）

民の応援があり男女延べ一二五人が携わったとある。屋根葺きには、それに先立って大量の茅を準備しなければならない。これにはまず屋根を葺き替える家が五〜六年かけて全体の八割を採取、備蓄することが前提となり、残りの二割を「結い」による貸し借りによって賄《まかな》われたとしている。葺き替えの厚さは六〇〜九〇センチに及び、葺き替えの前日に古茅をむしりとる下地作業をしたうえで、翌日一気に葺き仕上げている。中切地域では昭和初期まで五〜六年ごとに一軒の割合で葺き替えが行われていた模様であるが、上述の平瀬での例は中切地域における結いによる葺き替えの最後の事例に入るのではないかと推測させる。

荻町の保存運動

昭和二〇年代半ばを過ぎるとわが国の経済は復興、成長に向けて急速に動き出し、その影響は人々の生活の全領域に及ぶ。これは白川村のような僻地《へきち》においても例外ではなく、一九五二年（昭和二七年）の椿原発電所の建設に始まって、一九五四年（昭和二九年）の鳩谷発電所、一九五七年（昭和三二年）御母衣第一発電所、それに次ぐ第二発電所の建設として現れている。もともと庄川は豊富な水量と急峻な水勾配により大正時代から優良な電力源として注目されていたが、戦後の復興はダムの連続的な建設として現れたのである。ダム建設は外部から大量の人口流入をもたらした。一九三五年（昭和一〇年）当時、白川村の人口は三〇〇〇人強で推移していたが、一九六〇年（昭和三五年）前後には電源開発工事関係者の移入によって一万人近い規模となっている。なかでも、電源開発の中心となった平瀬地区は一九二〇年（大正九年）の人口一六六人から一九六〇年には一八四三人に増大した。村はかつての産業構造が大きく変貌したのである。加えて、ダム建設により内ヶ戸、野谷、大牧、尾神、秋町、福島の六集落が水没し、さらには大手資本による山林の買収によって牛首《うしくび》、加須良《かずら》、馬狩《まがり》の三集落が集団離村、解体を余儀なくされている。一九五一年（昭和二六年）当時、村内に二七〇棟余りの合掌造りがあったとされるが、このような急激な時代の変化に伴って昭和三〇年代半ばには二〇〇棟を割り、四〇年代半ばまでの一〇年間で約六〇棟が失われたと言う。

産業構造の変化は白川郷の中でもっとも多く合掌造りが残っている荻町にも大きな危機感をもたらした。一九六三年（昭和三八年）に荻町の人たちを中心に「合掌保存組合」が結成され、一九七一年（昭和四六年）の「白川郷荻町集落の自然環境を守る会」の発足へと展開する。ここでは合掌家屋を保存するだけではなく、集落の伝統的な文化、自然環境を守ることを標榜しており、合掌家屋、農地などに対して「売らない」「貸さない」「壊さない」を三原則とする住民憲章を地区全員の合意により定めている。この三原則は町並み保存の先鞭をつけた中山道妻籠宿《つまごじゅく》の住民憲章に習ったものであるが、当時、外部資本による合掌家屋の買取り移築が見られたり、開発により山林の買収がされたりしていくことに抗しようとしたものである。これらの保存運動の成果によって一九七七年（昭和五二年）には国の重要伝統的建造物群保存地区として第一号の選定を妻籠宿ほかの六地区と同時に受けることになる。そして、一九九五年（平成七年）に荻町の合掌集落は五箇山の相倉、菅沼《すがぬま》と一緒にユネスコの世界文化遺産として登録されるに至った。「保存組合」の結成から「守る会」の運営を担った人たちの努力は並大抵でなかったことは容易に推測できるが、荻町はあらゆる側面でかつてとは比較にならない観光地化への変貌を遂げるのである。

世界遺産への登録はそれまで年間六〇万人前後であった観光客を一八〇万人を超えるまでに増加させ、民宿をはじめとする宿泊業、飲食サービス業に従事する者が白川村全体で三割を超えるに至っている。一人当たりの市町村所得は二〇一二年（平成二四年）時点で二九〇万円を超え県内二位である。その一方で、「守る会」の課題は自然環境を保全することだけには留まらない局面を迎えることになる。地域住民間の格差拡大、既得権益の主張や住民間の確執、営業者のルール違反、年々増加する一方の観光車両への対応など、いわば経済がもたらす新たな課題に直面せざるを得なくなった。

もう一点重要なことを指摘しておかなければならない。荻町の合掌家屋は重要伝統的建造物群保存地区の選定を受けることによって茅屋根の葺き替えに国、県、村から合計九割の補助を受けることができる。残りの一割の半分も民宿などの営業をしていない家に限って「(財) 世界遺産白川郷合掌造り保存財団」から補填される。毎年一～三件の屋根の葺き替えが実施されてきており、その費用は少ないものでも一件当たり四～五〇〇万円、規模の大きなものでは二〇〇〇万円を超えている。屋根葺きの仕方も大きく変化してきた。茅を「結い」で調達することはなくなり、御殿場など他の地方から業者を通して調達しているし、民宿を営んでいる家などでは常連客に呼びかけて屋根葺きに参加してもらっている例もある。このことは屋根の葺き替えに補助のない合掌造りとの間に維持保全上の大きな格差を生じさせたことを意味する。ちなみに現時点で荻町に残るものと、(財)白川村緑地資源開発公社が運営する「白川合掌村」に移築されたものを除くと九地区に一〇棟の合掌造りが残存している。この内、重要文化財の指定を受けている御母衣の旧遠山家、村が所有する島の一棟、トヨタ白川郷自然學校所有の一棟を除外すると七棟は個人所有であるために自力で管理、保全をしていかなければならない。これは事実上きわめて困難なことである。そこで、白川村は独自の支援策を打ち出し、屋根の葺き替えに対して最大七割の補助を行っている。文化財の指定を受けていない個人所有の家屋に対する公的補助は全国的に見て異例のことであるが、結いの制度がなくなった現在では補助の残り分の負担は個人の所有者にとって容易ではない。

以上に見たように白川郷の合掌造りから、家は風土とそこでの生産構造が密接に関係したところに成立しており、そしてそれが家族の構成、生活形態を担保するものであったことを知るのである。その一方で時代の流れによって産業形態が変化すると家族、生活のあり方を変化させ、集落のあり方にも大きな影響を与えることになる。

白川郷の合掌造りの成立から消滅、そして一部が世界遺産に登録されたことなどの経緯から近代に至っての家の命運の典型を見るのである。

4

昔語りの家

遠野は四方を山に囲まれている。北に早池峰山《はやちねさん》、東に六角牛山《ろっこうしやま》、南に物見山、西に石上山があり、いずれの方向に出るにもこれらの山間の峠道をたどらなければならない。岩手県の中でも雪の多い地域で、一年のうち四カ月は田や畑が雪で覆われる。遠野郷の人たち、とりわけ城下の町なかをはずれた村里の人たちにとって山向こうは訪れることのない異郷であった。遠野の人、佐々木喜善の語りを聞いて柳田國男が物語文学として高めた『遠野物語』の世界はこんな山間の盆地を舞台にしている。

遠野郷より海岸の田ノ浜、吉里吉里《きりきり》などへ越ゆるには、昔より笛吹峠《ふえふきとうげ》という山路あり。山口村より六角牛の方へ入り路のりも近かりしかど、近年此峠を越ゆる山中にて必ず山男山女に出逢《であ》ふより、誰も皆怖ろしがりて次第に往来も稀《まれ》になりしかば、終に別の路を境木峠《さかいぎとうげ》と云う方に開き、和山《わやま》を馬次場《うまつぎば》として今は此方《このほう》ばかりを越ゆるやうになれり。二里以上の迂路《うろ》なり。

（遠野物語　五）

話をひと続きに要約すると、「田ノ浜や吉里吉里へ行くには峠を越えなければならないが、近年、笛吹峠に山男や山女が出るので、二里以上も遠回りして境木峠越えをするようになった。」ということだが、注意深く読むと内容は二つに分かれており、その背後に村が共通の観念としたものがすけて見えてくる。まず、話の一つは〝山人譚〟である。『遠野物語』にはこの他にも、山で黒髪の美しい女に出会った話（三、四）、山人にさらわれた女の話（六、七、拾遺一〇九）などいくつか山人の

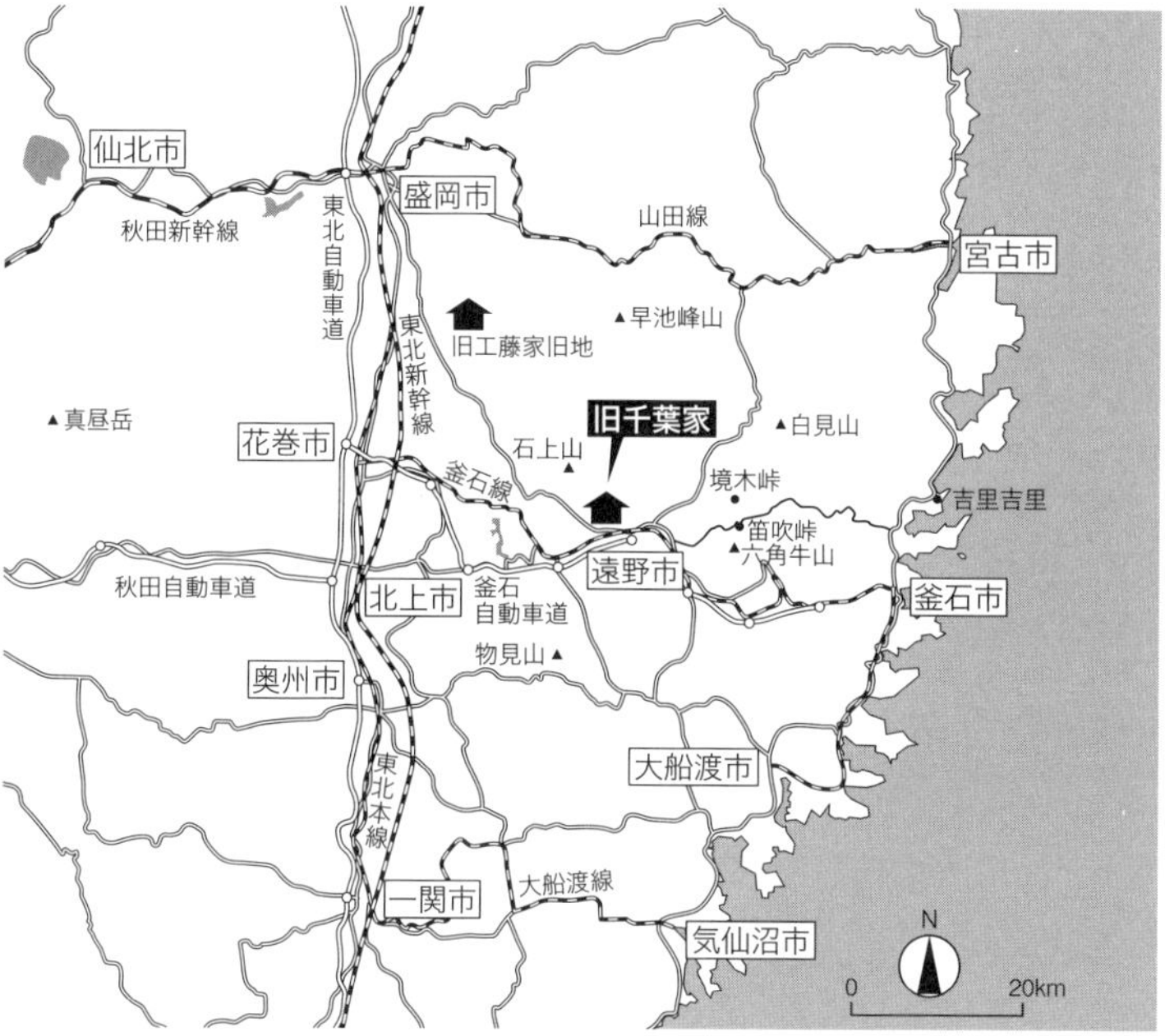

〈所在地〉

旧千葉家：岩手県遠野市綾織町上綾織一地割 14 番地

旧工藤家（川崎市立日本民家園）：神奈川県川崎市多摩区枡形 7 丁目 1-1

旧工藤家旧地：岩手県紫波郡紫波町船久保字小屋敷 120 番地

話があるが、いずれも、山には恐ろしい山人が住んでいて、容易に山向こうへ行くことはできないという観念を下敷きにしている。違った言い方をすれば、山向こうは憧憬《しょうけい》の対象としてあり、行ってはならないところで、自らは山々に囲まれたこの郷で自足するべきことを共通の了解としたのである。山人にさらわれた女の話や、神隠しの話はある面で現代の蒸発譚《じょうはつたん》でもあるわけで、村落から離脱して山向こうへ行ってもかえって恐ろしいことがあるだけで、何の幸せもないという寓意《ぐうい》ともなっている。

話のもう一つは、村の共通了解の下に規範が成立している事情を読める。田ノ浜、吉里吉里へ行くには二里以上の遠路になるけれど、境木峠を通るのが良い。多少の不便があっても境木峠越えは村人に認知されているという保証である。

以上のように、『遠野物語』から拾い出した一つの山人譚は、集落が自足するに足るべきものであり、そのことを担保するために規範を必要するという二つの観念から成立しているのを知るのである。これは、遠野郷の人たちを支えてきた日常律と言って良い。日常律であるから、村でのつき合いのし方、農作業、家のあり方すべてを規制していると考えてこの地方の民家を『遠野物語』から眺めてみる。

人と馬の親和

昔ある処に貧しき百姓あり。妻は無くて美しき娘あり。又一匹の馬を養ふ。娘此馬を愛して夜になれば厩舎《うまや》に行きて寝《い》ね、終に馬と夫婦に成れり。或夜父は此事を知りて、其次《そのつぎ》の日に娘には知らせず、馬を連れ出して桑の木につり下げて殺したり。その夜娘は馬の居《お》らぬより父に尋ねて此事《このこと》を知り、驚き悲しみて桑の木の下に行き、死したる馬の首に縋《すが》りて泣きゐたりしを、父は之を悪《にく》みて斧を以て後より馬の首を切り落せしに、忽《たちま》ち娘は其首に乗りたるまゝ天に昇り去れり。オシラサマと云ふは此時より成りたる神なり。（遠野物語 六九）

『遠野物語』の中でも、もっとも美しく、哀しいこの話が象徴するのは人と馬の親和である。人と馬の同衾《どうきん》は禁忌《きんき》であるが、禁を犯した対象の馬が首を落とされ、娘はその首に乗って天に昇り去った話を美しく、哀しいものとしているのは、人と馬との親和が心的には決して異常なものではないという了解を下敷きにしている。それほどに、人と馬は一つ屋根の下で親密な関係を持って生活していた。このような関係が、住居に形式として反映したものが南部曲り家である。曲り家以外でも厩《うまや》が住居の中に付属する農家は、寒冷地なら一般に見られるが、南部曲り屋はどの民家形式よりも人と馬との親和を感じさせる。

民家の分類上、居住部分である主屋の端部に、厩をL型に突出させた岩手を中心とする地方の農家型式を曲り家と言っている。このほかに厩をL型に突き出した住居形式として秋田、山形、新潟、福島などに分布する中門造りがあるが、これらと比較すると曲り家は厩の規模が大きく、住居部分である主屋は厩で守護され、厩は主屋によって保護されるという相関関係を持っている。曲り家に飼われているのは「南部駒」として知られた駿馬《しゅんめ》である。一戸当たりの飼育頭数は多く、馬小作の制度によって小農でも数頭の馬を飼育していたと言う。L型に突き出した厩は居住部分の前庭を北西の寒風から遮《さえぎ》り、屋内のいろりやかまどの煙や暖気は厩を通り抜けて馬の背を暖めるように工夫されるなど、人と馬の親密さは形態上の互助作用として表出しているのである。

曲り家は旧南部藩領を中心とする岩手県と、少し飛び離れて茨城県と栃木県の一部に分布しているが、旧南部藩領でも秋田県寄りの花巻市、和賀郡一帯、ならびに旧南部藩領に隣接する仙台藩領にはほとんど見られず、遠野盆地から太平洋側の釜石市、大槌町にかけての旧上閉伊郡《かみへいぐん》一帯がもっとも多い地域であった。

遠野市教育委員会は一九八一年（昭和五六年）時点で市内だけでも三四〇棟の茅葺きの曲り家を確認しており、南向きの主屋の西側に曲がり部分を突き出したものが多く、北西の厳しい季節風を防ぐ家の規範として曲り家があったことが判る。

曲り家の発展段階を見ると、旧南部藩一帯も、もとはL型の突出部のない直屋《すごや》ばかりで、一八世紀の末ごろから次第に曲り家の形式を整えていったようで、一九世紀に入ると多くの直屋は曲り家に改築されたり、建て替えられたりした。明治の記録によると、今の遠野市砂子沢地域の民家三九戸中、直屋は七戸、残りの三二戸が曲り屋であったとある。厩を主屋の右側に突出させる例はまれで、ほとんどが左構えであるのは先に書いた北西の寒風との関係であり、左構えの曲り家が一九世紀中ごろまでにこの地方の住居規範となったのである。これは「遠野物語」の世界の時間的な広がりと重なってくる。

なお、曲り家と中門造りは民家形式の分類呼称であり、一般には判りにくいので図４・１に模式図を示した。曲り家、中門造りともに地域、家の規模などにより間取りの多様な展開があるが、図４・１の曲り家は岩手県上《かみ》閉伊《へい》郡、中門造りは新潟県魚沼あたりの例を簡略し、模式化したものである。両者の厩、主出入り口の位置の違いに留意していただきたい。

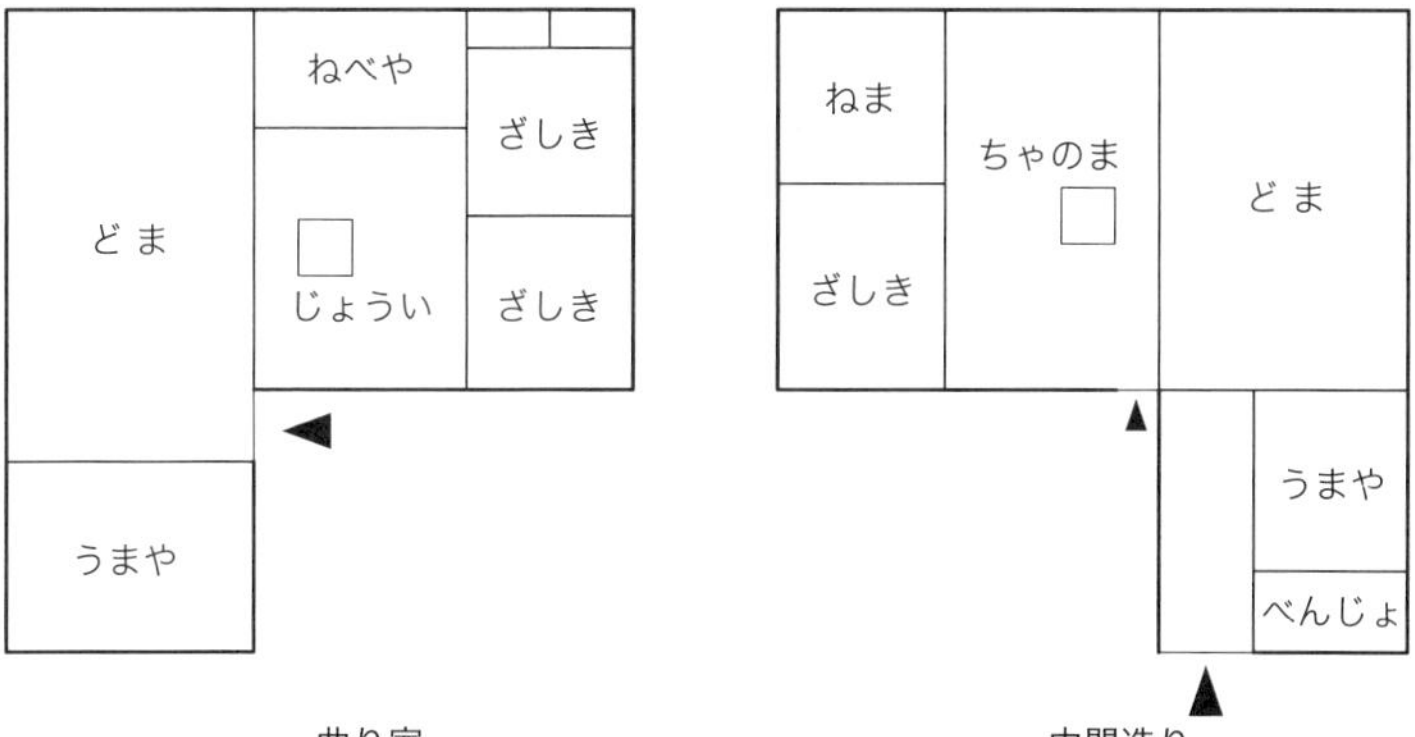

図 4·1　「曲り家」「中門造り」模式図

家の神々

旧家にはザシキワラシと云ふ神の住みたまふ家少なからず。此神は多くは十二三ばかりの童児なり。折々人に姿を見することあり。（中略）此神の宿りたまふ家は富貴自在なりと云ふことなり。

（遠野物語 一七）

綾織村砂子沢の多左衛門どんの家には、元御姫様の座敷ワラシが居た。それが居なくなったら家が貧乏になった。

（遠野物語拾遺 八七）

『遠野物語』には、オクナイサマ、オシラサマ、コンセサマ、ザシキワラシなどとよぶ家の神の話がいくつかある。これらの神々の由来譚や信仰のあり方は土地によって差異があるがいずれも家に福を招くと言う。オクナイサマ、オシラサマは桑の木を削って顔を描いたもの、コンセサマは石や木でできた陽物を神体として祀るが、ザシキワラシには神体がない。部屋の何処かに隠れていて、時々、気配を感じさせたり、姿を見せたりする。寝ている人の枕をひっくり返したり、いたずらしたりもする。しかし、決して人を脅《おど》したりはしない。『遠野物語』の語り手、佐々木喜善が『奥州のザシキワラシの話』に集めたザシキワラシの話は百話に達しており、きわめて多様な行動をそこから知ることができる。しかしいくら話を集めても依然としてその正体がはっきりしてこない。これはおそらく、ザシキワラシがほんとうに居たかどうかの議論では、正体を現わさないということであろう。すでに、今の時代の家についての思いと、かつての思いにはるかな隔たりがあり、この隔たりが我々からザシキワラシを見えなくさせている。折口信夫はザシキワラシを精霊信仰に関連づけた示唆に富む指摘をしているが、野山に精霊の働きを見なくなった我々の方に問題がありそうである。そこで、ザシキワラシなど家の神たちが住んでいた家をもう少し詳しく見ておくことにする。

ザシキワラシが見え隠れするためには、家がかなりの規模でなくてはならない。部屋数が二つや三つでは隠れ住む場所がない。『奥州のザシキワラシの話』には、座敷の床の間の前の畳に寝ると、夜半にワラシが来て枕返しをするという話があり、ここから普段はほとんど使われることのない床の間の付いた奥座敷があることが判る。オクナイサマを祀る旧家には「畳一帖の室」があって、その部屋で

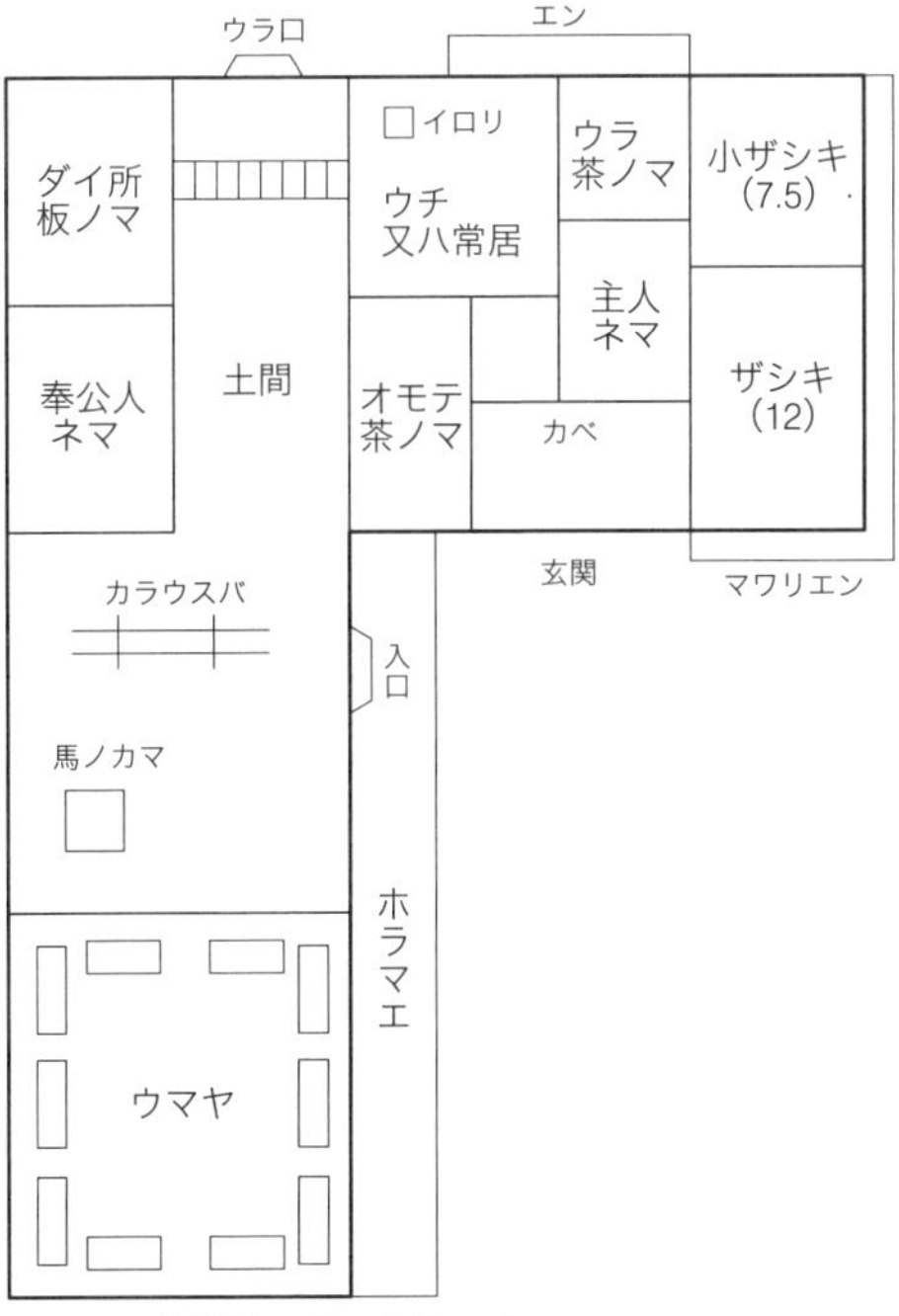

図4・2　土淵村一番の物持の家（「遠野物語八〇」より）

寝ると不思議な目に合う話もあるから（遠野物語 一四）、畳一帖か二帖の小部屋もあったのだろう。この他に、家人たちがいつも居るいろり付きの常居《じょうい》や茶ノ間もある。

柳田國男は「遠野物語 八〇」に土淵村一番の物持の田尻長三郎の家の略図を描いており、「遠野郷の家の建て方はいずれもこれと大同小異なり」としている（図4・2）。そしてこれは後に図4・4にあげる旧千葉家の間取りと基本のところで大きな違いはない。しかしながら、かつてこれらの住まいがどのように使われていたかとなると、いま一つはっきりした像を結んでこない。このかなり広いと言える家の中で、家族を構成する個人個人はどのような場所を占めていたのかが生き生きとは思い描けない。おそらく幼児にすら個室を用意しようとする我々の時代の、個人空間の占有への渇望がひと昔前の家を見えないものにしているのであろう。

「遠野物語拾遺 二五七」には「常居の向うに三間ほど続いたわら敷の寝室があり、そこに祖父母、トト、ガガ、アネコド夫婦に孫子等十人以上が一本の長い木を枕にして寝て居る話」があり、「かの辺（土淵村）から下閉伊地方では何処でもそうして居る」と書いている。座敷は冠婚葬祭のときなどの表向きの部屋としてあり、普段はめったに使われることがなかった。あまり変化のない村の生活で、座敷が使われるときは家にとって大きな節目であり、その記憶は出来事が終わると普段はひっそりとした部屋の中に仕舞い込まれた。こうして座敷は家の神霊たちの部屋ともなったのである。ザシキワラシもこうした神たちの一体である。

なお、柳田は図4・2の説明として「主人の寝室とウチとの間に小さく暗き室あり。これを座頭部屋という。昔は家に宴会あれば必ず座頭を喚《よ》びたり。これを待たせおく部屋なり」としているが、先にあげた「遠野物語 一四」に出てくる「畳一帖の室」と符合するのかどうかは判らない。

遠野の旧家 …… 旧千葉家

遠野市上綾織の旧千葉家は岩手県内に現存する南部曲り家の中で、様式的な完成度がもっとも高いもので、二〇〇七年（平成一九年）に国の重要文化財の指定を受けている。一般に、曲り家は畑に囲まれて建っているが、この家は小高い山を背面にして石垣で組んだ平坦地にあり、庭先に立つと遠野の村々が一望できる。厩の前の「ろーか」はこの家の玄関である「ほらまえ」に続くアプローチになっていて、その外壁は石垣から持ち出した石の梁の上に建つ懸崖造り《けんがいづく》である。一八七〇年（明治三年）に七八才で亡くなった喜右門さんの代、天保年間（一八三〇年代）に建てられたと言う。厩の曲りの部分の屋根は入母屋で、この家の下の盛岡へ続く街道から遠望すると勇壮な佇まいで、どちらかと言うと飾り気がなく、ゆったりとおおらかな趣のある一般の曲り家とは異なった雰囲気を持っている。おそらく、盛岡城下まで手広く麹《こうじ》の商いをしてきた千葉家の活動範囲の広さが、自足的でおとなしい曲り家の意匠に権威的なものを加えたと思われる。

当時、この家には、家人の他に一〇人の作男と四〜五人のアネコ（下女）が住んでおり、牛馬も一八頭いた。図4・4の「だいどころ」左の改造された「台所」の位置が作男、アネコの寝室であっ

図 4･3　雪の旧千葉家遠望

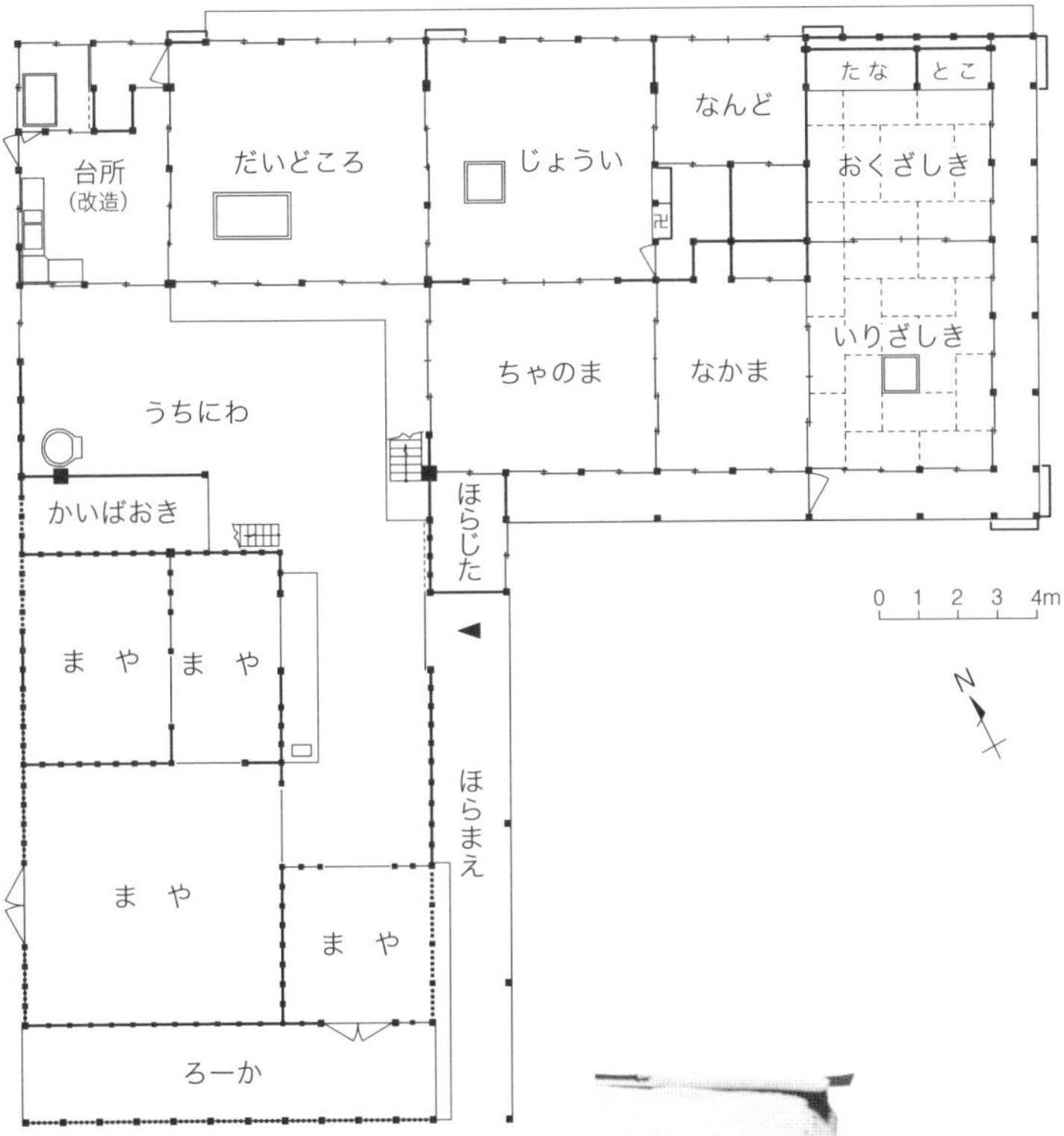

図 4・4　旧千葉家平面図

(『重要文化財千葉家住宅保存活用基本構想』掲載の現況図と照合し、『民家巡礼東日本編』掲載の川島宙次作成図(1960.08.04)、および『民家は生きてきた』掲載図により作成)

図 4・5　旧千葉家へのアプローチ

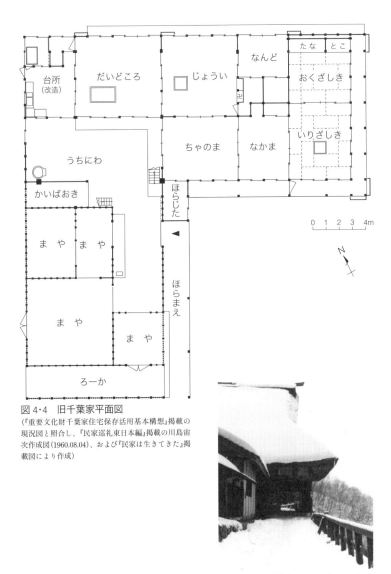

たと推定される。先にあげた「遠野物語拾遺 二五七」には「三六五人の下婢下男を一本の角材を枕に寝かして、朝になると其木の端を大槌で打叩いて起した」という話が続いているが、これから類推するとかつての下男下女たちの生活もおのずと見えてくる。そしてこのことは一軒の家に大勢の人が住む居住形態が東北地方にもあったことを示している。「3 合掌造りの家」で見た白川郷中切地域の大家族制度では三〇人、時には四〇人からの同属家族が一軒の家に住んでいた。これとは異なって旧南部領や旧仙台領では豪農による名子制度によって同属家族と作男、下男、下女が一軒の家に住んでおり、白川郷中切地域の大家族制度とその居住構成は基本のところで異なる。ちなみに有賀喜左衛門は一九三四年（昭和九年）の岩手県二戸郡荒沢村石神（現八幡平市《はちまんたいし》）における血族一三人、召使一三人が同居する詳細な事例を報告している。白川郷中切地域の木谷では七軒の家に大きな規模の差はなく、そこに特定の権力構造がなかったことを見たが、東北地方での一軒の家に大勢の人が住む居住形態は白川郷の大家族制度と異なることを遠野物語拾遺の記述は示しているのである。つまり、ザシキワラシなど家の神々が出没する家は上層農家であったことを暗示させる。多くの馬を飼う曲り家は富の蓄積の象徴であり、ザシキワラシなど家の神々の出没は「遠野物語 一七、拾遺 八七」に見るようにその家の繁栄と衰退をも語っている。

曲り家の完成経過が判る旧工藤家

川崎市の日本民家園にある旧工藤家は、盛岡の南、紫波郡紫波町《しわぐんしわちょう》から移築した曲り家である。建築年代は明確ではないが、代々所蔵されていた米ビツに一七五九年（宝暦九年）の墨書があり、ほぼ、宝暦年間の建築に間違いないと推定されている。移築に際して、解体調査が行われたので、この曲り家の住まいとしての変遷を興味深く知ることができる。それによると、内部の間仕切りに使われている板壁は、建築後、やや時期をおいて取り付けられたと言う。建築当初は外壁だけであり、屋内の壁や建具は住まいながら何年もかけて完成させていったものらしい。また、天井はいっさい張られておらず、吹抜舞台のようであったのもこの家の特色である。しかし、これは旧工藤家だけに限ったことではなく、古い時代の民家では一般に行われた手法であった。

一七六三年（宝暦一三年）に宇夫方広隆《うぶかたひろたか》が著した『遠野古事記』によると、広隆が一四、五歳のころには、「客座敷にも板は敷いてなく、玄関の入口は萱《かや》を編んだ廻戸《まわしど》、窓はこもがぶら下げてあるだけの掘立柱の家が町中にもあったが、最近は、座敷にタタミを敷き、勝手にまで板を張るようになって、昔と大違いである」として、急激な住様式の変化を報告している。旧工藤家が建てられたのはちょうどこの時代に当たるわけで、『遠野古事記』の記載は曲り家が住居として完成してゆく過程を一層興味あるものとしている。

図 4･6　旧工藤家外観

図 4・7　旧工藤家の内部

現在、岩手地方でも茅屋根の曲り家はほとんど見られなくなり、「遠野伝承園」に旧千葉家と同様、国の重要文化財の指定を受けた旧菊池家の他、「遠野ふるさと村」「盛岡手づくり村」にそれぞれ一棟ずつが残されている。

なお、旧千葉家は、私がいろいろとお話をお伺いしたご当主の千葉哲雄さんは一九九三年（平成五年）に亡くなられたが、二〇〇七年（平成一九年）の重要文化財指定以後も千葉家の人たちによって住み継がれてきた。しかし、二〇一三年（平成二五年）に遠野市が譲渡を受け、二〇一五年（平成二七年）から一〇年間の予定で大規模な改修工事が行われている。改修後は「文化によるまちづくり拠点」として一般公開される予定であるが、ここでもまた「皆河の千年家」で見たように、もはやザシキワラシなどの家の神々が出没することはなくなるであろう。

住まいがわずかな期間に急激な変貌をとげることは我々の時代の過去五〜六〇年を振り返っても判る。五〜六〇年前はどの家でも、炊事場は土間で、薪《まき》で煮炊きを行っていた。流しには大きな水桶《みずおけ》に水が溜めおかれ、その水を汲み出して洗い物をしていた。ガス・水道の普及に伴い、食事を作るところ、食べるところの様式が急激に変化したのはまだそう遠い昔ではない。その他にも屋内から畳の部屋の追放や、家の内外の仕上げ材の変化など枚挙にいとまがない。住まいは一見すると多分に保守的な要素で構成されているように考えられるが、時代の流れに沿ったきわめて革新的な変化への欲求を内在させているのである。

一八世紀初めから中ごろへかけての曲り家の発生と一九世紀に至るその様式的な完成とともに、我々の時代が家から見失った豊穣な物語の世界を旧千葉家と旧工藤家に見ることができるのである。

5

学問の家

一地方の宿場にすぎなかった江戸は、徳川家康が一六〇三年（慶長八年）に幕府を開いてから三〇年経過した寛永年間には浅草から新橋にかけての町割りが完成し、次第ににぎやかさを増してきた。人口の流入につれて、商業が盛んになり各地から商人もやってくる。一七世紀の後半になると商品流通、金銭の両替えなど経済の実態はこれらの商人たちの手に握られ、江戸は次第に流通都市の様相を強くしていた。井原西鶴が『日本永代蔵』や『世間胸算用』で町人の失敗や成功を好んで描いたのは、ちょうどこのころのことである。

当時、江戸で活躍のめざましかったのは伊勢と近江の商人で、なかでも地方の小さな城下町であった伊勢松阪は、もっとも多くの豪商たちを輩出した。現在の三井グループ、三越デパートの基礎を作った三井をはじめとして、伊豆蔵、小津、長井、殿村、長谷川などの商人たちが次々に江戸店を拡大して隆盛をきわめていたのである。

これらの多くの豪商を輩出した伊勢松阪は同じ時期に、江戸時代を代表するすぐれた知性の一人、本居宣長を育てている。宣長が生涯の大半をすごした松阪の住宅は、江戸店持《えどだなも》ちの大商人たちの居宅とほど遠からぬところにあり、近世国学を大成した宣長の思想が商人たちを主体にした町人の日常観と、その基底のところで親密な関係にあることを窺わせる。ちなみに、三井家発祥の地は宣長の家から歩いて二、三分のところにあり、長谷川家は宣長の家の筋向かいである。

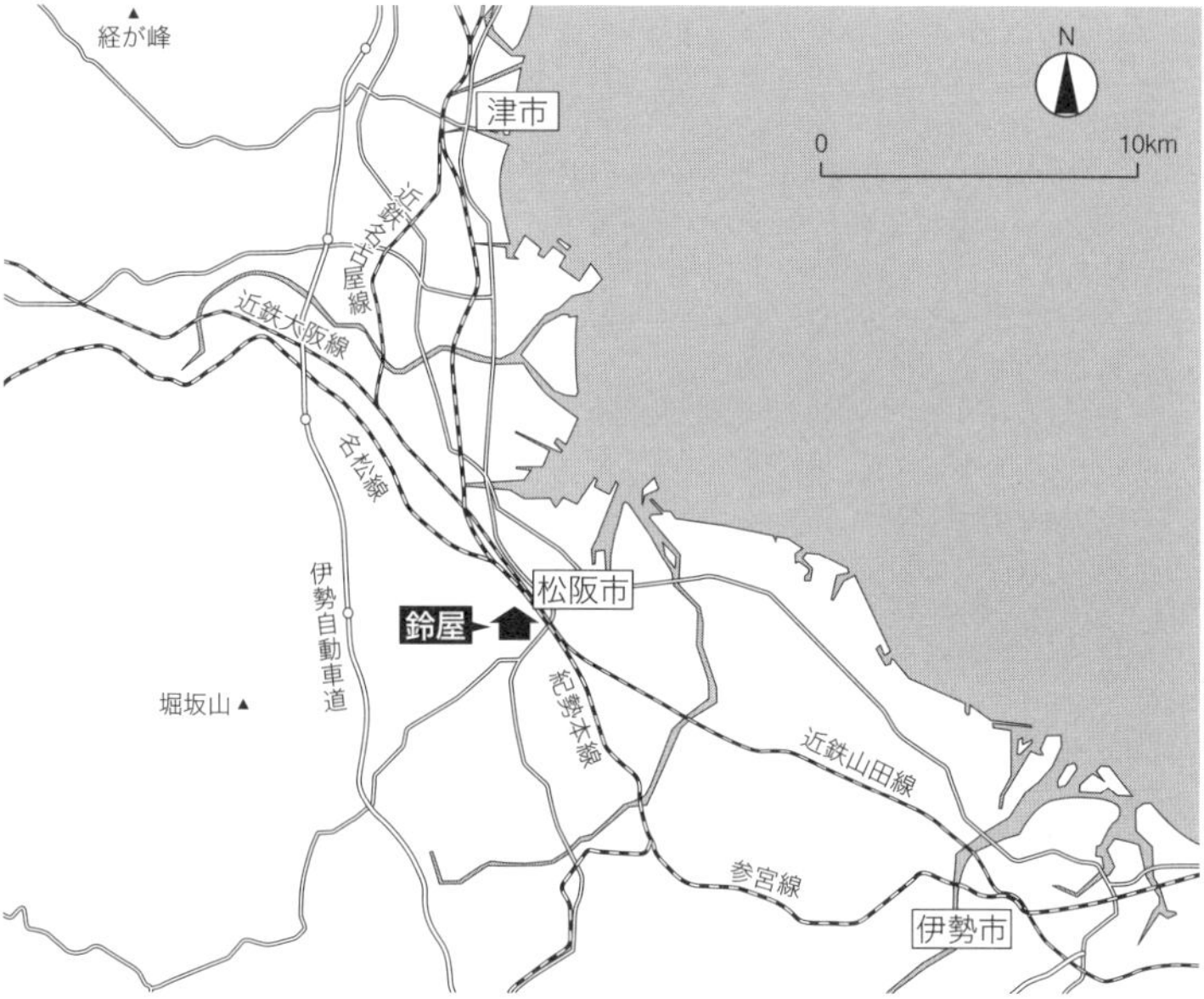

〈所在地〉

鈴屋（本居宣長旧宅）：三重県松阪市殿町 1537 番地（松坂城跡内）

本居宣長旧宅地：三重県松阪市魚町一丁目 1645 番地

宣長の生い立ちと思想

宣長は自分自身の周辺をきわめて詳細に記録したことでも著名である。日記はもちろん、膨大な量の書籍目録、弟子、門人たちへの書籍貸し出し目録、家業の町医者としての記録である『済世録』など、その作業はあらゆる方面に行き渡っている。自分の来歴は系図とともに『家のむかし物語』として記録され、これもまたきわめて詳細なものである。宣長は日常を決しておろそかにすることなく、むしろ人並み以上に日々を穏やかに繰り返すことを大切にした。

『家のむかし物語』によると、宣長の生家も江戸大伝馬町に木綿問屋を持つ商家であった。しかし、宣長の父の代には経営が思わしくなく、父の死のあとを継いだ養嗣子《ようしし》の定治《さだはる》のときに、江戸店はつぶれて閉鎖している。やがて定治は四〇歳の若さで早世し、家督を宣長が継ぐのであるが、本ばかり読んでいて家の再興を期待することは望むべくもない。気丈夫な母親のお勝は、残されたわずかな資産を頼りにして、宣長に医者となることを勧め京都へ留学させることになる。

後に、宣長は

おもしろきふみよむ時はぬることも
物くふこともけにわすれけり

たのしみはくさぐさあれど世の中に
書《ふみ》よむばかりたのしきはなし

などと詠っているが、京都遊学は生来の学問好きにますます火をつける。医者になる勉強のかたわら堀景山について儒学を学び、ここで漢書にとどまらず徂徠や契沖の著書に出会って大きな影響を受けるのである。当時の医師にとって儒学は必須の教養であったが、宣長の関心は次第に国書、歌文書に広がっていく。そして藤原俊成、定家の末裔である冷泉派の歌会に積極的に加わり、在京五年余りの間に一五〇〇首以上の歌を詠じている。

これらの遊学の成果は歌論『排蘆小船《あしわけをぶね》』となり、やがて源氏物語論として著名な『紫文要領《しぶんようりょう》』で確立する「もののあはれ論」の基礎を作っていく。ここで宣長が発見した場面は、いわゆる「私有自楽」と言われるもので、儒学でいう天下国家を治める道よりも、せいぜい自分の身を修め自足することが大切であるという立場である。この考え方は宣長が生涯をかけて完成させた『古事記伝』で追求され続ける古道論に発展していく。そして、これは生涯を通しての彼の日常観、ひいては住居観を決めていくものでもあった。しかも、宣長が「家居《いえい》はさしもいかめしからず、されど内々のすまひはいとよし。(玉勝間一四の巻)」と書いた松阪の商人を中心とする町人たちの日常、住居観と無関係ではないと思われる。

宣長の家・鈴屋《すずのや》

現在、宣長の家は松坂城跡の一角に移築して保存されているが、かつては魚町一丁目にあった。その旧地も保存されており、周囲に古い格子構えの町家を比較的よく残しているので、宣長の時代の町並みの雰囲気を容易に想像することができる。先にも触れたが、宣長の家の筋向いは重要文化財に指定されている豪商、長谷川家の旧本宅であり、蔵と格子構えの店が昔のままに残っている。しかし、この辺りは必ずしも長谷川家のような規模の大きい商家だけではなく、間口二間半から三間の店や住宅が軒を接して並んでいた。

魚町は一丁目から四丁目まであり、かつては文字どおり魚を商う店が集まった道筋である。特に二丁目から三丁目にかけては道の両側に魚屋や乾物屋がびっしりと並んでいた。道筋のはずれには三味線屋、桶屋《おけや》、麹《こうじ》みそを売る店などもあり人の往来が結構あった。そんな道筋の一隅に医師を生業とする宣長の家があったのである。

『家のむかし物語』はこの家のことも詳しく記録している。それによると、もともとこの家の敷地は一六五四年（承応三年）に魚町の一本東側の本町の宅地と地続きで三代前の小津三郎右衛門が買ったもので、家は一七二六年（享保一一年）によそから移築された。一時期貸家にされていたが父定利の死後、一七四一年（寛保元年）に母親の勝が子供四人とともにこの家に越してきたのである。

図 5･1　本居宣長旧宅前の家並み（左奥の家が長谷川家）

図5･2　本居宣長旧宅（右上に書斎「鈴屋《すずのや》」が見える）

ここでは原文を省略するが、この間の記載は当時の地方都市の町割り、家宅事情について多くを語っている。松阪は蒲生氏郷が一五八八年（天正一六年）に城郭を築く際に拓いた新しい町で、氏郷は縄張りに当たってそれまでは海側を通っていた参宮街道を町の中央に引き替えて往来をにぎやかにし、信長の政策に倣って「楽市楽座」を設け、一定の制限を加えたうえで商売や職人業の自由を定めた。本町は参宮街道に当たっており、宣長の居宅のある魚町と背中合わせであった。魚町と本町の間は約八〇メートルであるが、その中間に町境として排水路が設けられている。現在も松阪市内にはこの排水路が断片的に残っており、これを背割《せわ》りと言っている。ちなみに宣長の旧宅間口は約五間（九・一

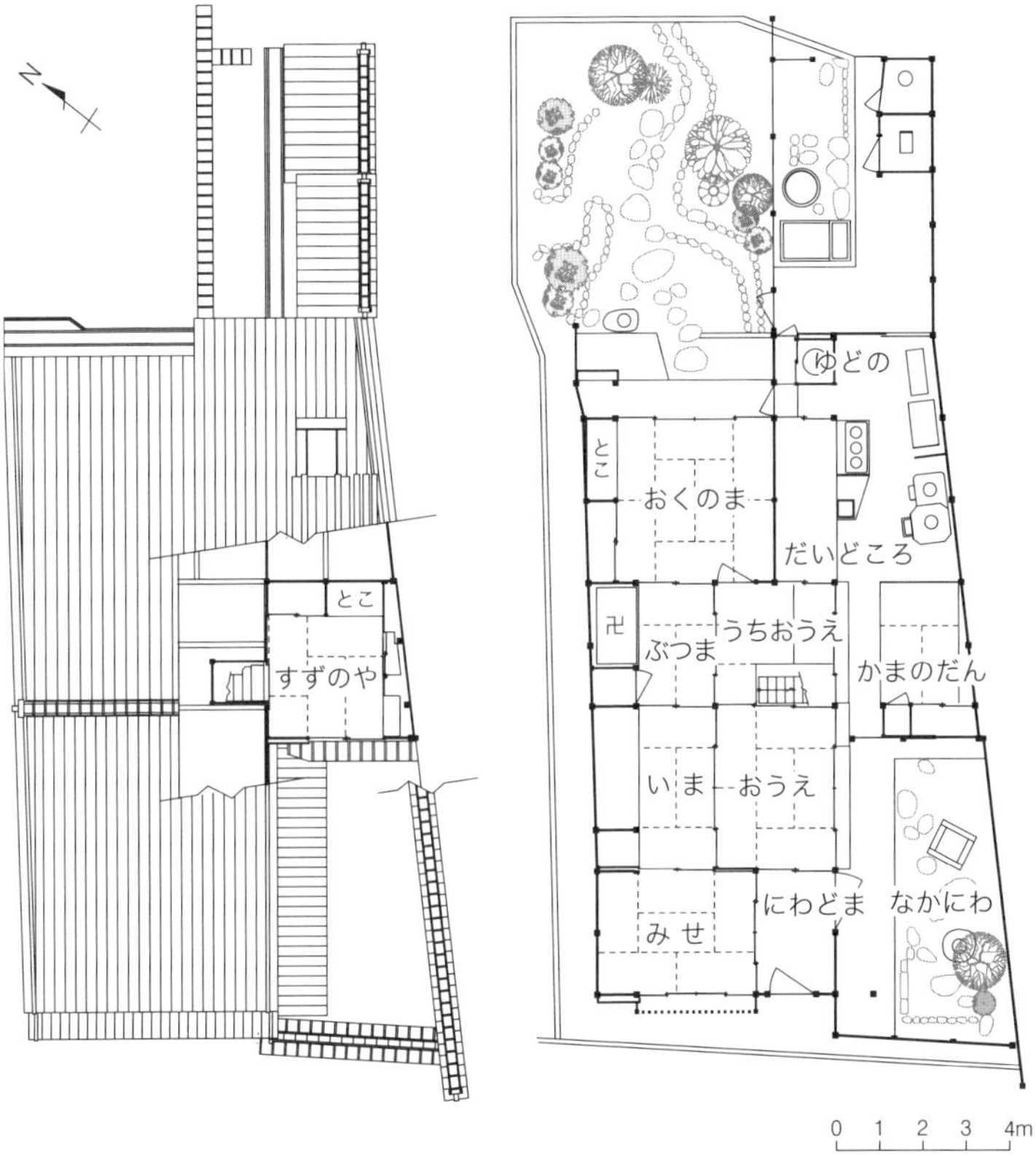

図5･3　本居宣長旧宅平面図

(筆者による実測図を簡略して作成。室名の内「おくのま」「ぶつま」「おうえ」「うちおうえ」「かまのだん」「だいどころ」は宣長『諸用帳』、「いま」「みせ」は清造「松阪魚町ノ住宅宅地」による。方位は旧所在地のものを示した)

メートル）で、奥行きはその四倍ほどある。本町筋も同様で、両方の町の生活排水を町境の背割りに流したのである。この町割りの構成は、たとえば秀吉の養嗣子であった秀次が築いた近江八幡の旧市街地でも同様の形で残っており、近世初期の代表的な都市計画手法と言える。

『家のむかし物語』の記載から窺えるもう一つ興味あることは、宣長の三代前の小津三郎右衛門が承応三年に魚町から本町に続く宅地を入手してから宣長の母勝が移住するまでの九〇年近くの間に、貸家にされたり本町側が売却されたりして、住人がたびたび入れ替わっていることである。さらには、宣長の家は他所から移されたもので、当時はかなり離れた場所から家が容易に移築されることがあったのを知るのである。このことは後で述べる宣長の日常観の深層に影響を与えていたと思われる。

ともあれ宣長は一六一六年（寛保元年）一二歳のときに母親と妹弟とともに魚町の家に移り住んで以来、生涯をこの家で過ごし、その後も一九〇九年（明治四二年）に鈴屋遺跡保存会によって松坂城跡の一角に移されるまで、たいした改変をされることもなく宣長の子孫によって住み継がれてきた。明治の移築の際に発見された棟札によると一六九一年（元禄四年）の日付が認められるから、今から三二〇年以上を経過する建物で、江戸時代の町屋の遺構としてもきわめて貴重なものである。

道に面した敷地の間口は五間で、そのうち格子の立て込められた建物の部分は三間、残り二間は土間タタキと坪庭の目隠しにつけた高塀である。現在、魚町の道筋に残された古い家割りを見ると、間口三間から五間くらいのものが多く、宣長の家は零落した江戸店持ちとはいうものの、中流以上の家作を残していたことが判る。格子の開き戸を入ると玄関の「にわどま」で「みせ（見世）」への入口となっている。道路に面した部屋は、商家でなくても見世と呼ばれ、応接や接客に使われていた。当時の医師は往診を常としていたが、ここが来客の応対、ちょっとした診察の場所となったのであろう。家伝薬として「胎毒丸」「むしおさえ」などを販売していたから、調薬もこの部屋でなされたのかと想像される。

　確かな記録は残されていないが家の主人としての宣長や奥の客間に通すことになる客人は、土間タタキに面してつけられた小さな上り縁から「おうえ」に上がったと思われる。女や子供はさらに奥へ入り、奥の「うちおうえ」か「だいどころ」から部屋へ出入りしたのである。ちょうど、上層農家などで家人が出入りする土間に続く大戸口と、客人が出入りする玄関を分けて構えているのと同じように、間口の狭い町屋にあっても、通り庭を通して客人、主人、家人の部屋への出入りを分けていたのである。一軒の家をそこに生活する人々の役割分担や、身分によって秩序づけたのは武家、町家、農家に共通した構成手法であったことが判る。

　「みせ」に続く「いま」と「おうえ」の奥は「ぶつま」と「うちおうえ」で、「ぶつま」には一間の仏壇が設けられている。この仏壇は元は「いま」にあったが宣長が三帖の「ぶつま」に移した模様で、宣長と妻たみの寝所であったと推定する。宣長の家は代々、浄土信仰に厚い家系で、ともすると神道に引き寄せられて見られがちな宣長自身も、浄土信仰を決して疎かにすることはなかった。宣長が残した『日々動作《ひびどうさ》勤記《つとめのき》』によると、まず伊勢神宮はじめ四方八方の神々を拝礼した後、阿

図 5･4　「みせ」から「いま」「ぶつま」「おくのま」を見る

図 5･5　宣長の書斎「鈴屋《すずのや》」

弥陀仏、釈迦仏を三礼し、先祖の霊に礼拝している。三帖の仏間は家の中心にあって、宣長はじめ家族の者の精神的中核となっていたことを窺える。

一番奥の「おくのま」は八帖の座敷で、宣長の書斎でもあり客間でもあった。宣長は京都の遊学から帰り、町医師になるとほどなく『源氏物語』や『万葉集』の講読を開いているが、その際にはこの八帖の座敷が使われた。

台所の土間をはさんだ「かまのだん（三帖）」は女中部屋として使われていた模様であるが、宣長は、五〇歳をすぎてから、この三帖の上に独立した書斎を増築することになる。『古事記伝』の稿をおこしてから一八年目のことで、古道論の中核を育んだ神代の巻をようやく書きおえてからである。この増築した書斎は、周囲の町屋と比べてとりたてて変わったところのないこの家の中でただ一つ、宣長の好みによって作られた部屋である。

部屋の造りは数寄屋造りの手法を取り入れた京風で、小さな釣壁をつけた床の構えは京都の風雅に馴染んだことのある宣長自身の工夫によると思われる。この床の間に、宣長は生涯を通して師として敬った賀茂真淵《かものまぶち》（県居大人《あがたいのうし》）の命日には必ず霊位の軸をかかげ、学問の励みとした。また、三十六歌仙になぞらえた三六の鈴を手元に置き勉学の疲れを慰めたことが『鈴屋集《すずのやしゅう》』にでている。この鈴にちなんでこの部屋のことを「すずのや」と呼び、やがては宣長一門を「鈴屋一門」と呼ぶようになった。

それにしても、膨大な量の書籍を渉猟した宣長の書斎として、この四帖半はいかにも手狭であったと思われるが、大きな箱を一つと、一、二の小箱を作り、それに万葉仮名で「あさよいにとりいづるふみ」と符号をつけ、蔵書、写本、詠草などの整理につとめている。また、この二階へ上がる階段の下三段は取りはずし可能な箱階段となっており、中は紙くず入れとして使われた。宣長はこれを三徳と言っており、第一の徳は二階に昇り降りできること、第二には、昇ったあとで取りはずしてもらうと子供などに学問の邪魔をされなくてすむこと、第三は紙くず入れとして家を清潔にしておくことができること。合理主義者、宣長の一面を窺わせる遺品である。また、『諸用帳』によると畳の表替え、襖の張替え、柱の根継ぎなどのメンテナンスもこまめにやっており、家の手入れを怠らなかったことにも留意したい。

図 5･6　取りはずし可能な箱階段

魚町の旧地の北西奥には、一棟の平屋の建物が残っているが、これは宣長の長男の春庭が結婚する際に増築したものである。ここは宣長臨終の場所でもあり、この家の屏風の下張りから春庭の著作の断簡が出てきたりしている。

以上のように、宣長は学問をするのに必ずしもふさわしいとは思えない繁華な町なかで、一生を過ごした。これにはさまざまな理由があったのであろうが、何よりも宣長の思想が生涯を通して町人の日常観に裏打ちされたものであったからであろう。

宣長は晩年に書きついだ『玉勝間』の中で

世々の物知り人、また人の世に学問する人なども、みな住みかは里遠く静かなる山林を住みよく好ましくするさまにのみいふなるを、われは、いかなるにか、さはおぼえず。

と書いており、町中に住み継ぐことは宣長によって意欲された一面であるのを知るのである。これは長男の春庭から次代の有郷、建亭へと受け継がれていった。また宣長一門の女たちも、この家のなかで宣長をよく助けて働いた。妻のたみは家業を助け、諸国から集まる門人たちの世話にも忙しかった。飛騨、美濃、能登の三人の娘たち、それに春庭の妻萱岐《いき》などは、宣長や春庭の著作の浄書を手伝った。当時の出版はすべて木版本であり、出版に際して手書きの版下が必要であった。言うならば、宣長の学問は家内工業のようにして、家族、門人の協力の下に展開していったのである。

宣長は生涯を通して、寝食を忘れるほど学問に打ち込んだ人であったが、家業の医師の仕事を決して怠ることがなかったのも、市井の人としての宣長の強い意志からであった。ちなみに、今で言う医者のカルテである『済世録』によると、家業がもっとも忙しかったのは一七八〇年（安永九年）で、この年の診療は四六二人、調薬数八四二九とあり、名古屋の儒学者市川匡麻呂《たずまろ》の『末賀能比連《まがのひれ》』

に対する強烈な反駁書《はんばくしょ》である『葛花《くずはな》』を書いた年のことである。葛花とは酒毒を消すのに使われる薬草であるが、間違った儒教思想に酔った輩《やから》は葛花でもなめて、わが国本来の道にめざめよと言うもので、宣長が学問的にももっとも意気軒昂《いきけんこう》であったころである。

『家のむかし物語』の中で、「医のわざをして産とすることは、いとつたなく、こころぎたなくして、ますらをのほいにもあらねども、」としながら、先祖から引き継いだ家を持続するために「産業をまめやかにつとめて、家をすさめず、おとさざらんやうをはかるべきものぞ、これのりなががころ也。」と決意しているが、このような生計と学問、思想が一体となったところに宣長の特色があるのである。

そして、これは今に残る「鈴屋」の佇《たたず》まいでもある。家が何代にもわたって住み継がれるには、さまざまな要因が作用するものである。宣長にあっては、現在は過去から連綿として続いた今であると強く認識されたことと深くかかわっており、生涯を通した彼の思想的営為と表裏一体となっている。

さらにまた、三井家など家訓をもって、家と商売の繁栄に努めた江戸時代の商人たちの日常意欲にも通じ、近代へ向けての革新的なものを包含しながらもやがては国体に組み込まれ保守思想の底流を日常のところで担っていく一面を合わせ持ったのである。

6

大屋根の家

一九一三年（大正二年）生まれのサキさんは伊那市を西の方に入った山裾の村で生まれた。目の前には駒ヶ岳がそびえており風光は美しかったが、生活は貧しかった。村の多くの娘たちがそうしたように、サキさんは一七才のときに岡谷の製糸工場に入って、糸ひき女工になった。明治時代になって横浜が海外貿易港として開かれて以来、諏訪地方の製糸産業は急速に発展し、各地の山村から娘たちが集まり、生糸の糸ひきをしていた。仕事はまだ夜がすっかり明けきらぬうちから始まり、繭玉を湯釜でぐつぐつ煮つめるので工場内には水蒸気と蛹《さなぎ》の悪臭が立ちこめていた。びしょびしょにぬれた床に一日中立ちづめの仕事によって、現金収入に乏しい山村の生活を、多くの若い娘たちが支えてきたのである。あまりに厳しい労働条件のために前借りの借金をかかえたまま夜逃げする女工もいたし、結核に倒れる娘たちも少なくなかったが、中には、百円工女と呼ばれて当時の男の職人たち以上に稼ぐ者もいた。

しかし、サキさんが岡谷の製糸工場で糸くり仕事についたころは、すでに諏訪地方の製糸産業の最盛期を過ぎており、時代は世界的な規模での産業構造や需要構造の変化に伴う不況期を迎えていた。岡谷に本社のある大製糸会社「山一林組」で一九二七年（昭和二年）に一二一三名の女工たちが決起して大規模な労働争議を起こしたのは、サキさんが岡谷で働き始めた二、三年前のことである。当時、長野県下だけでも一五万人の女工がいたと言うが、生糸の急激な暴落に伴って、工場の閉鎖が相次いで起こり、やむなく生まれた村へ帰される娘たちも少なくなかった。サキさんが働いていた工場も、不況に苦しんだのは例外ではなく、やがて倒産、工場閉鎖ということになる。郷里

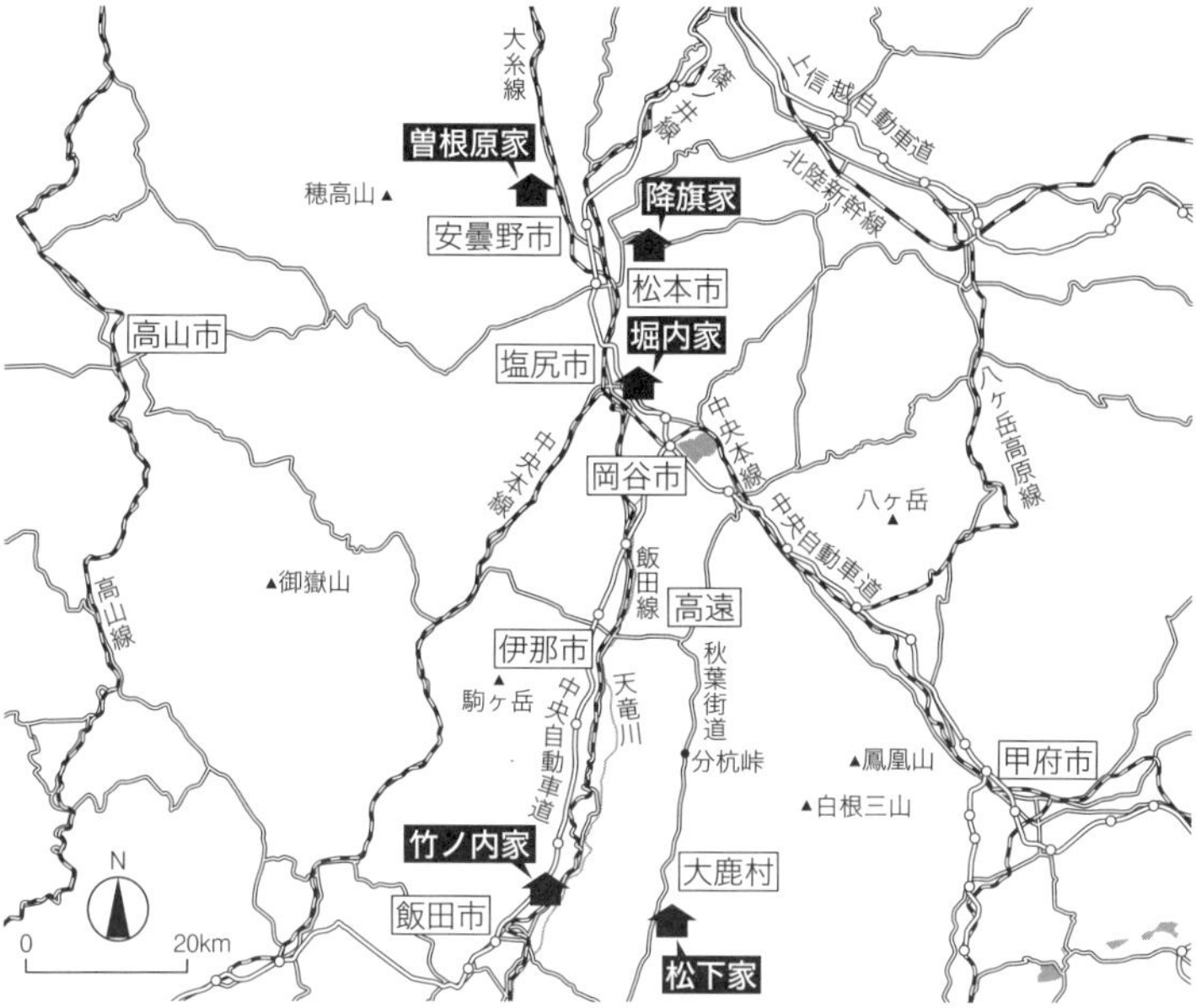

〈所在地〉

松下家：長野県下伊那郡大鹿村大字大河原 1665 番地

堀内家：長野県塩尻市堀ノ内 117 番地

曽根原家：長野県安曇野市穂高有明 1632

竹ノ内家：長野県下伊那郡高森町吉田 1987 番地の 1

降旗家：長野県松本市浅間温泉 1-29-19

に帰ってもすぐに現金を得られる仕事がない。

そんなサキさんのところに持ち込まれたのは縁談話であった。遠縁に当たる人からの話とあっては、当時としては断わるすべもない。一人でも食いぶちを減らすことの方が急がれた。お見合いもしないうちに嫁入りの準備が調えられ、天竜川をはさんだ山向こうの大鹿村に嫁ぐことになった。嫁入りは身の廻りのものを調えただけのささやかなもので、まず伊那から城下町の高遠へ出て、そこから秋葉街道に入った。この道は伊那谷の裏街道とも言われ、幾つかの峠をへて遠州まで続いていた。

サキさんたちが標高一四二四メートルの分杭峠を越えると、眼下には深い谷間が広がっていた。大鹿村である。峠まではわらじ履きの徒歩でやってきたが、ここでサキさんは衣裳を整え、角隠しをつけ、馬の背に乗った。サキさんが大鹿村に入ったのはこのときが初めてである。自分がこれから住むことになる家のことも、夫となる人のことも何も知らなかった。結婚式の間は角隠しの下でじっと目を伏せて耐えていたので、夫の顔を初めて見たのは式が済んでからのことである。

生活に馴染んでみると、大鹿村での毎日は自分が生まれ育った村とはずいぶんと違っていた。この辺りの集落には強大な勢力を持った家が一軒ずつ構えていた。いわゆる御館《おやかた》、被官の制度の名残りである。信州地方には古くから隷農の制度があり、サキさんが生まれた伊那の周辺でも江戸時代の末期までは続いていたが、すでに明治になってからは解体していた。しかし、大鹿村では、御館、被官の関係がまだ色濃く残っていた。かつて、御館は何軒かの被官を抱えており、被官たちは御館から田畑を借り、小作料を納めるだけではなく、田植え、稲刈り、取り入れ、普請、草刈りなどいつとなく御館の家の手伝いをした。昔ほどではないにしても、サキさんは嫁ぎ先の御館すじに当たる家に何かと気を使わなければならなかった。

昔は、御館の家には必ず勝手口から入ったし、座敷はもちろんのこと、台所にも上がることができなかった。被官の人たちが入れるのは、手伝いのときでも台所の土間までであった。サキさんが大鹿村に嫁いだころでも、御館すじの家の玄関に入ることはめったになかった。祭りや公の席の順序にもはっきりとした仕来《しきた》りが残っており、これは戦後になっても続いていた。

御館すじに当たる家の建て方は、大鹿村のどの集落でも、サキさんの嫁ぎ先のような家とは違っていた。比較的小さなものでも間口が六間あり、大きなものになると八間以上で、奥行きも間口とほぼ同じ、正方形に近い平面構成になっていた。間口、奥行きともに八間ともなると、どうしても、真ん中に陽の射さない部屋ができる。それだけに、サキさんにはなんとなく威厳めいて、近づきがたく思えたものである。

御館すじの家は、規模が大きいというだけではなく、外観の様子も周辺の家とは違っていた。いわゆる「本棟造り」と呼ばれているもので、屋根の妻側を正面に向けている。屋根勾配は比較的ゆるやかである。屋根葺材として、栗の木を年輪に添って割った「くれ板」とよばれる板を使う。勾配が強すぎると板がずり落ちるし、あまりゆるやかだと水が逆流するので、屋根勾配はどの家でもほぼ一定になっている。ただ、妻側の棟には鬼瓦や、板で作った棟飾りを乗せて、それぞれの家風のしるしとしていた。貧しい山村に育った、他所者《よそもの》のサキさんの目にも、御館すじの家はすぐに判断できたのである。

自然のなかに溶け込んだ……松下家

松下家は大鹿村に残る本棟造りの家のなかでも、もっとも規模が大きく、様式的にも完成したもので、一九七三年（昭和四八年）に国の重要文化財の指定を受けている。

松下家の先祖は戦国時代末期に数名の従者を率いて、この地方に入植した。それ以来、一三代約四〇〇年にわたって豪農として大鹿村の中心的な存在となってきたのである。

上座敷の書院障子の框《かまち》から墨書が見つかり、現在の家は一八二〇年（文政三年）に建築されたことが判っている。平面構成を見ると一八世紀に建てられた本棟造りに比べて、日常の生活の中心となる「だいどころ」が薄暗い中央でなく、明るい東南側に面して取られており、本棟造りのなかでもかなり進歩した形態になっている。平面的な完成度が高いことと同時に、家格を象徴するいくつかの要素にも、注意しておかなければならない。

その一つはこの家に床構えが四つあることである。当時は、一般庶民が床の間をつけることは破格のことで、被官の家が床の間をつけたり、座敷に天井を張ったりすると取り壊しを受け、御館に詫び状を入れなければならなかった時代である。しかし、御館格の松下家では、主だった部屋のす

図6･1　松下家

図6･2　家格を象徴する鬼瓦と懸魚

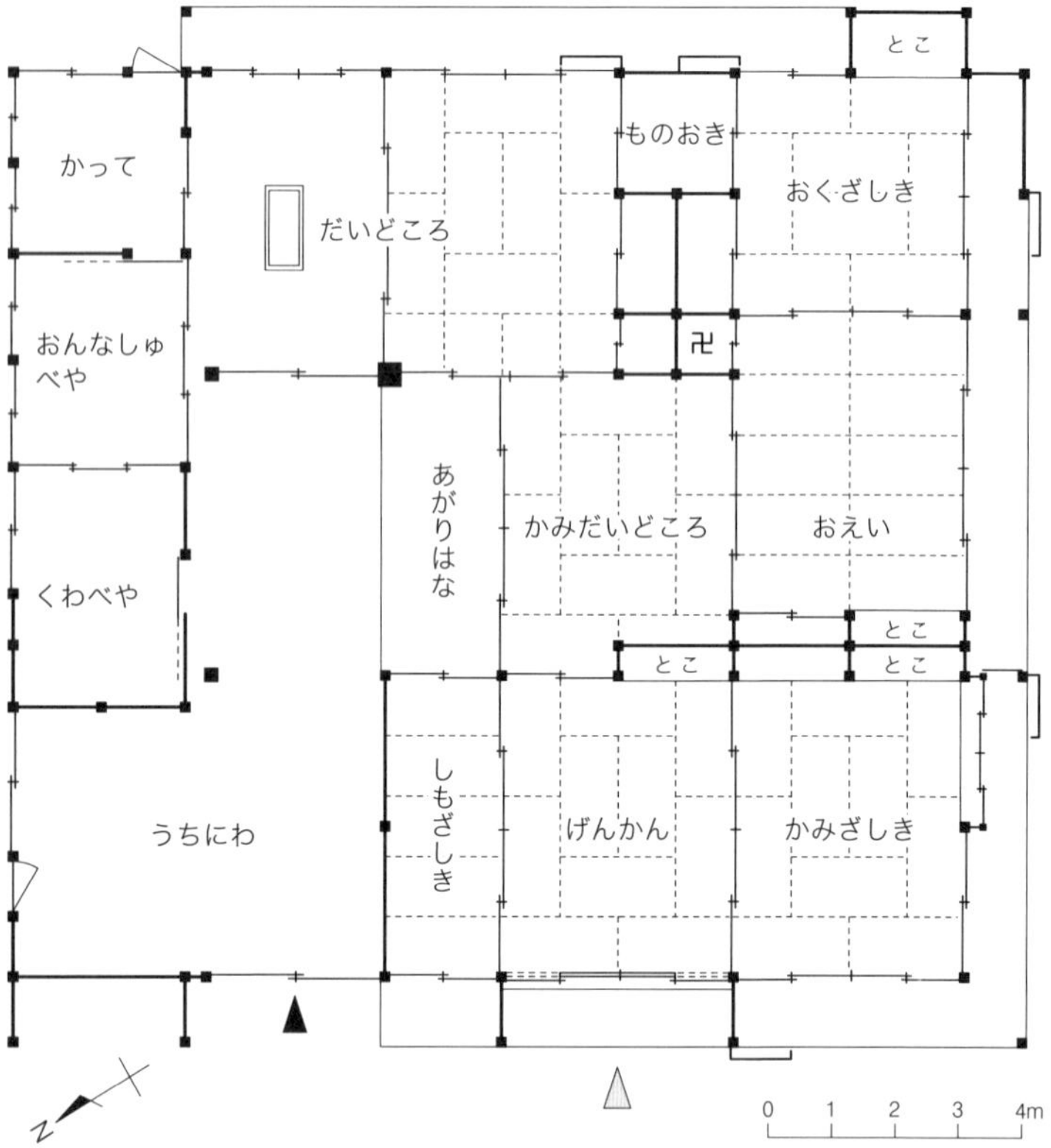

図6･3　松下家平面図（『日本の民家 第二巻 農家Ⅱ』掲載図より作成）

べてに床構えがついている。構造材として使われている梁は全般的に大きく、「あがりはな」の大黒柱が受ける大梁は八間通しの巨木で、松下家の家格を象徴するものである。こんな巨木を使うことは自分の山がある御館すじの家だからできることであって、自分の山を持たない被官の人たちには、真似ようとしてもできるものではなかった。

もう一つの注目すべきことは、妻側の棟につけられた鬼瓦と破風の下につく懸魚である。先にも触れたように、本棟造りは妻側の破風を大きく見せるところに特徴があり、それ自体が家格の象徴であった。松下家には、当時はお寺や武士の家にしか使われることのなかった鬼瓦と懸魚がつき、家格を一層強く象徴している（図6・2）。

しかしながら松下家はこれらの家格を象徴するいくつかの要素を持ちながら、必ずしも権威的な風貌になっていない。おだやかな屋根勾配は、家の近くまで迫る裏山によく溶け込み、懸魚もひかえめである。本棟造りの正面は当時の大工がもっとも気を使ったところと考えられ、その点、松下家をまとめた大工の腕の確かさと、デザインの方向性を窺うことができる。おそらく、松下家を建てた大工は、この大きな家が自然の中に融和することを意図したに違いない。

三十数年前に私が初めて松下家を訪れたときには、最後のご当主である松下虎夫さんがご健在で、いろいろとお話を伺ったが亡くなられ、その後、一九九八年（平成一〇年）に所有権は松下家のまま大鹿村の管理するところとなった。大鹿村教育委員会に申し入れをすれば内部の見学をすることができる。

近代を感じさせる……堀内家

塩尻市にある堀内家は、本棟造り様式の完成度の高い住宅として松下家と同様に見落とすことができない。中山道塩尻宿にほど近い旧掘ノ内村にあって、江戸時代には名主を務めていた。屋敷内に新しい住まいを建てた堀内さん一家は、そちらに移り住んだので現在は使われていないが、松下家と同様、一九七三年（昭和四八年）に国の重要文化財の指定を受け、堀内さん一家の手で現在も昔のままに保存されている。

けやきの上り縁や大黒柱は丁寧に磨き込まれており、年季を入れたものだけにゆるされる美しさを表出している。土間に入って日常生活の中心であった「おえ」の天井を見上げると、木太い梁が顕《あらわ》しのまま組まれており、そこには数えきれぬほどの年縄《としなわ》が巻かれている。これは毎年正月ごとに家の安泰を祈って巻き加えられてきたもので、年縄の一本一本がこの家の古さを証明する年輪ともなっている（図6・6）。

平面の構成を見ると、土間への入り口である大戸口の脇に「しきだい」を構え、それを上がったところに「げんかんざしき」、その隣に床の間つきの「かみざしき」が続いている。これは松下家と同様で、本棟造りの家格を示す基本構成と言ってよいであろう。家格と言えば、堀内家では家人が出入りする大戸の明かり障子につけられた引手の意匠がおもしろい（図6・7）。引手は三段につけ

図6･4　堀内家（棟の端部に「雀おどり」と呼ぶ棟飾りがのる）

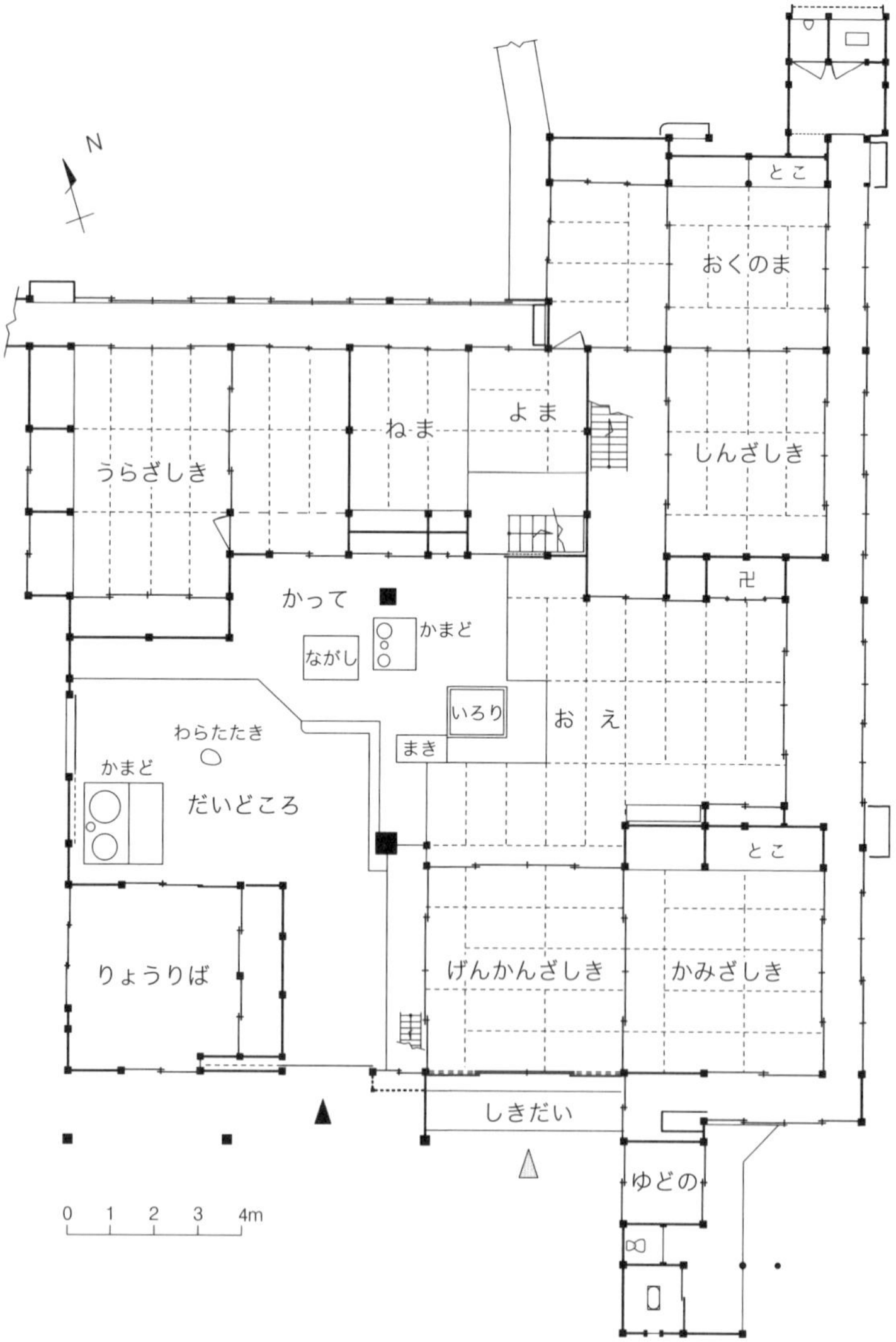

図 6·5　堀内家平面図(『日本の民家 第二巻 農家Ⅱ』掲載図より作成)

図6·6　梁に巻かれた年縄

られ、それぞれに素朴でさりげない形をしているが、実は重要な意味を持っていた。家人でも手を掛けてよい位置が決められていたのである。

なお、堀内家の「だいどころ」には「わらたたき」石が残っている。堀内家のある塩尻地方の話ではなく伊那地方の話であるが、婚礼のとき花嫁はトマグチ（大戸口）から入り、アテイシ（わらたたき石）をまたいでからダイドコ（かって）に上がった風習があったことを『信濃の民家』は伝えている。藁《わら》たたきは俵《たわら》編《あ》み、むしろ編み、草鞋《わらじ》作り、馬の沓《くつ》作りなど冬場の屋内作業として欠かすことのできないものであり、花嫁は大戸口から家へ入り、わらたたき石をまたぎ、室内に入ることによって家人として迎え入れられたのである。

話を堀内家に戻すと、正面の間口は一〇間あり、松下家に比べると一間半ばかり大きく、その分だけ屋根の流れが長くなっている。規模が大きいだけに、外観から受ける印象はどっしりとして力強い。しかし、力強い印象を与えるのは、屋根の流れの長さのせいばかりではない。むしろ、同じ本棟造りの構成をとりながら、松下家が持っているデザインの意味性とはまったく違った方向が、堀内家では感じられる。松下家では妻側を見せた大屋根が、背後の山と樹木に溶け込む印象を与えているが、堀内家のそれは、はっきりと自己を主張している。ことに、「雀おどり」と呼ばれる棟飾りは堂々としていて、自由奔放である。また、大屋根によってできた三角型の妻壁も美しい。等間隔に入れた化粧貫によってしっくい壁を区分することで安定感を図り、二メートル近く持ち出した妻側の棟に乗る「雀おどり」とほど良いバランスを保っている。これらの外観は明治期になって整えられた模様であるが、のびやかで均整のとれた意匠性は、豪農として栄えた富に裏打ちされた型態として非常に洗練されたものとなっている。

　堀内家に見られる形態的な自己主張は、松下家ではごく控えめであった。むしろ、それを制御することによって、周囲との融和を図ろうとする意図が感じられた。堀内家も松下家と同様に、一九

図6·7　堀内家大戸口の明かり障子

世紀前半に建てられたものと推定され、平面構成の上では日常生活の場が明るい東側にある松下家の方が一歩前進したものである一方、外観構成においては明治期に改造されたことによって堀内家の方により近代を感じさせるものがある。ほぼ同じ時期に、同じ様式で建てられた二つの家から、私たちは近代が主流とした個の発露と、そして本流の外においた自然との融和の二つのデザインの指向性を学ぶことになるのである。

なお堀内家は二〇一五年（平成二七年）から大改修工事が始まり、二〇一八年（平成三〇年）に竣工の予定である。

本棟造りの分布

松下家と堀内家に見たように、本棟造りはほぼ正方型の平面を持ち、板葺きの切妻屋根、正面に大きく妻破風を見せた上層農民の住まいであったが、その分布は大鹿村や塩尻の周辺だけではなく信州一円に広がっている。北は松本盆地、安曇野、南は伊那地方の南部、さらに木曽地方にも散在しており、現在もなお、格式のある家づくりとして造り継がれている。ちなみに飯田市は二〇〇六～二〇一〇年に飯田、下伊那に残る本棟造りの悉皆《しっかい》的調査をしており、それによると二〇九棟の本棟造りが地域に残存しているとしている。

現存する本棟造りのもっとも古いものは安曇野にある曽根原家で、一七世紀後半に建てられたと推定されている。もっともこの家は、本棟造りの形態をとりながらも、入り口が屋根の妻側になくて屋根の平の方向についている。このことからも、曽根原家が建てられた一七世紀後半ごろを本棟造りの成立期と考えることができる。実は曽根原家の他にも一七世紀の本棟造りとして松下家のある大鹿村には一六九六年（元禄九年）に建設されたことの確かな家があったが、残念ながら長野県教育委員会の本格的な調査が入る前の一九六五年（昭和四〇年）に解体され、今、その形態を知ることはできない。

本棟造りは成立期から今日に至るまで、いくつかの様式的な規範を踏まえて信州地域のかなり広い範囲にわたって建てられてきた。それらの外観の持つ意匠性は、古いもの、新しいものを問わずいずれもが、先に紹介した松下家と堀内家に収斂していると言ってもよい。もっと正

図6・8　曽根原家

図6·9　竹ノ内家

図6·10　降旗家

確にいうならば、曽根原家に窺うことのできる近世的な自然と融和した素朴さは、松下家で高度に形象し、もともと妻屋根を正面に見せるという様式的な自己主張性の強さは、近代の曙として堀内家で完成しているとすることができる。たとえば、一七九九年（寛政一一年）に建てられた下伊那郡高森町の竹ノ内家は、素朴さを残しながらも、正面に七間半の通し梁を見せ、家格の表象を強めている。しかし、形態的な完成度はまだ高くない。

松本市浅間温泉にある降旗家は江戸末期のもので、もっとも発達した本棟造りとされているが、ここには堀内家で完成した以上のものはない。松下家で見られたささやかな懸魚は、意匠性の強い型に転位しており、そのことは堀内家で見た様式の完成度の高さを大衆化してゆく方向を示している。なお、『長野県民俗資料調査報告8』は大鹿村で上層農家以外の一般農家に本棟造りが現れるのは明治になってからとしている。

この他、中山道洗馬宿《せばじゅく》から分岐した善光寺街道沿いにある郷原宿には幕末の一八五八年（安政五年）の大火後になされた町並み整備によって建てられた本棟造りが多く残っている。ここでは堀内家で完成した近代的な意匠性の高さが、家格の違いにとらわれず一般の家に普及している姿を見ることができる。

以上のように、本棟造りという一つの様式で造られた家々を見てゆくと、特別の家格を持つ家にしか赦されなかった形態が、次第に一般化してゆく経過が判り、そしてそこには自然との融合よりも、自己を表出し、主張しようとする近代の精神のあり様を垣間見る思いがする。

7

豪農の家

「6 大屋根の家」で本棟造りの家格とその意匠について書いたので、ここではそれに関連づけて民家として全国的に見てもっとも壮大な規模を持つ新潟の豪農の家を取り上げて、「民家」という幅の広い用語に包含される意匠上の意味合いを考える。

新潟を中心とする越後平野には、かつて巨大な勢力を持つ豪農が存在していた。なかでも新潟市南区味方の旧笹川家は越後平野の豪農の佇まいをもっとも良く代表する。味方は二〇〇五年（平成一七年）に新潟市に編入合併されるまでは独立した村で、新潟市と燕市を結ぶ新潟交通線のほぼ中間に位置していた。新潟交通線は越後平野の中央部をのどかに走る路線であったが、一九九九年（平成一一年）に廃線となり、現在はバスが代行運転している。地域の西側には上越新幹線と北陸自動車道が走っており、この四〇年ほどの間に交通事情が大きく変化した地域でもある。

そんな時代の変転のなかにあって、旧笹川家は一九七〇年（昭和四五年）、国、県から多額の補助を受けて旧味方村が買い上げ、以来、村の管理下におかれて一般公開されていたが、その以前には宅地総面積約四〇〇〇坪、家屋延面積約三〇〇坪にわたる広大な家、屋敷が個人の力によって維持されてきたのである。

笹川家は天正年間（一五七〇年ごろ）信濃地方から味方に移住し、一六四九年（慶安二年）以降、明治維新に至る二百数十年の間、九代にわたってこの地方の大庄屋を世襲してきた。

大庄屋制は徳川時代の中央集権の下に一定地域を統合する役割を担っており、村々の庄屋を総括し、そして藩主に属していた。いわば、農民を代理する庄屋と武家を代表する藩主との中間の位置

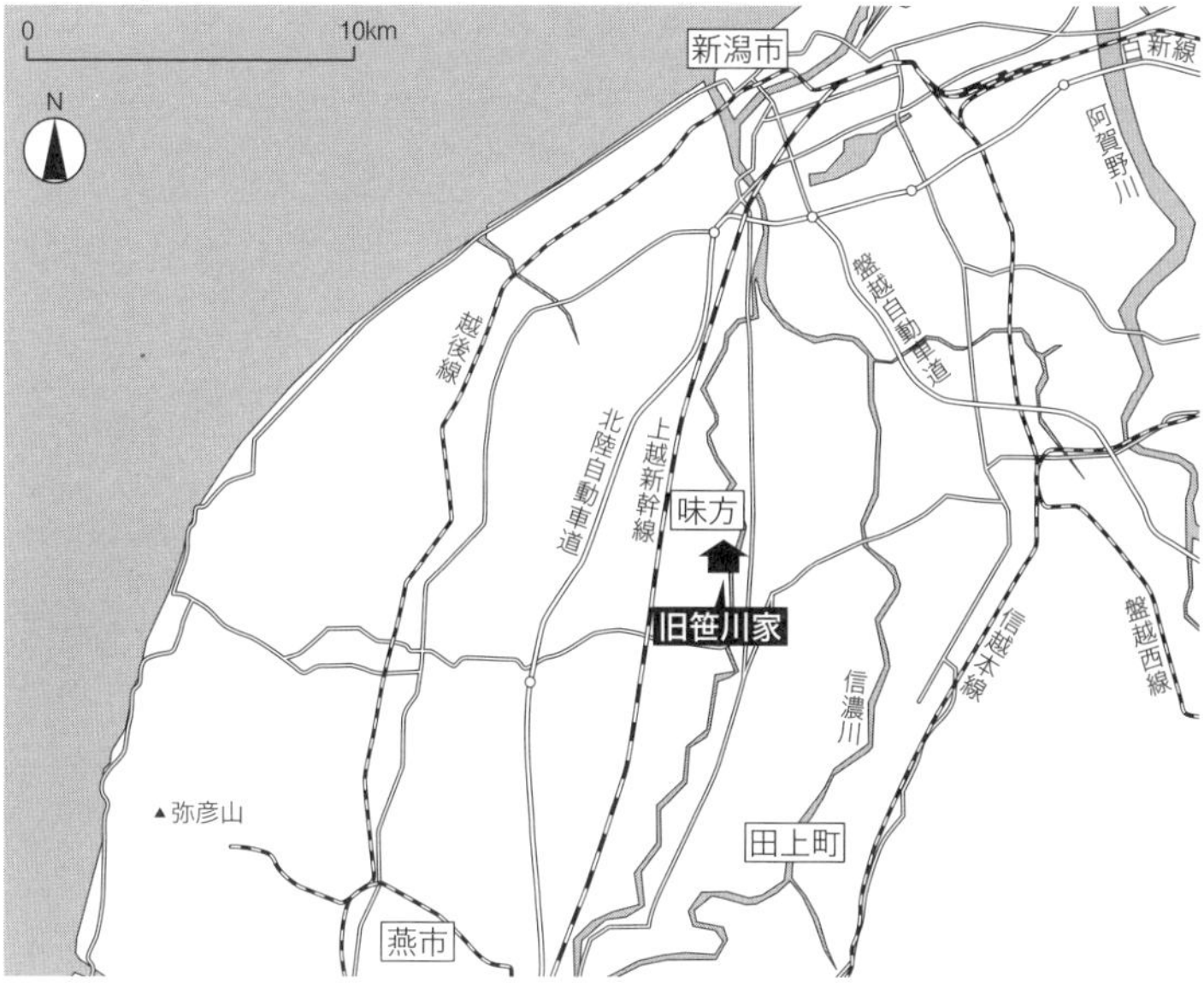

〈所在地〉

旧笹川家：新潟県新潟市南区味方 216 番地

図 7･1　旧笹川家表庭

にあったのである。大庄屋の多くはもともと武士の系譜につながる家柄で、戦国時代に帰農して地方の豪士となった者が多い。笹川家はその典型的な例で、年貢の収納、命令の伝達、治安、警察、裁判の権を与えられ、その一方で新田を次々に開発してゆくことによって、豪農としての巨大な富を次第に蓄積するようになった。

このような家柄を反映させて、現在残されている旧笹川家の家、屋敷は一般の農家とも武士の家とも異った構えとなっている。私たちはこの家から武士の家と一般の農家の中間域にあって、富の集約が家づくりとしてどのような家屋形態を指向していったかを窺うことができるとともに、現在各地に残されている民家の発展過程とその意味を改めて問い直す側面をも知ることになる。

もともと「民家」という分類呼称は大正時代の初期に民俗学者を中心にして使われ始めたものであるが、必ずしも十分な概念規定を持った成語ではない。民俗学の領域での民家は「常民の住居」として定義され、貴族や武士に対する庶民の家を対象にしているが、建築史学の領域からすると必ずしもこれだけではその概念が明確になってこない。ちなみに貴族や武士の家は「寝殿造り」「書院造り」として様式的な分類をなされてきたが、「民家」は様式的な分類呼称ではない。「合掌造り」とか「曲り家」「中門造り」などは民家の様式的な分類呼称であるが、単に「民家」と呼ぶ場合には仮小屋に近い堀立小屋から、農家、漁家、町屋、豪農、豪商の家までを含める。その呼称範囲の広さによって明確にならない領域が生じてくるとも言えるのである。おそらく民家における意匠性の問題を扱うとき、この不明瞭な部分が一番顕著に表出してくるものと思われる。

旧笹川家は一般には民家の分類に入れられているが、形態上、武士の家と農家との中間域にあると見ることによって、民家と非民家のあり様を互いに照射し合うことができ、そこから建物の意匠性を考えるきっかけが得られるように思われる。おそらく、それは私たちの時代の家にもかかわる問題を内在しているものと考えられる。

外部の構成

旧笹川家の敷地は中ノ口川に面して東西約一五〇メートル、南北約一〇〇メートルにわたる広大なもので、四周に濠《ほり》と土塁《どるい》をめぐらしている。この濠は戦国時代末期の豪士の「館」の名残をとどめ、濠の内側は樹木が茂り外から屋敷内を窺うことはできない。東と西側に門がつけられており、東側の表門は巽《たつみ》方向（東南）にあるため「巽風門《そんぷうもん》」と呼ばれ、現存する建物の中で最古のもので、現在の屋敷の外郭が整えられて以来のものと伝えられている。一八二〇年（文政三年）に表座敷、居室部など屋敷内の主だった建物を焼失しているので、創建当初の状態を十分に知ることはできないが、この表門から察すると当時の笹川家が、一般の農家と比べて破格の規模であったことを窺うことができる。一七世紀から一八世紀にかけてはかなりの上層農家でも、主だった居室は土座、または板間であることの多かった時代である。広大な敷地に表門を構えた表情は農家と言うよりも武士の家に近い。

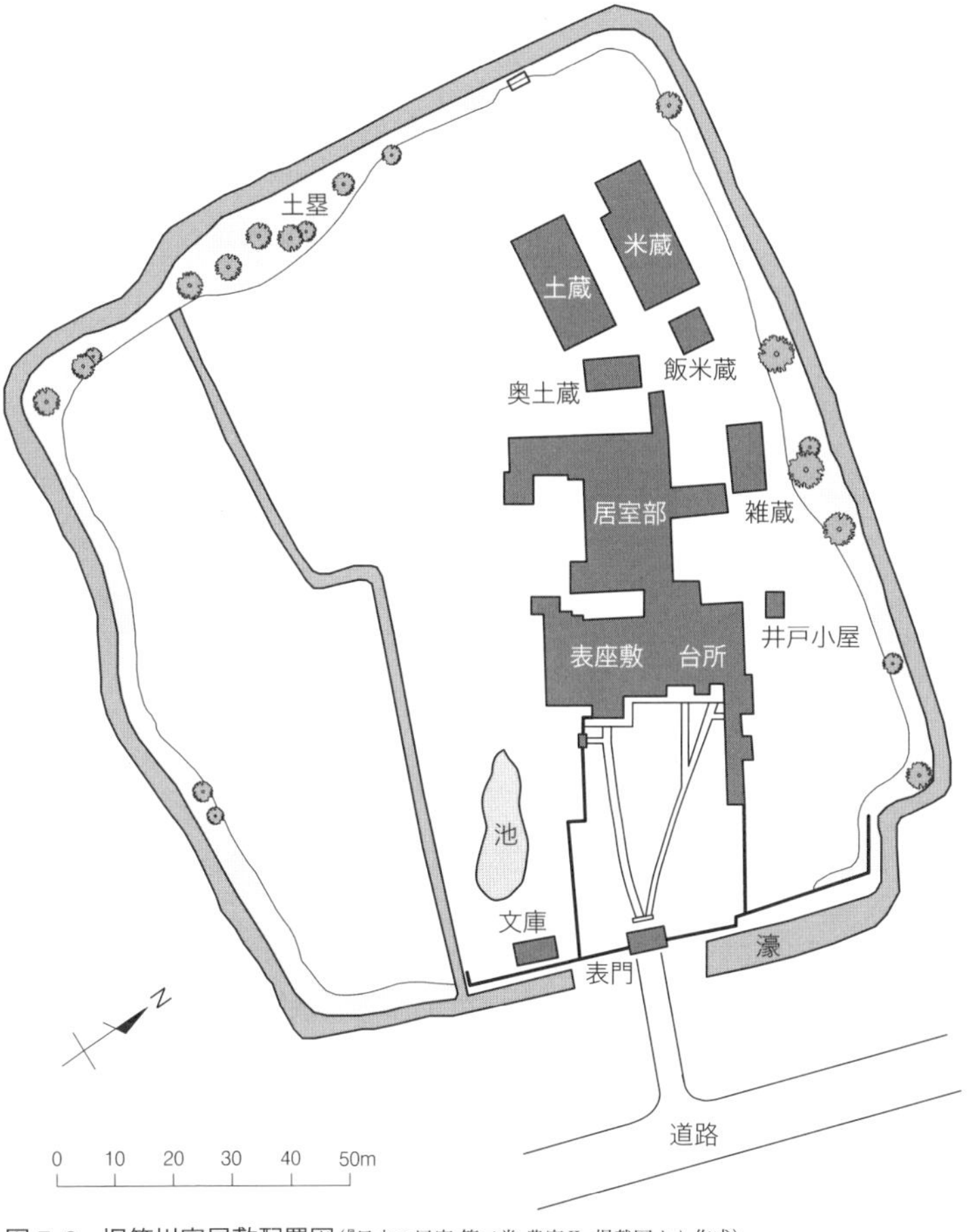

図 7･2 旧笹川家屋敷配置図(『日本の民家 第二巻 農家Ⅱ』掲載図より作成)

表門を入ると表座敷の前に広い前庭があり、そこにくっきりと石の舗道が描かれている。この舗道は表門を入るとすぐに二手に分かれ、そして右手の道は建物に近づくとさらに二手に分かれる。一つの門から導かれるアプローチが都合三つに分かれ、それぞれ「げんかん」「よりつき」「おおとくち」の三つの入り口につながるのである。これら三つの入り口はそれぞれに格を持っており、正面に大きな唐破風をつけた「げんかん」は、藩主など笹川家よりも身分の上の者が訪れたときにのみ使われ、「よりつき」は村々の庄屋たちを迎え入れたものと思われる。「おおとくち」が奉公人や小作人の出入り口であったのは言うまでもない。身分に応じて設けられた玄関と、それに至るアプローチは明解で、他に類を見ないほど直截的である。この直截性は封建制下の身分制をそのままおおらかに形態化したものであるのがきわめて印象的である。

かつて、笹川家を訪れたバーナード・リーチは、「この家は下手《げて》ではなく上品だ。しかも洗練され過ぎないりっぱさがあり、荒けずりな、田舎じみたところは少しもない」と語っている。バーナード・リーチが笹川家に見たものは、当時、昭和二〇年代の後半に始まったわが国の民芸運動が、ややもすると田舎じみたものなら何でもよしとする、野暮ったさに対する批判でもあったと思われる。いわば旧笹川家の形態的な魅力は、徳川封建制の成熟期にあって、その身分制を何のためらいもなく形象化し、そして、それが田舎じみたものに偏向せず、しかも武士の家の様式をそのまま真似たものではないところにあるのであろう。おそらく身分制に懐疑が生まれ始める江戸中期を過ぎると、このように判りやすく直截的な手法がとられることはなかったであろう。また、それぞれのアプローチにつけられたわずかな曲線はいかにもこの舗道が硬直したものではないことを表現している。「おおとくち」に接続する右側の八間の吹き抜け庇の部分は、古代寺院の回廊の一端のようでもあり、前庭をより一層表情豊かな空間にしている。ここでは村々から集められた年貢改めも行われたであろうことが容易に想像できる。旧笹川家の前庭はこのようにして農民から武士にいたるこの地方の人々の生活を彷彿とさせるものになっている。

屋内の構成と意匠

屋内に入ってからも、屋外構成に見られたのと同じように、直截的で自由な雰囲気を失っていない。建物は、大きく分けると大庄屋としての役宅部分である表座敷と、笹川家の居室部分とからなっており、表座敷は書院造り、居室部分は数寄屋造り風の色彩を濃くしている。しかし、いずれの部分もいたずらに京風、江戸風に溺れず、大胆な造りになっているところがこの家の魅力である。

表座敷の部分は、前庭に面した三つの入口に対応して、それぞれの格式を持っている。まず、「げんかん」を入ると一八帖の「さんのま」があり、左側に「つぎのま」、その奥が「じょうだんのま」である。「じょうだんのま」は主賓の席で、笹川家を訪れた藩主はここに座して、「つぎのま」「さんのま」以下に控える笹川家の当主はじめ、村々の庄屋たちと対面した。この際、村々の庄屋たちは「よりつき」から入室し、「よりつきのま」に控え、そして「ひろま」へ上がったのである。いわば、こ

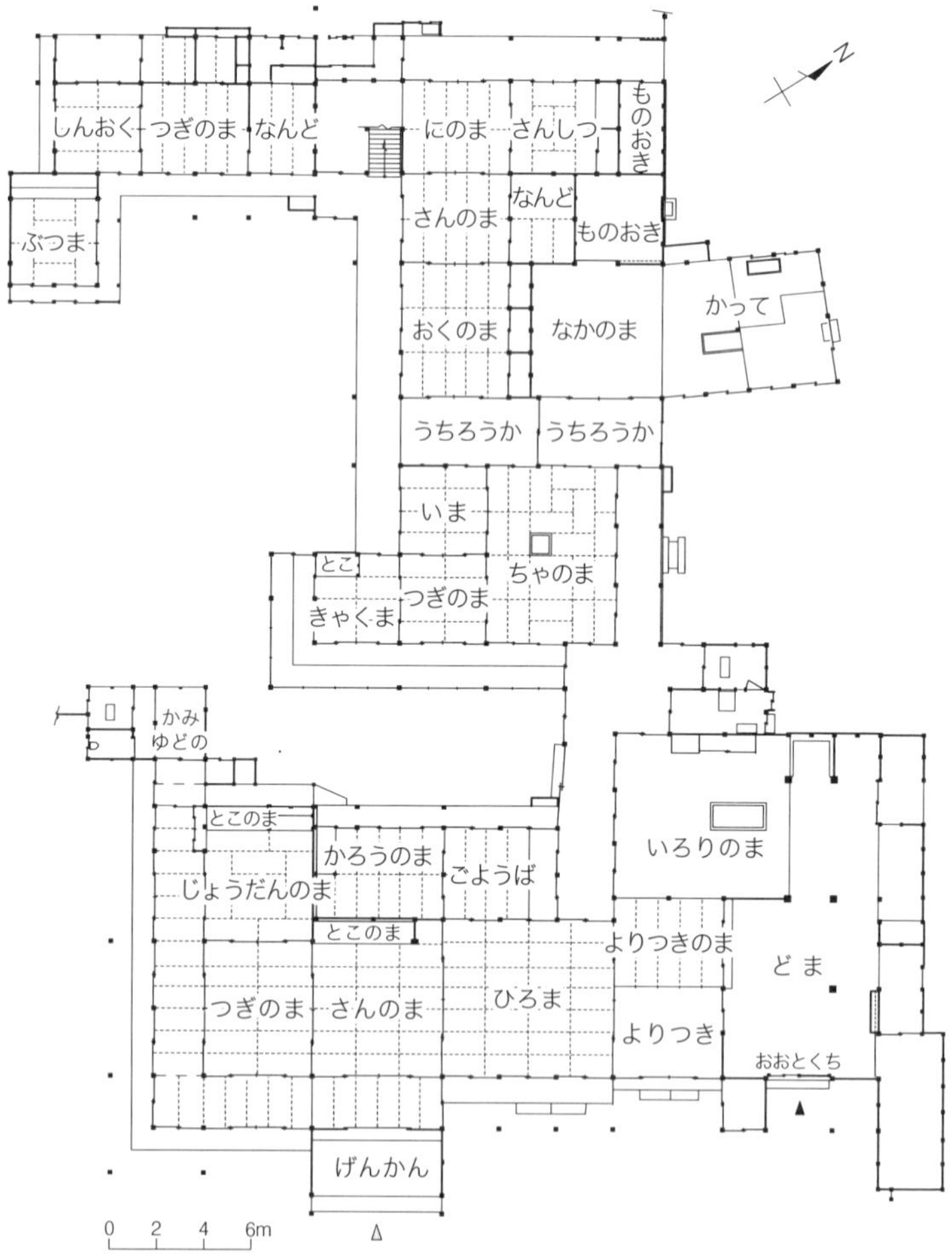

図7･3 旧笹川家平面図（『日本の民家 第二巻 農家II』掲載図より作成）

図7･4 「つぎのま」から「じょうだんのま」を見る

れらの表座敷は城の中に設けられた武家の対面所と同じような機能を持ち、民家と呼ぶより、むしろ書院造りと呼ぶ方がふさわしい形態である。しかし、この座敷を必ずしも形式的な書院造りの枠組みの中に押し込めないのは、ところどころに用いられている意匠の自由さによるところが大きい。特に「つぎのま」と「じょうだんのま」の間にある欄間のデザインは格式にとらわれず、のびやかである。

また、「つぎのま」は間口二間半、奥行き三間、「じょうだんのま」は方二間半で、普通のタタミを入れればそれぞれ一五帖、一二帖半となるところ、普通より大きな変形の畳を入れて一二帖、九帖としているところが興味深い。これによってこの部屋のスケール感をひとまわりも二まわりも大きくしているのである。変形のタタミに合わせて、各部屋の建具も普通より大きくなっていることにも注意をしておきたい。一般に、敷居と内法との間は五尺七寸または八寸の高さを基準とするが、ここでは六尺ちょうどで、普通のものと比べると二〜三寸高くなっている。障子やフスマの幅も、三間に四枚入れるなどして、普通よりかなり広いものとなっている。

このように、旧笹川家の表座敷は、形式の上で書院造りの構成をとりながら、随所で書院造りの規範から自由であるところに、空間的な魅力の秘密がある。そして、これらの表向きの座敷に民家共通の要素とも言える「どま」と、一般の「だいどころ」に当たる「いろりのま」が付帯しているのである。

「どま」では笹川家の奉公人や百姓たちが忙しく立ち働いたであろうし、いろりの周辺からは今も家人や百姓たちの談笑が聞こえてきそうである。この「いろりのま」から奥が家族の者たちの居室部分である。

表座敷が書院造り風の手法でまとめられているのに対して、居室部分は数寄屋風にやわらかな構成をとっている。しかし先にも触れたが必ずしも京風にまとめられているわけではなく、その意匠は表座敷と同じように闊達である。一般に京風の数寄屋座敷は天井を低くおさえる傾向にあるが、ここでは雪国の外観の立ちの高さを室内へまでそのまま反映させて、七帖の「きゃくま」ですら一〇尺（約三メートル）を越える天井高である。京風の数寄屋座敷に比べると六〇〜七〇センチも高い天井でありながら少しも野暮ったさを感じさせないのは、この家の全体のバランスの中で、ごく自然な天井高が決められたことにもよるのであろう。「数寄屋の天井はこうでなければならない」とい

図 7･5 「いろりのま」

図 7･6 「きゃくま」

図 7·7 「ちゃのま」

図 7·8 左が米蔵、右は三戸前口土蔵

うような形式にとらわれない精神によって室内が構成されているのである。二四帖の「ちゃのま」にも、どことなく日常の緊張感があり、バーナード・リーチに「この家は下手ではなく上品だ」と言わせたものを感じさせる。

また、居室部の北西裏にある米蔵や土蔵もごく自然な配列がなされ、いかにも機能的な佇まいとなっている。蔵前の吹き抜けの庇は、雪の季節の作業を配慮してのことであろう。

以上のように、豪農と呼ばれながら、どちらかと言うと農家よりは武家に近いところにあった旧笹川家を見ることにより、私たちは「民家」という言葉からイメージする庶民性とか素朴さとかいう単純な枠組を越えて、住まいとしての形態的な意味の広がりを窺うことができる。

旧笹川家の魅力は、日常の秩序を明解に形態化してゆく直裁性と、形式にとらわれない自由な感性が、巨大な富の蓄積に支えられて現われていることである。これは武家の書院造りや数寄屋造りからだけでは発生してくるものではない。旧笹川家が農家と武家の中間域にあって、身分制が持つさまざまな制約から自由な立場を保持し得ていただろうことと関係していると考えられる。全国の「民家」に共通する建築的な魅力の一つは、何よりもまず自由なデザイン性にある。その点、旧笹川家は武家に近いところにあったとは言うものの、まぎれもなく「民家」である。

8

兜《かぶと》造りの家

民家は交通の便が跡絶えた山深い谷間の集落で、思いもかけない美しい佇まいを見せていることがある。そして、それは質素で純朴なものばかりであるとは限らず、時には中央の文化や伝統に馴れ親しんだ者の眼を驚かせるに十分な意匠性を併せ持っていることがある。中央文化圏に近いものは、常に中央の文化を摂取して地方性を高めてゆく傾向にあるが、中央から離れることによって伝統や様式から自由になり、しばしば地方の風土に根ざした独自な形態を生み出している。山形県東田川郡朝日村田麦俣《たむぎまた》（現鶴岡市）の多層民家は、そんな僻村の民家をもっとも良く代表する例と言えるであろう。

多層民家の立地

田麦俣は内陸部の山形から日本海側の鶴岡に抜ける「六十里越街道」の途中にある。この街道は現在は国道一一二号線となり、この国道に沿って山形自動車道が通っているが、今のところ田麦俣のある月山《がっさん》ＩＣと湯殿山《ゆどのさん》ＩＣの間は未開通である。全線開通すると山形から鶴岡まで車で一時間の距離になるが、かつては谷あり峠ありの険しい山路であった。街道の東側には出羽三山の内、月山と湯殿山が聳《そび》え、古くから修験者たちが通う道でもあった。

田麦俣の集落は、月山から流れる田麦川の両側に家々が集まり、渋谷と遠藤を名字とする家が多い。これらの家の先祖がいつごろ入植したかは判っていないが、創村のころには田麦川の右岸に一

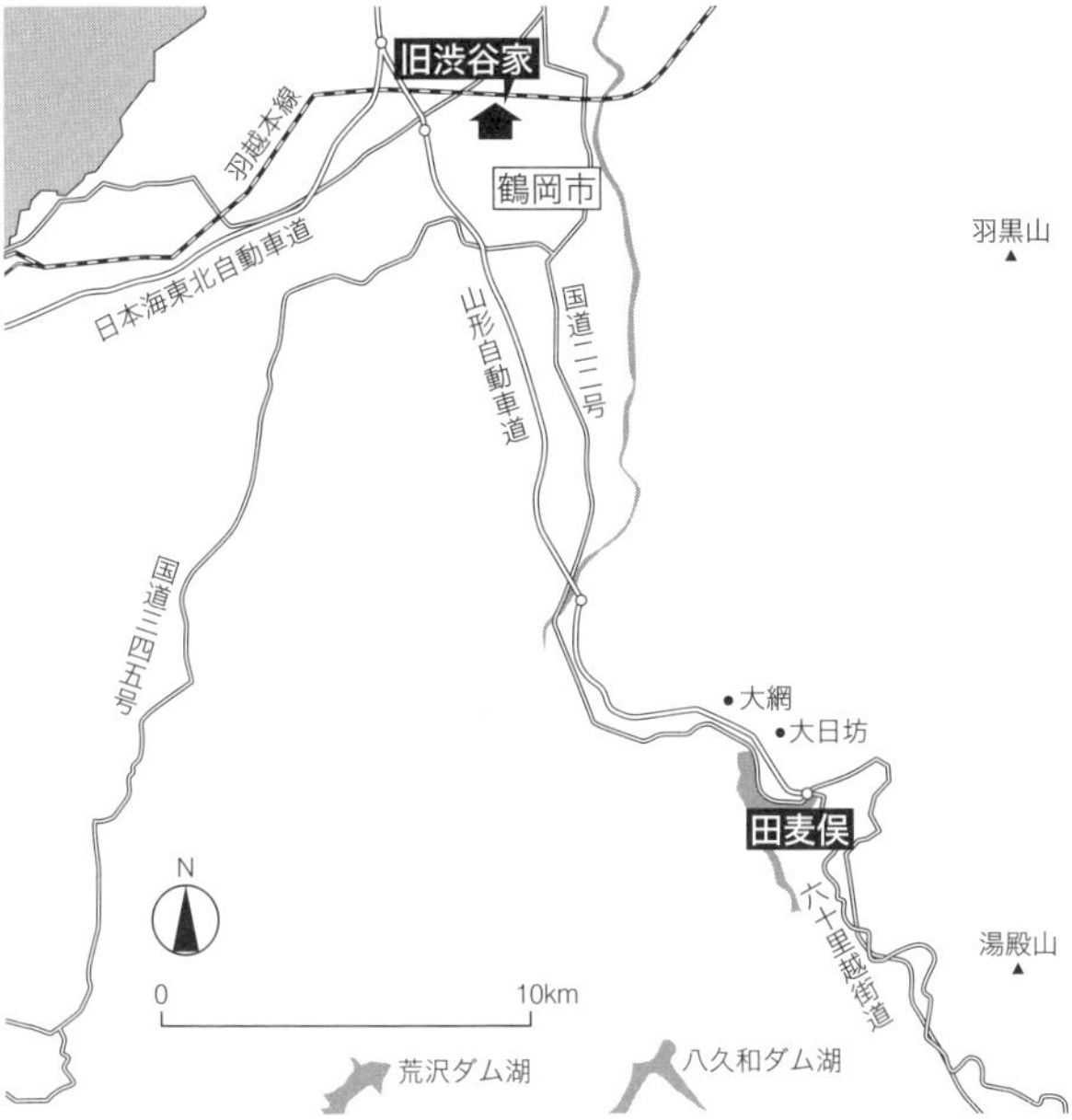

〈所在地〉

旧渋谷家：山形県鶴岡市家中新町 10 番 18 号　致道博物館内

田麦俣集落：山形県鶴岡市田麦俣七ッ滝

戸、左岸に六戸の草分けがあったと伝えられている。以来、地すべりや月山嵐に悩まされて居住地は二転、三転しており、記録の上で家数が明確になるのは一七六九年（明和六年）になってからである。この記録によると家数は三六戸で、一八七八年（明治一一年）の記録と異同がない。平坦な場所の少ない谷間であるだけに、耕作地は少なく、自給できるだけの十分な米はとれない。明治のころまでは、稗《ひえ》、粟《あわ》、蕎麦《そば》の類が主食であった。多量の野菜をまぜたかゆを腹いっぱい詰めこんで山仕事に出かけた話が伝えられている。こんな土地柄であるから田麦俣でも江戸中期から明治にかけて家の分家が行われることはほとんどなかった。一七四九年（寛延二年）の石高は村全体でわずか二一石余りでしかなく、分家しようにも分け与える田畑がなかったのである。したがって、一家の家族数は次第に増加し、村の代表格に限らず平均して規模の大きな家が成立する基盤があったものと推察される。しかしながら一九六〇年（昭和三五年）に田麦俣の調査をした金子幸子によると、調査当時の戸数四五戸、人口三三一人、一戸当たり平均六・一人で、明和のころよりあまり増加していないと言う。白川郷中切地域で見たような大家族制には至らず、次男、三男の傍系は他地方へ転出する風土があった可能性を述べている。おそらくこれは田麦俣が次に述べるように物資や情報が流通する地であったことと関係するところが大きかったのであろう。

田麦俣での食事は貧しかったが自給自足に頼るだけの生活ではなかった。明治になって神仏分離が行われてからは湯殿山信仰も次第に衰退したが、かつては、出羽三山参りの道者たちが六十里越街道を往来し、田麦俣は休泊所として中継の役割を担っていた。道者宿を営む家のほか、荷運びで

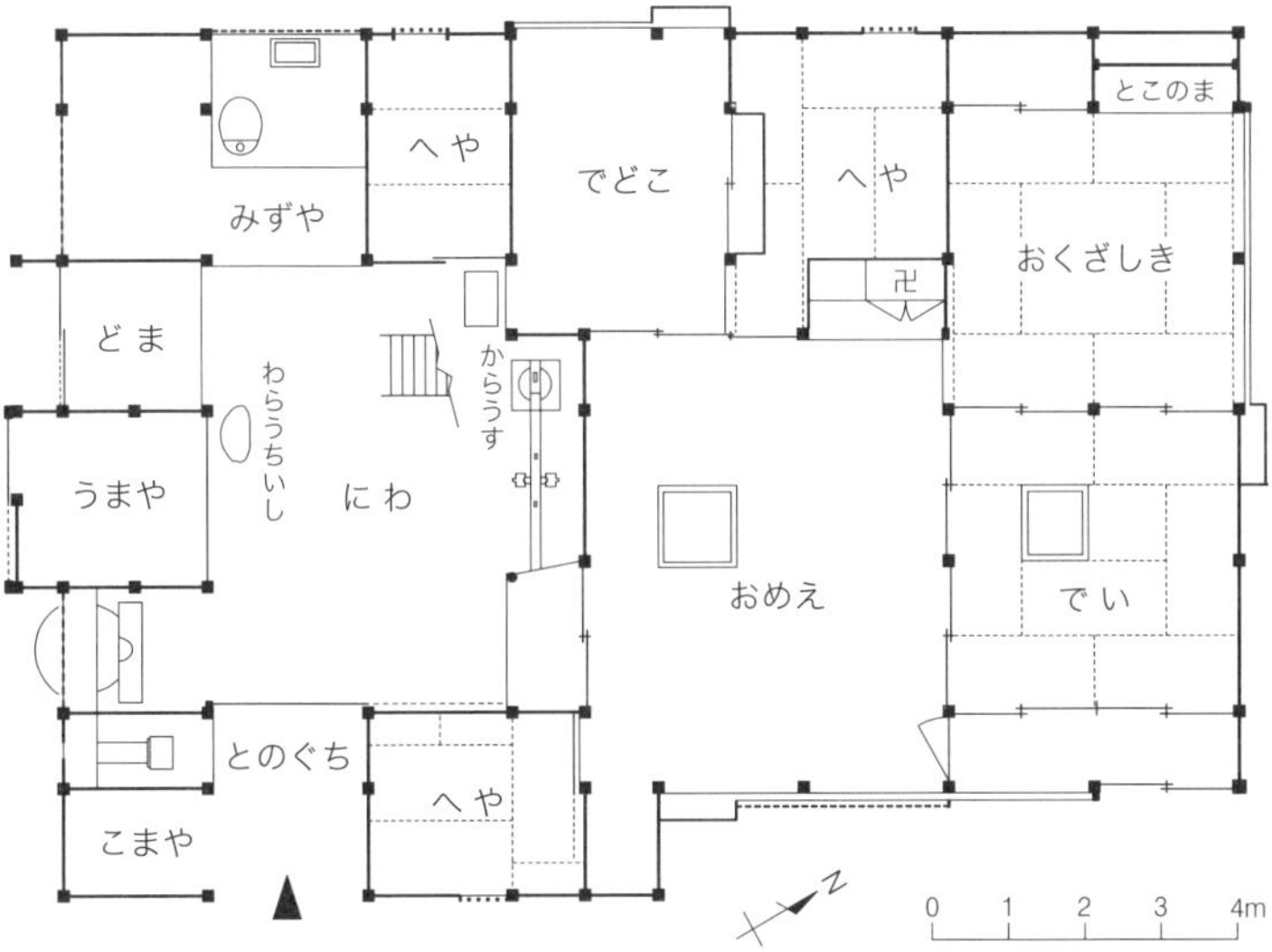

図8・1　旧渋谷家平面図（『日本の民家 第一巻 農家Ⅰ』掲載図より作成）

の強力、馬子や先達をつとめてかなりの現金収入があった。一七三三年（享保一八年）丑《うし》年《どし》の谷地《やち》大町《おおまち》（山形県西村山郡河北町）の念仏講帳には「丑之年《うしのとし》湯殿山《ゆどのさん》之《の》参詣《さんけい》毎度《まいど》沙汰《さた》致《いたし》よりは存之外《おもいのほか》参詣《さんけい》有之《これあり》、花ぞめ下地《したじ》前々《まえまえ》丑年《うしどし》より商内《あきない》罷成　候《まかりなりそうろう》。白岩《しらいわ》より奥山内《おくやまうち》は拾　年　計《じゅうねんばかり》は寝て喰程《くうほど》にまふけ申《もうし》　候《そうろう》　由《よし》及承《たまわり》候《そうろう》」とあり、谷地大町一体は紅花の産地で、丑年には一年で一〇年の稼ぎがあったと記している。丑年参りは湯殿山が丑年に開山されたという伝説から一二年に一度の丑年に参詣すれば一二回お参りしたことと同じご利益があるというもので、西の伊勢参りに対して「東の奥参り」として隆盛を極めた。当時は八畳に一五、六人もの参詣人を収容し、夜具も座敷にゴザを敷きつめた上に掛け布団をかけるだけであったと言うから、田麦俣でも

「ざしき」「でい」が相部屋の客室として使われたのであろう。丑年参りの年には「おめえ（ちゃのま）」も客室になった可能性が窺える。

国の重要文化財の指定を受けて田麦俣から鶴岡の致道博物館に移された旧渋谷家、田麦俣に残っている旧遠藤家、ならびに金子幸子が採録している四軒の家の平面図を見るといずれも「おめえ（ちゃのま）」のある三間取りの変形で、床の間付きの「おくざしき」とその前に「でい（しもざしき）」を設けている。それに加えていずれの家にも小部屋が付帯しているのも注目すべきことで、旧渋谷家ではこの小部屋が三室ある。仏壇を背にした「おめえ」に接する部屋は当主夫婦の寝室、「とのぐち」側の「へや」は若夫婦、「みずや」側の「へや」は隠居した年寄り部屋と判断される。つまり三世代が狭いながらもそれぞれに個室を持っていたことになり、これが創建時から設けられていたのか当主の世代交代によって改築されたのかは判らないが、このような世代ごとの小部屋は明治になってから以降に発生した可能性が窺える。

昭和三〇年代の初頭には三二戸の茅屋根家屋があったとされ、消え行く民家を描き続けた向井潤吉も当時の姿を残しているが、残念ながら三〇年代半ば以降に次々と改造、解体され、現在、田麦俣に残るのは鶴岡市が所有する旧遠藤家と個人所有の渋谷家だけになってしまった。

図 8·2　旧渋谷家（致道博物館）

屋根の変容

明治に入ると新政府の打ち出した神仏分離令により湯殿山参りは急速に衰退するが、それに代わって江戸末期から明治時代にかけての養蚕の隆盛が田麦俣の民家の外観を特徴ある形態にしていった。養蚕の流行によって、全国の農山村の屋根裏にはところ狭しとばかりに蚕棚《かいこだな》が置かれ、全国的な規模で屋根の形状を変えていったが、田麦俣では養蚕の流行が現金収入を得てきた風土と一体になって固有の外観様式を形成する。それは形態の上で次のように跡づけることができる。

まず、平坦地の少ない場所に家を建てるとなると、桁行き方向の間口に対して比較的奥行きの深い平面構成となる。たとえば、旧渋谷家の梁間方向は五間、田麦俣に残る旧遠藤家、渋谷家も五間、その他、記録によると六間から八・五間もある家が建てられた。これにむけて合掌を架けると屋根ふところの大きな家となるが、屋根裏は物を上げ置く程度で積極的に利用されることはなかったところが養蚕の流行によって、それまで遊ばせていた屋根裏が見直され、積極的に活用されるようになったのである。屋根裏には板床が張られ、蚕の格好の生育場となった。そして、蚕の飼育面積を増すために、梁間方向を切り上げて半切妻にし、併せてそこに採光・通風の窓を設けた。養蚕には湿気・温度管理と通風が重要であり、これは田麦俣だけに見られる方法ではなく、養蚕が流行した明治期になって広く採用された形式で、外部から屋根を眺めると兜の型に似ているので一般に

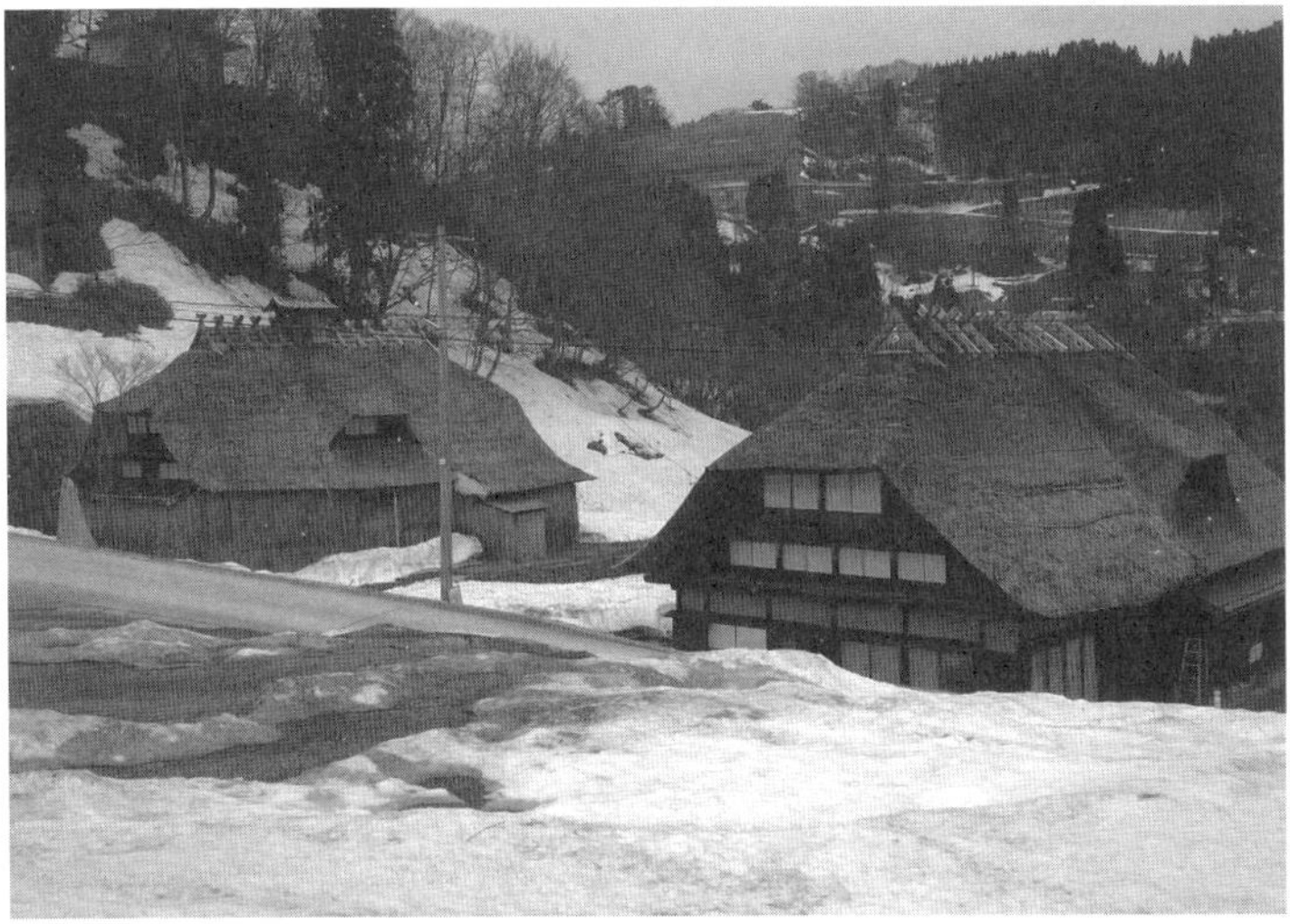
図8･3　田麦俣に残る手前が渋谷家と左奥が旧遠藤家

図8･4　茅による雪囲い（旧遠藤家）

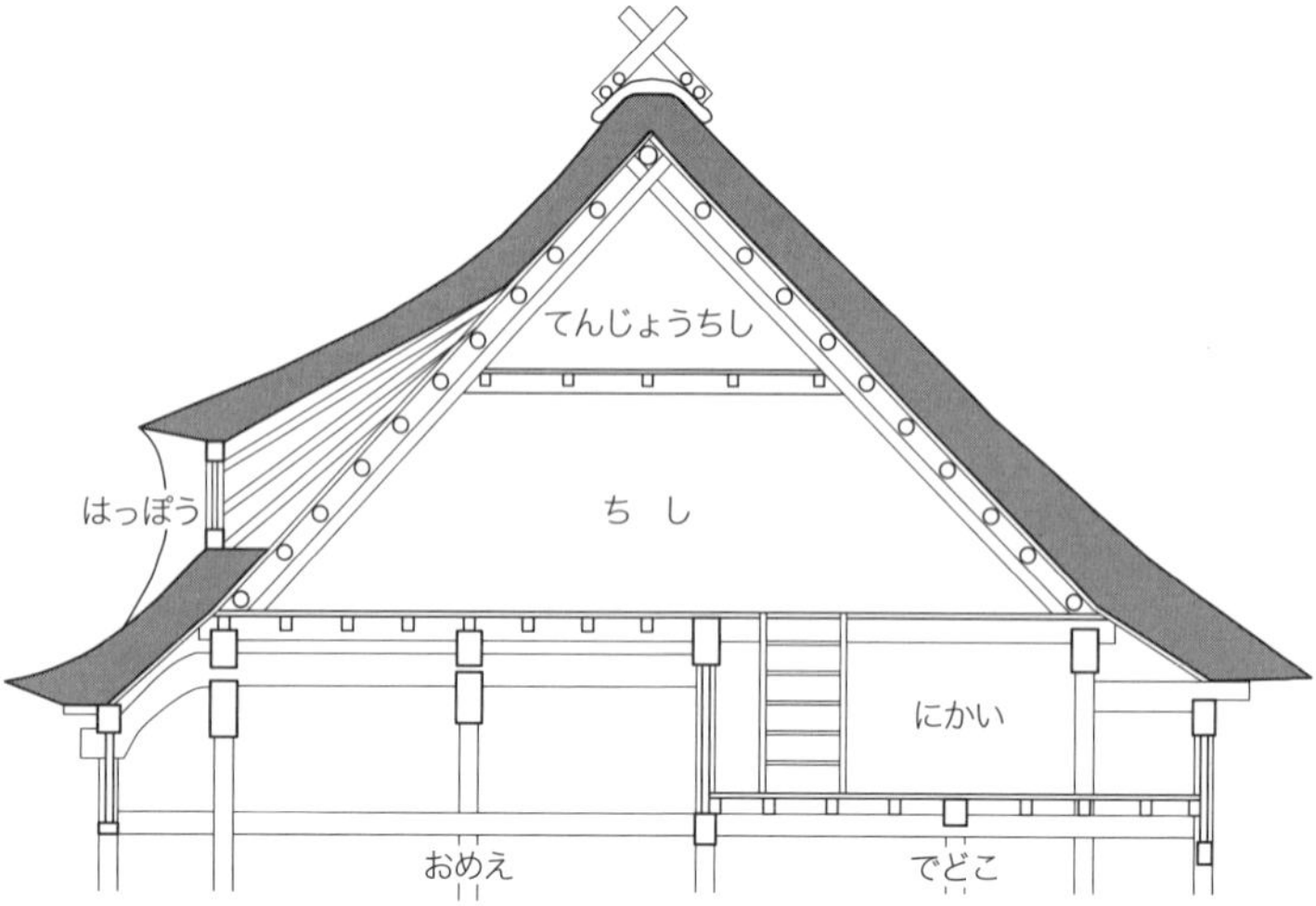

図8・5　兜造り屋根の断面（『湯殿山麓の多層民家』掲載図より作成）

「兜造り」と呼ばれている。

田麦俣ではこの寄棟屋根から「兜造り」への移行に加えて、平屋根の葺き下ろしの部分にも明かり取り窓が付られた。屋根に窓を取り付けることによって必然的にその部分は起し屋根となり、単純な寄棟屋根に変化を与える。妻側の「兜造り」として大きく切り上げた破風部分を「高はっぽう」、明かりとり窓の付いた起し屋根を「はっぽう」と呼んでいるが、「高はっぽう」や「はっぽう」の納め方に職人の技が発揮されたのである。職人の手で新たに付けられた半切妻や起し屋根の軒先が作るゆるやかな曲線の複合は茅屋根の持つ重厚さに動的な軽やかさを与えることになった。軒先の流れの変節点では両端をピンと跳ね上げて動と静を巧みに演出している。まさにこれは屋根職人の心意気とも言える。

図8・6　田麦俣遠望（1977年）

たとえば白川郷、五箇山の合掌造りの屋根は切妻であり、合掌組み、屋根葺ともに村の人たちの相互扶助で維持されてきた。したがってその形態は単純で素朴である。ところが、田麦俣では専門職の手に委ねられる度合が多かったために、より複雑で完成度の高いものになったのである。これは建物の外観上の問題だけではなく、小屋裏の梁にいたるまでていねいな仕上げをしてあることにも通じる。

ちなみに旧渋谷家は柱の枘に書かれた墨書から一八二二年（文政五年）に建てられたことが判っており、創建当初は単純な寄棟屋根であったと推定されているが、現在の姿は上述のような屋根の変容と職人の心意気をもっとも美しい形で留めている。

なお、田麦俣は一九〇八年（明治四一年）に大火があり、再建された一一戸の大部分は「だいどこ」の上を中心として二階が作られたが、焼け残った二一戸は平屋建てであったと言う。

田麦俣の集落をもう一つ特徴づけていたのは家々の妻側が一定の方向を向いていなかったことである。これは狭隘《きょうあい》な谷間の土地では主たる入り口を一定の方向にとることができなかったことによる。たとえば街道沿いの民家では道に沿って入り口が設けられ、屋根の妻側を道に向かって見せるか、平側を見せるかは別にして一定の法則を持って建てられる。白川郷では庄川に沿って吹く強風に屋根の平側を馴染ませるために風の流れに沿って同じ方向を向いた屋根の家々が自然に成立したとされる。遠野の曲り家でも家の左側に厩を設けるものが圧倒的に多かった。その点、古写真で田麦俣の遠望を見ると屋根の方向はそれぞれに異なっており、妻側を見せているものもあれば平側を見せているものもある。屋根の形式は一様に「兜造り」を基本にしているが、梁間方向の片側だけは寄棟にしてそこに「はっぽう」を付けているもの、平屋根に「はっぽう」を付けたものなど、それぞれの家がそれぞれの意匠をこらしていたのである。一九七七年に撮影した写真からもその一端を窺うことができる（図8・6）。一定の法則に従って家々が立ち並ぶ集落を見慣れた人たちにとって田麦俣の景観は驚きであったことが容易に想像される。こうした田麦俣の多層民家の完成は、中世末期から江戸時代にかけて全国の村々で、農耕の方法、日常の仕組み、祭りや生活互助にある一定の秩序が組みたてられたうえで形成された農山村民家を支えた枠組みとはかなり違った構成基盤を持っていたと言える。いわば、田麦俣の「兜造り」は一般的な近世民家に対して、近代民家とも言える要素をその佇まいに秘めているのである。

田麦俣の民家も他の地域の近世民家と同じように、風土に密着し、生活上の必然と時代の要請がそのまま形象化しているのであるが、その完成過程にきわめて個的な要素が介入しているように思われる。言葉を代えるなら集落の中での個の存在が問われ始めていると言ってよい。多くの農山村では集落の中での家のあり方にはっきりした規範があり、外観上、一軒の家の個性が強調されることはなかった。わずかに、富の集積が木太い大黒柱や何間もの通し梁となって表徴されていたが、個の存在は村としての共同体の中に同化される必要があった。ところが田麦俣では、家を単位とした個が集落の中で存在を主張し始めているのである。それは、中央の伝統的な様式を真似ることから隔絶しており、ひたすら集落が置かれた状況に柔順で、かつ時代の要請を素直に反映しようとするものであった。前述したとおり各家に世代ごとの小部屋があることなどとも相まって、田麦俣の民家には明治という新しい時代が個の発露として家に表出したのである。おそらく、このことは民家史の上に田麦俣の多層民家が占めるもっとも重要な意味であろう。村落の中での個としての家の発見が僻村の民家を意匠的にもすぐれたものにしているのである。

庄内《しょうない》萱師《かやし》の清野基美さんのこと

今から三二年前の一九八五年（昭和六〇年）に私が旧朝日村を再訪したとき茅職人の清野基美さんにお会いすることができた。清野さんは当時六三歳で、田麦俣、そしてその隣り集落の大網で仕

図 8･7　雨の中で仕事をする清野さん（1985 年）

事をする最後の庄内萱師《しょうないかやし》であった。この辺りでは茅職人のことを萱師と呼んでいる。かつてこの辺りには三十数人の萱師がいたが、終戦後五～六年すると一人去り、二人去りしてついに三十数年来の相棒である渡辺浩さんとたった二人になってしまい、その渡辺さんも身体の具合を悪くしたので、まったく一人きりで仕事をしていると話しておられた。茅職人は雨が降っても仕事をする。雨に打たれながらでも、一人で茅をあげたり、葺き替えの足場を組んだりしなければならない。しかし、清野さんは、茅屋根がある限り、自分の身体が続く限りこの仕事を続けてゆくと言っておられた。

当時、朝日村に残された茅葺きの屋根は田麦俣、大綱、そして大日坊の建物を合わせても一〇棟程度に過ぎなかった。これらの葺き替えや差し茅だけでは生計が成り立ってゆかないが、残された茅葺き屋根の建物と運命を共にするつもりの清野さんの仕事振りには悲壮なものがなく、どこかに時代を超越した洒脱さが感じられた。おそらく清野さんのこころの内にあっても、茅葺きの民家は滅びゆくものとしてあったと思われるが、雨に打たれながら一人で仕事をする清野さんの姿は長い経験に裏打ちされて淡々としたものに映った。清野さんの話ではしばらく前に旧遠藤家と渋谷家の北側の部分葺き替えと差し茅をしたということであった。清野さんは軒先や寄棟《よせむね》の稜線の納めはすべて感覚で行うと語っておられ、「兜造り」の軒先が描く端正な曲線は清野さんの精神を反映しているように思われた。妻側の軒先は雪で崩れるのを防ぐために、茅よりも太くて強い葦《よし》を差し入れて補強するのであるが、両端をピンとはね上げて小さな眼のように納めているところが面白い。おそらく、かつてはこの軒先の両端の反りあげの程度、「蟹眼《かにめ》」と言われる眼の納め具合などに職人たちは自分の心意気を託したと推測する。このようにして、軒先の納め方一つにも職人のこころが読み取れるように思われるのが田麦俣の多層民家の特色である。

庄内萱師は清野さんで絶えるかと案じられたが、幸いなことに渋谷家のご当主が茅葺きの修行を始められた。清野さんの庄内萱師の技を田麦俣で個人の家としてはたった一軒になった茅屋根の住人が受け継いだのである。現在、渋谷さんは自分の家の傷んだ部分を毎年差し茅で補修しておられる。材料の茅も次の年に必要な量を秋に自分で刈り取り、冬は家の外壁に雪囲いとして並べ立てて乾燥させ、雪が解けてから差し茅の材料にする。渋谷家の屋根の葺き厚さは四五センチ以上もあるので、傷んだ部分を早めに差し茅補修していけば次の世代まで総葺き替えの必要はない。こうして田麦俣にわずか一軒残った個人所有の茅葺き屋根は住人の力でかろうじて維持されているのである。

私は田麦俣の民家を初めて見たときに少なからず衝撃を受けた。田麦俣の民家に、自然と協調しながら集落の中でそれぞれの家の存在を表出するすぐれた形態があり得ることを知ったからである。しかし、現代にあって、そのような群としての形態を新たに創出することはきわめて難しいことをも、田麦俣の民家は併せて教えている。なぜなら、現在にあっては集落の中で個の存在を美しく表出する家の形は見えないものになっている。家の存在を保証していた村落共同体はすでに解体しているし、家を構成する個すらその落ち着きどころが見えないものになってきている。最早、現代の都市においてはかつての家づくりのいかなる形態をも規範にすることが困難な時代になっているのを、改めて認識するのである。もちろん、ここで言う「家」は物理的な家屋と、そこに生活をする家族という両義を踏まえたうえにおいてであることは言うまでもない。

9

蘇生する家

信州の中心地、諏訪地方から東海道側へ出るには、古くから二つの道が開かれていた。いずれも塩尻に出て谷間の道を川に沿って南下する。その一つは贄川《にえかわ》に始まり奈良井《ならい》、薮原《やぶはら》、宮ノ越《みやのこし》、福島、上松《あげまつ》、須原《すはら》、野尻、三留野《みどの》、妻籠《つまご》、馬籠《まごめ》の木曽谷十一宿を結ぶ木曽川流域の中山道であり、もう一つは天竜川が流れる伊那谷を下る伊那街道である。木曽谷と伊那谷の間には、駒ガ岳を最高峰として二〇〇〇メートル級の山々が連なり、中山道と伊那街道は直線距離にするとわずか三〇キロばかり隔たって平行して走っているのであるが、容易にこの二つの街道を連結する山あいの道を見つけ出すことはできない。北に伊那と薮原を結ぶ権兵衛峠《ごんべえとおげ》越えの道と、南に飯田と妻籠を結ぶ大平《おおだいら》街道《かいどう》、もう一つ駒場を基点とする清内路峠《せいないじとおげ》越えがあるだけである。なかでも大平街道は伊那谷の中心地である飯田を基点としているので、現在では想像することのできない重要な役割を担ってきた時代があった。

大平《おおだいら》の歴史

大平越えが開かれたのは古く、一五三三年（天文二年）京都醍醐理性院の使者が大平越えで伊那へ入った記録が残されている。しかし、この当時は人がやっと通れるけもの道であったようで、江戸時代初期の記録には「鹿道」とあると言う。なんらかの事情がある場合にだけ使われる抜け道であったらしく、人の住む集落があったという記録は見当たらない。

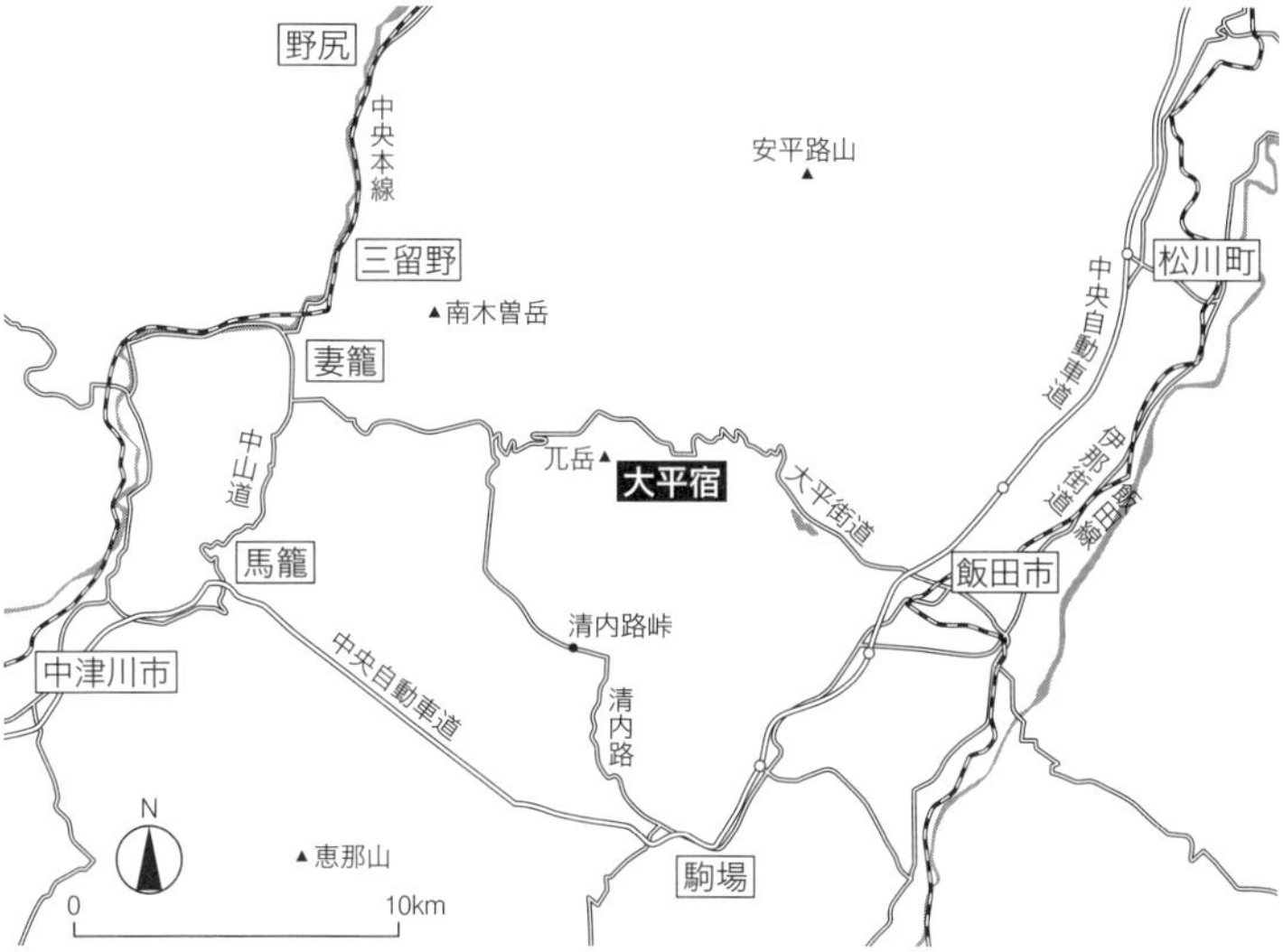

〈所在地〉

大平宿：長野県飯田市上飯田大平

大平に集落ができるのは宝暦年間（一八世紀半ば）を過ぎてからのことである。木地師の大蔵五平次が、現在の大平の近くに住みつき木椀や盆などを作った。五平次は近江の人で木椀や盆などの材料にする良質のもみじ、かつらを求めて木曽谷を渡り歩き、大平にたどり着いた。木地師はもともと定住地を持たず、特別の免許状を手に諸国を渡り歩いた。五平次が大平に定住することになるのは、飯田の穀物商人、山田新七との出合いによる。新七と五平次の二人は大平の開墾を飯田藩主に願い出て、やがて、江戸幕府と尾州公から許可を得ると山道の開発に着手した。当時の道幅は五尺八寸（約一・七六メートル）であったとある。

開墾されたとはいうものの大平越えは、関所の制が敷かれていた江戸時代にあっては依然として間道にすぎなかった。中山道には木曽福島の関所、東海道には箱根、遠州新居《あらい》の関所があり「入鉄砲に出女」のきびしい通行詮議が行われていた。大平越えは関所が置かれた官道を通れない駆け落ち者や、夜逃げ者たちの抜け道でもあったのである。

こんな大平越えが全盛期を迎えるのは、明治時代に入ってからのことである。女、子供の旅行が自由になり、庶民の伊勢参り、善光寺参りが盛んに行われた。なかでも善光寺参りは、長野の善光寺だけ参って飯田にある元善光寺に参らないのは片参りになると嫌って、こぞって飯田に立ち寄った。そこで、中山道から飯田への最短コースとして大平越えが選ばれたのである。さらに、一九〇九年（明治四二年）になると、国鉄の中央西線が木曽谷を通り三留野駅（今の南木曽駅）ができた。当時、鉄道を通すか、通さないかは、その地域の水運、陸運の利権に大きくかかわることで、どこでも大なり小なりもめごとがあった。木曽谷を通すか伊那谷を通すかもめた結果、伊那谷の方に反対が強く、中山道に沿って中央線を通すことになったのである。鉄道が通ってみると想像以上の輸送量である。反対した伊那谷の中心地である飯田も鉄道に頼らざるを得ない。伊那谷から鉄道を利用するとなると大平越えになる。そこで、大平街道は米、魚、生糸を運ぶ荷付馬や運送馬車が行きかうことになり「何十頭という馬が切れ間なく続いた」という繁栄の時を迎える。大平の集落は、飯田と妻籠の中間地点としてかつてない賑《にぎ》わいを見た。明治末年には戸数七五戸になり、旅籠《はたご》、休み茶屋、問屋などが営まれた。折からの養蚕ブームもあり、養蚕やジャガイモ作りなども活発であった。

しかし、こんな賑わいも長くは続かず、一九二三年（大正一二年）に伊那電鉄が辰野から飯田まで通り、さらに一九三七年（昭和一二年）に鳳来寺鉄道、豊川鉄道と繋がり、豊橋までの全線が開通すると急激にさびれてきた。それでも、戦争中や戦後しばらくは自給自足の静かな山間の集落であったが、やがて自動車時代を迎え、木曽谷と伊那谷を結ぶもう一つの陸路である清内路越えが整備され、国道二五六号に指定されると、ヘアピンカーブの多い大平街道は陸路としての意味をなくしてしまった。数軒あった問屋は店を閉め、一九六七年（昭和四二年）には最後の旅籠も廃業した。若い人は次々に山を下り、小学校は廃校になり、飯田の小学校の分校となっていた分教場への新入生もいなくなった。集落には年寄りばかりが残されたのである。そんななか、一九七〇年（昭和四五年）四月に集落の中心部で火災が起こり四戸一〇棟が全焼した。傷心の大平の人々はその年の一一月、例年になく早い雪の降るなかを集団で離村したのである。あとには二七戸の家屋と分教場、公民館、郵便局などが無人の雪の中に残された。

大平の集落としての発生から集団移住に至るまでの経緯は、あたかも「近代」という時代を象徴するような側面を持っている。どこの場合にも、近世における地方での生活は中央に目を向けながらも、なお、集落が一つの生活圏として自足するものであった。街道沿いの集落も、宿駅や荷役に依存する度合いが多いとはいうものの本質のところでは自給自足の生活基盤を持っていたと言ってよい。現在、多くの山間の村々では若年層が都市に流出し、老人だけが取り残されるという過疎化の問題に見舞われているが、それでも、残された人たちが最低のところで生活してゆける田畑がある。しかし、大平の場合には集落を存立させていた生活基盤がこの点で異なる。海抜一一七〇メートルの高所であり、平均気温は二〇キロ離れた飯田市と比べて約三度低い。耕す田畑はなく、わずかにコウシイモと呼ばれるジャガイモと稗《ひえ》が取れるだけである。大平はひとえに他の集落と街道を通じてかかわることで成立してきたと言える。したがって、大平の生活は他の地域の産業のあり方や、流通の時代的な変化をそのまま反映することになったのである。

以上のように大平の集落は、わが国が江戸末期から次第に近代化されてゆく経過のなかで作りあげ、そして捨て去っていったものを時代の裏側から証言する貴重な遺産となった。

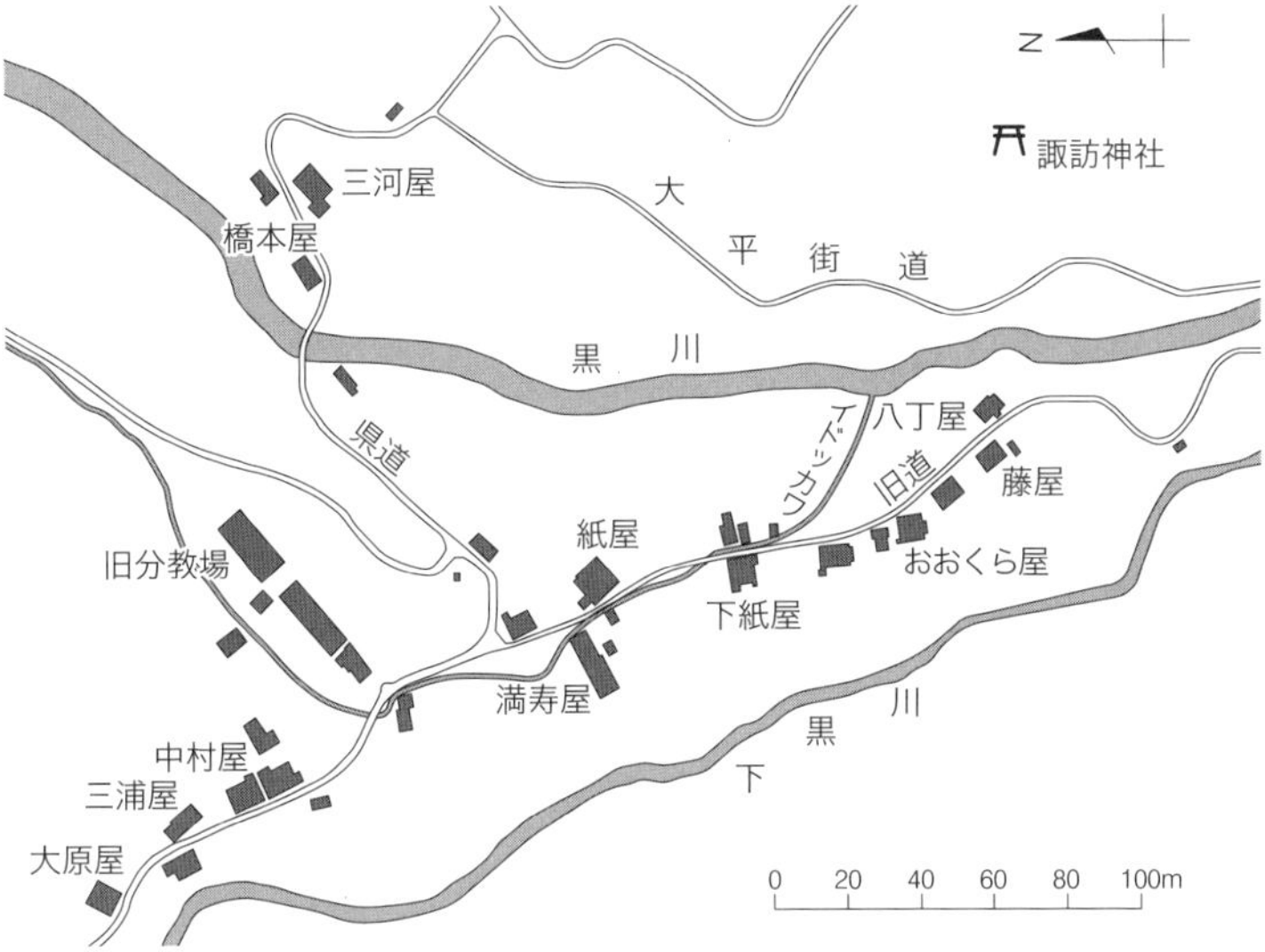

図 9・1　大平集落全域図（google map より作成）

集落の特色

大平の民家の形態上の特色を見ると次の点があげられる。現在残された家々はイドッカワと呼ばれていた用水が流れる旧道に沿って一四戸、新しくできた県道沿いに一三戸が建っている。妻籠や奈良井などの中山道沿いの宿場とは違って、軒を連ねないで独立した配置がとられている。これは、おそらく大平がかつて、米、魚、蚕糸などの背馬運送の休み茶屋であったことと関係があるのであろう。しかしながら家並みは建物と道との間に馬を休め、荷さばきをする空間を配した奥会津の大内宿のように整然とはしていない。その一方で残された各家の平面構成を見ると、家の規模に大小の差はあるがおおむね一定の法則

図 9·2　集落の様子

を持っており、民家の分類上は北日本から裏日本にかけて多く分布している広間型の間取りと呼んでいるものである。いろりのある広間を取りまくように各部屋が配され、いろりが周りの部屋も暖めることを期待した寒い地方の間取りである。しかし、道に面して土間を取る構成は大平に固有のものである。中山道の奈良井や妻籠の宿場では道に面して部屋があり、土間は家の裏まで続く通り庭であるのが普通であるし、信州一帯に分布する本棟造りでも道に面する部屋の前に土間が設けられることはない。道に面して土間が配されたのは大平が宿場と言うより休み茶屋の性格が強かったためであろう。大平越えは飯田から妻籠まで約四〇キロ、飯田を朝早く発てば大平に泊まらなくても夕方には妻籠に着くことができた。大平でのひと休みには、前土間の方が都合よかったと考えられる。

屋根と外観

建物の屋根は鉄板やセメント瓦で葺いてあるものもあるが、かつてはすべて板葺の石置屋根であった。樅《もみ》、栂《つが》、楢《なら》の木を厚さ三センチぐらいに割ったものを重ねて並べ、その上に丸太を転がして、さらに石をのせる。屋根の勾配が強すぎると石が落ちるし、緩やかすぎると雨が染みてくるので、ほぼ一定の勾配になっている。しかし、屋根の方向はまちまちで妻入りと平入りが混在している。間取りはほぼ同じでも屋根の方向に違いがみられるのは、大平の集落の外観上の特色の一つである。

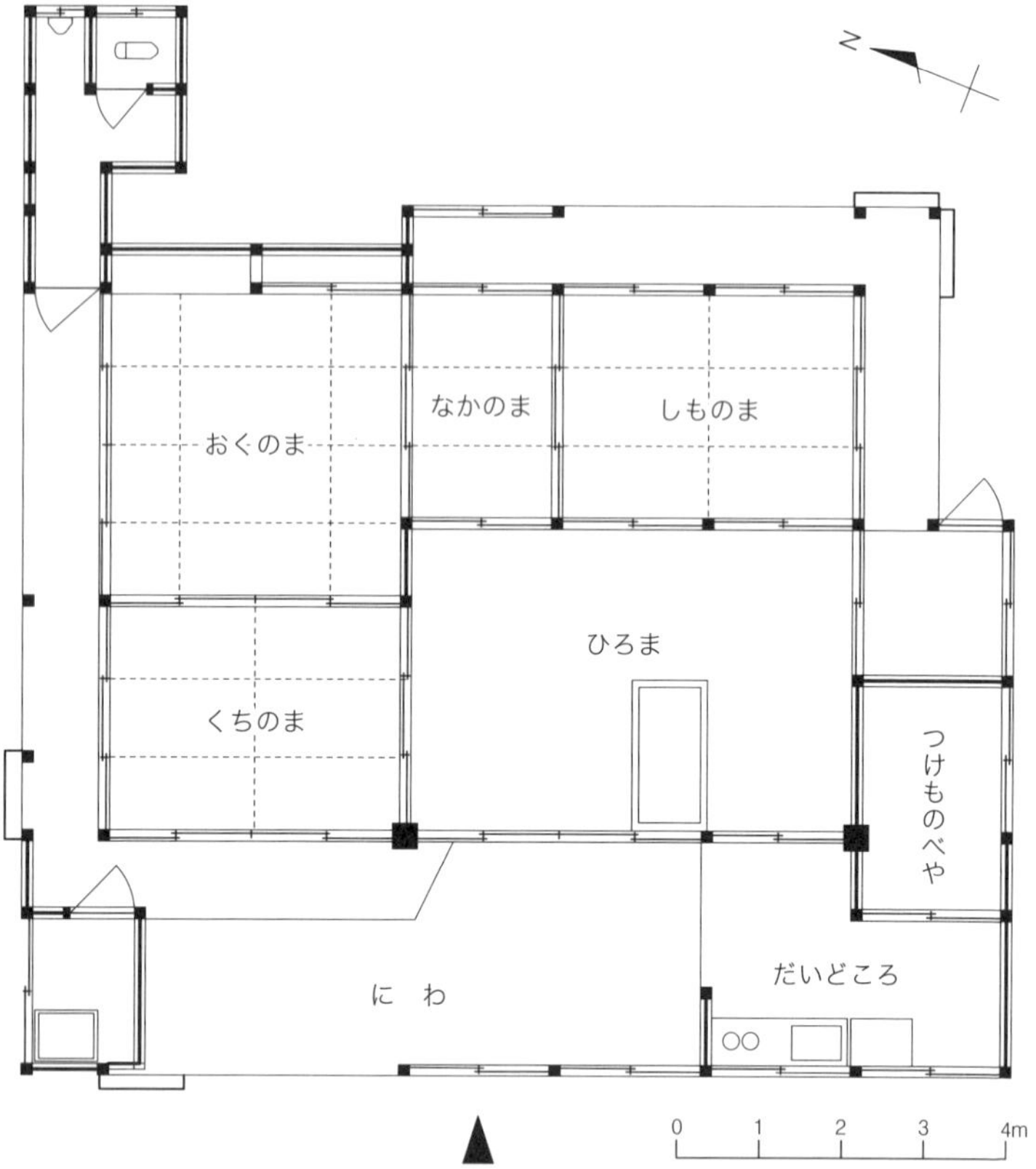

図 9·3　からまつ屋平面図(『信州 飯田 大平宿の集落』『全国町並みゼミ・大平宿』掲載図より作成)

道に面した軒先はほとんどの家で「せがい造り」となっている。屋根の軒先は一般には垂木《たるき》でもたせるが、軒の出を深くするには限度がある。そこで、腕木や梁を持ち出してその上に桁をのせて軒の出を深くするのである。中山道の宿場は二階がおおむねこの方法で持ち出されており、これを「せがい造り」と言う。深い軒の出は雨や雪から旅人をいっときでも守り、また、夏には涼しい日陰を提供してくれる。山越えの険しい道であっても、大平もまた街道に面した集落である。家の前面が「せがい造り」で整えられているのは十分に頷《うなず》ける。しかし、一見するとせがいで持ち出された部分に二階があるように見えるが、奈良井や妻籠の宿場で見られるような二階ではない。中山道の旅籠《はたご》では少しでも多くの人を泊めるためにもせがいの二階部分は有効であったが、宿泊客の少ない大平ではそこまでの必要はなかった。大平のせがいは中山道の宿場をまねた疑似二階せがいなのである。大平のせがいは平入りの家はもちろん、妻入りの家にも自由につけられた。いわば宿場のイメージを整える意匠として付けられたと言ってよいであろう。このことは当時の民家の意匠が決められてゆく経過からすると珍しいことで、大平が自給自足の集落というより、他の地域に依存することで存立していたことと基本のところでかかわっているようで、全国各地の民家の意匠の歴史を考えるうえで、少し特異な視点を提供してくれる。

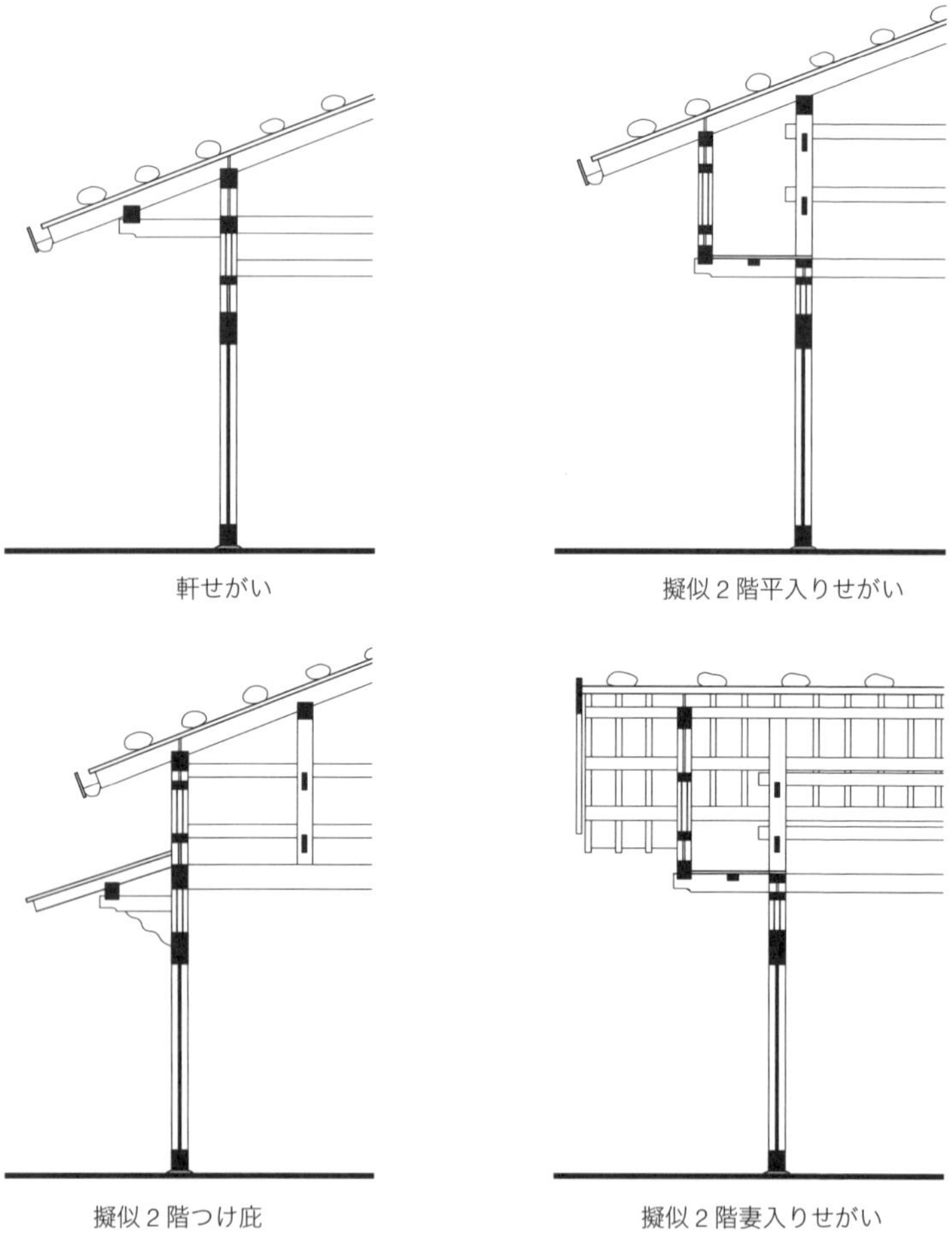

図９·４　大平のせがい造りの種類(『信州 飯田 大平宿の集落』『全国町並みゼミ・大平宿』掲載図より作成)

保存への歩み

一九七〇年（昭和四五年）二月、大平の人たちが集団移住をして以来、集落は無人のままになっていたが、一九七三年（昭和四八年）に名古屋の観光開発会社が大平を別荘分譲地として売り出そうとした。「大平で別荘開発が始まる」という危機感が飯田市の山や自然を愛好する人たちの間に広がり、一九七三年（昭和四八年）八月「大平の自然と文化を守る会」が結成された。ちょうどその時期、開発会社は一九七三年と一九七九年（昭和五四年）に発生したオイルショック後の不景気で倒産し、工事は中止になり、その後、会の人たちにより一軒の家屋でも自分たちの手で残そうとする運動が繰り広げられた。まず「満寿屋」を借り受けて会員たちの基地にし、自分たちで数センチの土ぼこりを除き、壁を塗り、屋根を直し、いろりや風呂を使えるようにした。以来、いろりを囲んで大平を語る会がシャクナゲの六月、紅葉の一〇月、雪の二月と年三回開かれ、回を重ねるにしたがって借り受ける民家も増え、一四軒の家を借り受けるまでになった。この間に、一番初めに借り受けた「満寿屋」にちなんで会の名前とした「満寿屋会」を発展させて「大平宿をのこす会」に変え、所有者の好意で「満寿屋」の土地と建物も手に入れることになった。一九八一年（昭和五六年）には東京にも「大平宿を語る会」が生まれ、この会の熱意で民間財団の支援を得て「満寿屋」を改修するまでになったのである。「大平宿をのこす会」の人たちが大平の家々を崩壊から守るため

図 9･5 「大平宿をのこす会」の拠点「満寿屋」

図 9･6 「満寿屋」での体験合宿

に行ってきた活動は実践的で、かつ沈着であった。大平周辺の自然環境を保護し、利用開発は最小限にとどめることを基本の方針にした。

大平の家を利用したい人は会の事務局に協力費を支払い、鍵を借りて大平へ上って行く。借りた家は自分で掃除をし、破損したところは自分で修理する。食事はいろりを焚いて自炊する。会の人たちは〝原体験の場〟と名づけ、かつての大平の人たちと同じような生活を一日でも体験してみようというものであった。壁には「不便である点はむしろよろこびとし、すすんで古いよさを活かした生活をするよう心がけること」との心得書が張られ、そこからもう一度、自然を眺め、都会の生活を考えることを意図した。近代化の流れの中で忘れ去られようとしている集落を、都会人の人間回帰の場として蘇生させることは、時代が切り捨てて、失っていくものを気づかせてくれる。しかし、「大平宿をのこす会」の事務局長の羽場崎清戸さんは「鍵をもらって大平へ上がっていくけれど、家を開けてみてびっくりして、結局、車の中で夜を明かして帰っていく人が結構いるよ」と語っておられた。都会の便利さと夜の明るさに慣れた者にとって大平での一夜は異世界である。星はこぼれんばかりに輝いているが辺りの沈黙と闇は恐怖である。ロマンチックな思いだけでは大平の〝原体験の場〟は受け入れてくれない。これは国の重要伝統的建造物群保存地区の選定を受け、きれいに修復された妻籠宿や白川郷荻町などの保存の方向とは違う。確かに妻籠宿や白川郷荻町などの重要伝統的建造物群保存地区に選定された家並みは滅びゆく寸前のところで、多くの人の努力により保存され、維持されてきた。観光政策上も成功し、地元を過疎化から救った例も少なくない。全国の歴史的な町並み保存に与えた影響も多大なものがある。しかし、観光地化した家並みはゴールデンウィークや夏休みともなると都会の人たちであふれ、近年は外人観光客が過半を占めている地区もあり、まるで書き割りの中の歩行者天国を歩いているようで、かつての集落の生活を感じさせるものが失われている。

ＮＰＯ法人の認証から解散へ

「大平宿をのこす会」は二〇〇六年（平成一八年）にＮＰＯ法人の認証を受けている。それに先立って荒廃が心配された家々も一九九二年（平成四年）には九棟が所有者から飯田市に寄贈され、再生保存工事が行われた。二〇〇〇年（平成一二年）には失火のために四棟が消失したが、一軒がすぐに再建された。この間に飯田市は隣接地にキャンプ場を開設したし、一軒の民宿も開業した。二〇一二年（平成二四年）に会は環境保全に功労したとして長野県知事賞を受賞している。

これらの成果は「大平宿をのこす会」のたゆまぬ努力の結果であるが、会が早くに「満寿屋」を所有し、九軒が飯田市に寄贈されたことによるところが大きい。廃村になった集落の保存活動は全国の他地域でもなされてきたが、家が個人所有である問題が大きな壁になっている。個人所有である家をたとえ空き家になっても他者が維持していくことは容易なことではない。また、大平宿では早くに東京周辺の会員を中心とした「大平宿を語る会」が結成され、その流れを受けて建築の専門家を中心とした「生活文化同人」のメンバーによって「大平建築塾」が毎年夏に開催されるなど、外部からの持続的な支援が続いてきた。これらを支えてきたのはいわゆる観光地化した場所を旅行するのとはまったく違う、都会生活では失われたものを追体験することの魅力であろう。そしてこれは、家は所有するものとする「近代」の終焉への密かな試みでもあるようにも思われた。

しかし残念ながら「大平宿をのこす会」の活動の中心となり「大平への車の乗り入れの禁止なども検討してみたい」と話しておられた羽場崎さんは二〇一四年（平成二六年）に七七才で亡くなった。その二年後、二〇一六年（平成二八年）九月にＮＰＯ法人「大平宿をのこす会」は臨時総会を開いて解散した。

現在は飯田下伊那一四市町村と一九の民間企業・団体の出資による株式会社南信州観光公社が、グリーンツーリズム、エコツーリズム体験プログラムの一環として飯田市から指定管理委託を受けて市が所有した九軒の管理をしている。一九八三年（昭和五七年）に策定された『大平憲章』に詠った自然保護と歴史環境保全の精神をそのまま引き継ぐものとし、利用者は公社で鍵を受け取り、自ら薪で火をおこし、炊事、風呂焚きなどをし、帰りには自己責任で元通りに整理、清掃して公社に鍵を返すことになっている。

南信州観光公社は「大平宿をのこす会」の基本理念を引き継いだと言うものの、管理がＮＰＯ法人から公社といえども民間企業へ移譲されたことは大きく二つのことを示唆している。

一つは、ボランタリーな理念で民家を維持していくことの今日的な困難さである。これは大平に限らず全国的な現在の傾向と思われ、ボランタリーな理念を持続する精神性を支える社会的基盤が脆弱《ぜいじゃく》化し、変質してきたものと考える。もう一つは自治体が重要文化財などの指定や重要伝統的建造物群保存地区の選定とは異なる観点から今まで見落としてきた歴史的建物に着目し始めたことである。これは地方再生の視点によるところが大きいと判断するが、飯田市による大平宿の九棟の家屋の所有と第三セクターへの管理委託はそれを象徴するものと言えよう。大平に見られるこれらの動向は多少の差異があるものの全国的な傾向と言え、今後の成り行きが注目される。

10

紙漉きの家

埼玉県の小川町と東秩父村は細川紙の生産地として知られている。七七四年（宝亀五年）の正倉院文書に武蔵国から紙が納められていたとあり、また八四一年（承和八年）の太政官符には、現在の小川町が属していたと考えられる男衾《おぶすま》郡《ぐん》の郡司が『日本書紀』、『続日本紀』、『日本後紀』の書写のために大量の紙を上納したことが記されており、古くは奈良、平安時代からこの地で紙が漉《す》かれていたことが窺える。しかし、細川紙と言われるようになったのは江戸時代になってからのことで、紀伊国高野山の山下の細川村で漉かれていた紙が大阪商人によって江戸に運ばれていたものが、消費地に近いことから武州一帯で漉かれるようになり、本元の名をとって細川紙と呼ばれるようになったとされる。

細川紙がもっとも隆盛を見たのは江戸中期の文化・文政年間で、江戸の繁栄に伴って庶民の間でも大福帳など生活必需品として大量に消費された。明治時代になってからは土地台帳や記録用紙などに多用された。戦時末期にはその強靭性からふうせん爆弾に利用されたりもしている。

しかしながら戦後は洋紙に押されて衰退し、後継者も育たず存亡の危機に瀕《ひん》した。これは全国の手漉き和紙の生産地でも同様であったが、一九六九年（昭和四四年）に島根県石見《いわみ》地方の石州半紙と岐阜県美濃市の本美濃紙が国の無形文化財に指定され、遅れて一九七八年（昭和五三年）に細川紙も指定を受けて技術伝承への道が拓けた。さらには二〇〇九年（平成二一年）に石州半紙がユネスコ無形文化遺産に登録され、二〇一四年（平成二六年）には石州半紙、本美濃紙、細川紙の三紙を合わせて「和紙：日本の手漉和紙技術」として拡張登録されるに至った。ユネスコの無形文化遺

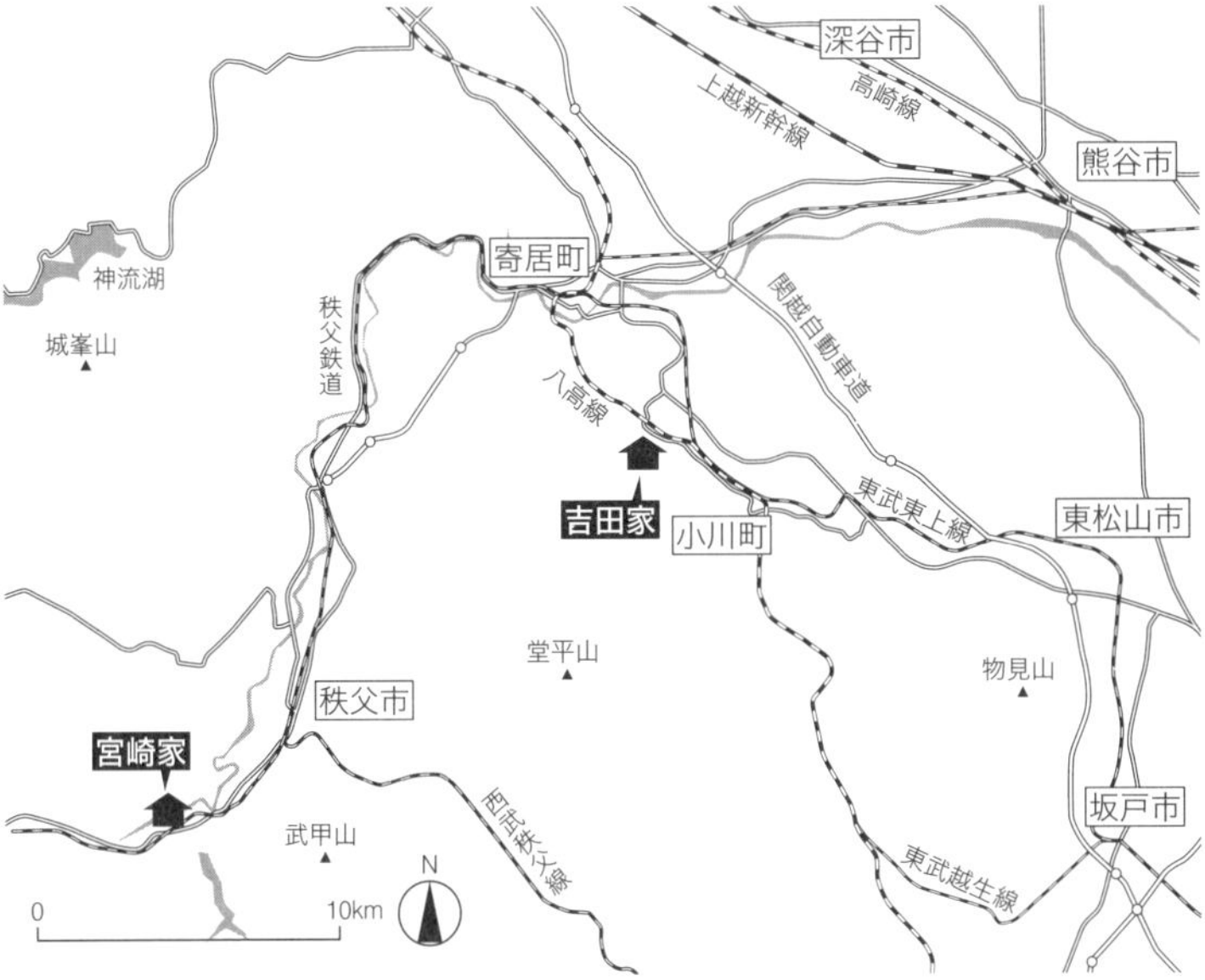

〈所在地〉

吉田家：埼玉県比企郡小川町大字勝呂字西浦 424 番地

宮崎家：埼玉県秩父市荒川上田野 1743-1 番地

産として登録された三地域には、それぞれにさまざまな困難と葛藤があったと推測されるが、ここでは細川紙をぎりぎりのところで支えてきた伝承者の一人、内野要吉さんを一九八五年（昭和六〇年）に訪ねたときのことを振り返り、伝統技術の今と、さらには家とのかかわりを見ることにする。

内野要吉さんのこと

比企郡小川町の内野要吉さんは子供のころ、学校から帰ると勉強道具を放り出して、家の裏の槻《つき》川《かわ》に毎日のように駆け降りた。紙の原料となる楮《こうぞ》を川に晒《さら》して、あくを抜くのを手伝うためである。一九一〇年（明治四三年）生まれの要吉さんは私がお話を伺ったときに七七歳の喜寿を迎えられようとしておられたが、子供のころの槻川の手の切れるような水の冷たさを忘れないと話された。みずみずしく張りのある紙を漉くには、冬の凍るように澄んだ流水に晒したものが一番であった。黒楮を一晩ほど川棚に入れてふやかし柔らかくなったところを、流れる水の中で素足で踏んで表皮をもみ落とす。表皮から黒皮の部分を削り落とした白皮を、いったん木灰や石灰といっしょに煮て純度の高い繊維にしてから、もう一度、槻川の流水に晒して楮のあくを抜くのである。川での仕事は女、子供の仕事であった。

しかし、第二次大戦後はこんな風景もすっかり見られなくなってしまった。次第に槻川の流れは汚れ始め、一九五四年（昭和二九年）に小川町に水道が引かれて以来、急激に多量の生活排水が流れ込むようになり、とても楮の白皮を晒せる状態ではなくなった。そして、手漉き和紙の衰退は、槻川の流れが汚れていったのと歩調を合わせてのことであった。紙の需要はますます増大する一方であったが、大量生産を可能とする洋紙が、それまで何にでも使われていた手漉きの和紙に取って代わってしまった。さらに、住様式の変化から、どこの家にも見られ、必ず一年のうち一、二度は張り替えをした紙障子が急激に減っていった。和紙に油をしみ込ませて作った雨合羽やから傘は、レインコートと洋傘の普及ですっかり姿を消した。農家にとって、茄子《なす》や胡瓜《きゅうり》の苗植えに欠かすことのできなかった温床紙も、ビニールシートに切り代わった。

一九三七年(昭和一二年)から一九四〇年(昭和一五年)にかけて、全国の紙漉き村の調査をした寿岳文章は、「昭和の初めに全国の紙漉き村の多くは消滅し、すでに残存としか言えない状態になっている」と報告している。戦後の住様式の変化とビニールの登場は、残存していたわずかな紙漉き村の多くを廃滅に追いやることとなったのである。

記録によると幕末の一八六八年(慶応四年)には、比企郡、大里郡、秩父郡の地域で一三三六軒の紙漉きの家があったと

図 10・1　紙漉きをする要吉さんの奥さん(1985年)

言う。しかし、一九七八年（昭和五三年）に重要無形文化財の指定を受けた当時すでに二十数軒を残すだけとなり、専業として稼働している家は十数軒にすぎなくなっていた。このような事情のなかで、内野要吉さんは重要無形文化財保持技術者の一人として、細川紙の技術を将来に伝えてゆく決意を強くしておられた。だが要吉さんは、「何度、もうやめようと思ったか判らない。これから先、自分の技術を受け継ぐ者も、この思いを繰り返すことになるに違いない」とおっしゃり、先行き生計が立ち行かなくなるかもしれないと案じられていた。一方で要吉さんは「ようやく長い、暗いトンネルの出口が見えかけてきたような気がする」とも話された。同業者の消滅によって寡占化が進み、重要無形文化財の指定を受け、手漉き和紙の商品としての流通価値が増し、経済的なゆとりを回復することになるかもしれないという意に受けとられた。しかし、さまざまな葛藤を経ながら要吉さんが手漉き和紙を作り続けてゆく思いは、もはや経済生産性上の問題ではなく、紙を漉くという行為そのものが要吉さんの選びとった生き方となり、言葉を替えるならば、ものを創り出すことが人の行為と一体となっていると感じられた。このように考えなければ要吉さんは、すでに全国の多くの紙漉きの家と同じように、紙漉きをやめていたであろう。あるいは、昭和三〇年代に埼玉県が勧めた紙漉き機械化政策を受けて、合理化を図っていたかもしれない。事実、このとき、要吉さんは紙漉き機械を導入した。さすがに仕事ははかどり、人の手で一日八時間、一カ月をかけて漉き上げた紙の枚数と、機械が一日にする仕事量はほぼ同じであった。しかし、要吉さんはしばらくしてこの機械を仕事場から追い出してしまう。「あんな仏さまみたいな紙は漉いておれなかった」と当時を振り返って語っておられた。「仏さま」の真意は問い忘れたが、おそらく、要吉さんにとって手漉きの和紙は生きものであり、漉いた紙の一枚一枚が表情を持って語りかけたのであろう。一度入れた機械を廃止することによって、要吉さんは大きな借財を抱え込み、それを返済するために黒木の山を一山、丸坊主にした。杉、檜、松などの常緑の木を黒木と言っている。三町歩に一万本、当時の金で約二〇〇〇万円であった。

私が要吉さんにお話を伺ったころ東秩父から比企にかけて生育していた良質の楮はほとんど絶え、高知産に原料を頼っていた。かつては楮の白皮を晒した槻川も汚れていた。要吉さんはこれらのことについてあまり多くを語らなかったが、原料供給にどんな事態が生じるか予断を許されず、漉き上げた紙が表情を持たなくなったときは細川紙の最後であろうと語っておられた。

内野さんの家

内野さんの家は小川町だけではなく、当時、比企郡一帯でも残り少なくなってしまった麦わら葺屋根の直屋の一つであった。一部を変更したり、小部屋と便所、それに紙漉きの仕事場を増築したりしているが、主屋部分は創建当初の状態をよく残していた。建てられた正確な年代は判らないが、おそらく幕末のころであろう。「おかって」を六畳にして板間を拡げたのは後になってからのことで、当初は八帖間が四つの整型四間取りの平面構成であった。厩《うまや》を土間の中に取り込むのは、埼玉県全

図 10･2　在りし日の内野家（1985 年）

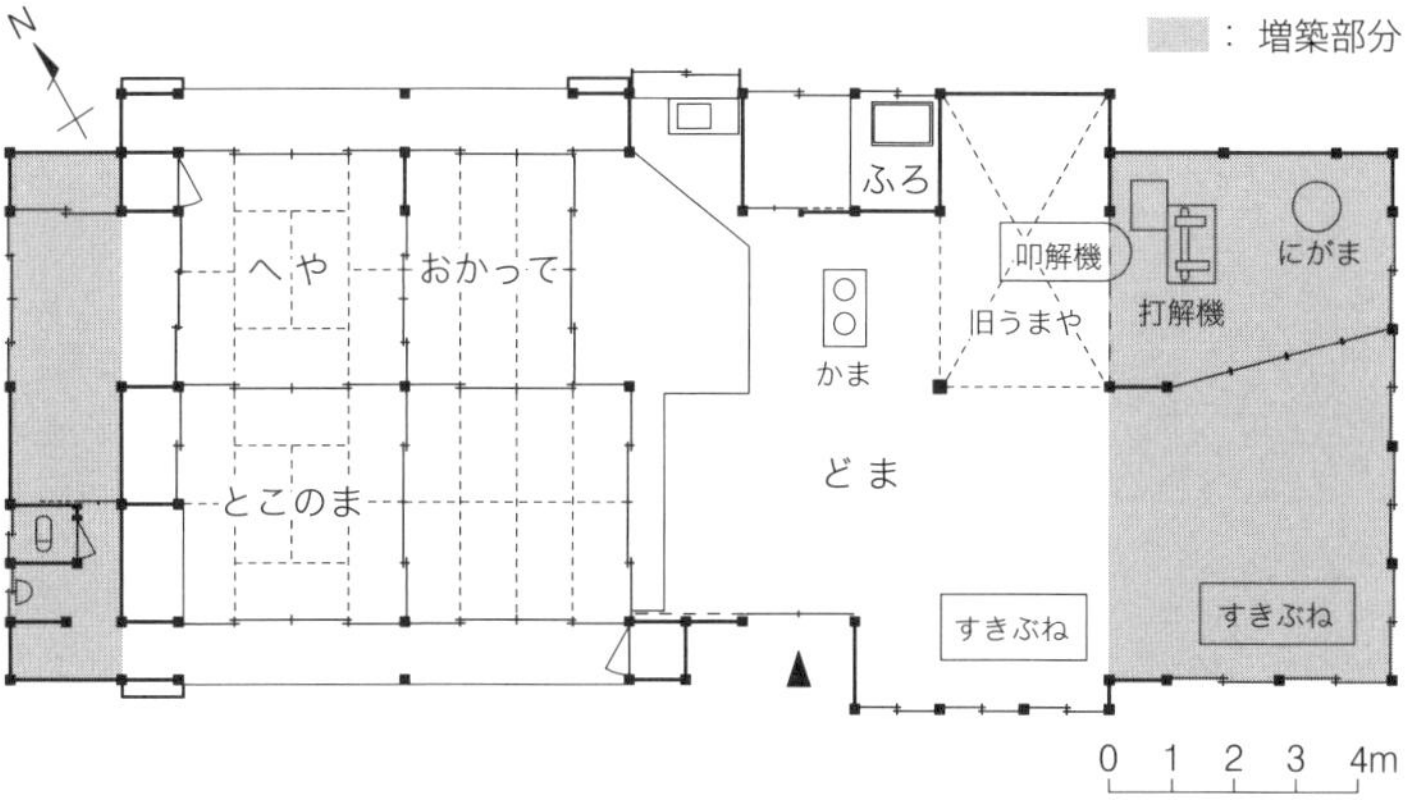

図 10･3　旧内野家平面図

般で見られた傾向である。しかし、他の地域と比べて土間の構成に違いがあり、南側に紙を漉く大きな漉き舟が置かれている。漉き舟の前面は明かり障子で、紙を漉く手元を明るくしている。外へ廻ってみるとこの部分には格子がはめられ、これは他の地方の民家では見られないことで、いかにも〈紙漉きの家〉らしい意匠となっている。幕末は小川町でもっとも紙漉きが隆盛したころで、建築当初から土間の南側に漉き舟が置かれ、以来、ここで細川紙が漉き継がれてきたものと思われる。

要吉さんがこの家を住み継いできた経緯にも、紙を漉き継いできたのと同じ迷いや思いがあったであろう。周囲がどんどん建て替えを行って、生活の合理化を図っていくのを眼にして、要吉さん一人が時代の流れから自由であったとは考えられない。「そろそろ建て替えなければ」と、どこからともなく強制されてくる思いと、まだ十分に住めるという気持の間を何度となく行き来した。しかし、いつのころか要吉さんは、たとえ周囲がどんどんなに変わってもこのままこの家に住み続けようと決心した。そう決めてみると、この家に何の不自由もない。夏は涼しいし、冬は暖かである。眼にするものは生まれたときから馴染んだ懐かしいものばかりである。少々傷んだ屋根を直せば雨漏れの心配もない。

要吉さんは私がお会いした数年前に、同じ小川町の中爪《なかつめ》に住む屋根屋の坂田朝次さんに依頼して屋根を葺き替えており、「自分が死ぬまではこの家を壊さない」と語っておられた。家業の紙漉きもようやく長い、暗いトンネルの出口が見え始め、そのことが辺りから姿を消してしまった麦わら屋根の内野さんの家に新しい価値をつけ加え始めていたとも思えた。麦わら屋根の下で和紙を漉く内野さんの家を訪れる人がめっきり多くなった。そして、誰もが、漉き舟の中から紙が一枚一枚漉き上げられるのを見て驚き、土間の一角に据えられたかまどでご飯が炊かれていることを聞いて驚く。今から三〇年前の当時でも薪で炊いたご飯など、おおかたの人は口にしなくなっていたが、その美味しさの記憶は残っていた。何処の家でも電気釜でご飯を炊くようになったのは昭和三〇年代の初めで、私たちは今でも何かにつけてかつて薪で炊いたご飯の美味しさと今日のご飯の味を比べている。内野さんの家では、すでに失われて久しい多くのものが息づいていたのである。しかし、残された麦わら屋根の家に、要吉さんがくぐりぬけてきた時代が失ったものへの持続の見通しがある訳ではなかった。むしろ三〇年前の当時、明日にも取り壊されるかもしれないのが麦わら屋根の家の運命であった。

要吉さんは一九九九年（平成一一年）に八九歳で亡くなり、ほどなくして麦わら屋根の家も解体された。要吉さんが亡くなった後、長男の春男さん夫妻が紙漉きを続けておられたが、奥さんが体調を崩し、二〇〇八年（平成二〇年）に廃業届けが出されている。現在、小川町で手漉き和紙を漉いている工房はわずか四軒になり、町は「和紙体験学習センター」で手漉き和紙の体験などを実施して手漉き和紙の普及につとめているが、伝統技術の将来の継承に確かな見通しはたっていないように見える。

屋根屋の朝次さんの話

内野さんの家の屋根を葺いた坂田朝次さんは一八九九年（明治三二年）生まれ、私がお会いした一九八五年（昭和六〇年）当時八六歳になっておられた。少々耳が遠く、目も弱くなったものの、頼まれれば何処へでも屋根を葺きにゆく。小川町周辺に残っていた麦わら屋根のほとんどは朝次さんが葺いたものであった。いつの間にか、朝次さんはこの辺りの最後の屋根屋になっており、残された数少ない麦わら屋根の主たちは誰もが朝次さんに依頼した。戦前には比企郡一帯で三八〇人の屋根屋がいたそうである。一九五五年（昭和三〇年）、朝次さんが住んでいた旧八和田村が小川町に合併される前には、八和田村だけで一一人の屋根屋がいたと朝次さんは記憶しておられた。朝次さんの息子さんも一五歳のときから屋根葺き仕事を手伝い、二〇年もこの仕事を続けたが、早くに見切りをつけてやめてしまった。昭和三〇年代のことである。

朝次さんが使う材料は麦わらである。きっちり葺き込めば麦でも一〇～一五年は持つ。四～五年に一度、落ち込んだところに差しわらをしてやるのが良い。もっとも、これは刈り入れた麦わらを十分に乾燥させて、冬になってから葺く場合のことである。「百姓家は冬の暇なときに葺き替えるから良かったけれど紙屋さんには困ったものだよ。冬は紙漉きで忙しいから葺かせてくれない。夏の暑い盛りに葺けと言う。葺いている最中に夕立なんか降ってきて、夕立が上がるとぽっぽ、ぽっぽ湯気が立ってたもんだ。こうなるともういけない。半年と持たないね」と朝次さんは語っていた。

「麦の代わりに茅をこしらえて葺くと五～六〇年は大丈夫」とも話しておられたが、これは家の中で囲炉裏を焚いていたころのことと思われる。

茅をこしらえるというのは、すすきの穂の部分を取り除いて芯だけにすることである。しかし、この辺りでは普通の家に茅が使われることはめったになかった。茅で葺くのはお堂か、お寺だった。葺き手間も茅の方がずい分かかる。麦でなら地坪一坪当たり一人工《にんく》で済む。たとえば、内野さんの家は主屋の部分が約四二・五坪あるから、葺き替えのためにおよそ四五人工で済む。屋根屋が一〇人集まれば四、五日で葺き上がることになる。一方、茅の場合は地坪一坪当たり三、四人工必要である。十分に葺き込むと六人工は必要になると言う。しかしながら屋根葺きともなると近所の人が麦縄を手にして寄り集まり、屋根屋の音頭で一斉に手伝ったから、麦わら葺きなら二日、茅葺きでも一週間から一〇日ぐらいで葺き上げたそうだ。

屋根葺きで一番苦労するのは棟の納めである。当時、小川町周辺で見られたのは中央に箱棟をのせ、その両側を鉄板や瓦で覆ったものが多かった。これは朝次さんたちがこの地域に定着させていった方法で、朝次さんが屋根屋になったころには芝棟が普通であった。棟の部分を杉皮で覆い、その上に芝を張って花菖蒲が根を張ってしっかりと雨仕舞をしてくれる。内野要吉さんも屋根の上で菖蒲の花が咲いているのどかな風景を覚えておられた。

朝次さんの代に屋根の型が変わった箇所がもう一つある。妻側の納め方である。幕末期の小川町でも生糸の生産が盛んで、多くの農家が養蚕を行っていた。蚕棚は小屋裏に上げられ、通風のために妻側に小さな破風窓が付けられた。これを大きくしていくと屋根の型状が兜造りや妻側に大きく三角形の壁と開口部を持つ入母屋になってゆく。養蚕の流行が全国各地の民家の屋根の型を変えてゆく大きな要因となったのである。ところが養蚕の衰退に伴ってこの通風窓は必要なくなった。そこで朝次さんは棟木の端を切り取って元の寄せ棟に戻した。妻側の風窓を納めるためには一つで二人工必要となる。都合、四人工の手間を省略したのである。内野さんの家にもかつては風窓があったが、単純な寄せ棟に変わっていた。民家は一定の地方、地域ごとにさまざまな展開を示すが、その担い手たちは少数の職人集団であることが多い。彼らが村落の中で自足して仕事をしているか、それとも村落の外を渡り歩くかによって形態の持つ意味もおのずから違っていたようである。このように考えると小川町周辺の民家は自足的で、何のてらいもないところに最大の特色があったように思われる。

発見された埼玉県最古の民家

平成に入ると内野さんの家をはじめとして小川町の麦わら屋根はことごとく姿を消したが、一九八四年（昭和五九年）に埼玉県の民家史に残る思いがけない古い家の発見があった。小川町勝呂《すぐろ》の吉田家である。発見されたのは私が内野要吉さんにお会いした一年前のことであり、近くまで行っているがその家のことを知らなかった。屋根に鉄板が被されており、それもかなり錆びていたので周囲の人たちもこの家のことを気に留めていなかった。当時、現在のご当主である吉田辰己さんは奥さんの千津代さんと結婚してほどなく、解体してその跡に新居を建てるつもりでおられた。ただ、辰己さんの父親の藤太郎さんからこの家は建ってから三百年経っていると聞かされていたので、念のために文化庁に連絡した。文化庁は迅速に動き、故西和夫神奈川大教授に調査を委託した。その結果、一七二一年（享保六年）の棟札が見つかったのである。

小川町近隣の日高市には創建年代を確定できる確かな資料がないものの一七世紀初頭の建築と推定される高麗家住宅があるが、吉田さんの家は埼玉県内で建築年代が確認できる最古の家であることが判明したのである。そして調査から五年後の一九八九年（平成元年）に国の重要文化財の指定がなされた。しかしながら吉田さん夫妻の気持ちは複雑であった。殊に奥さんの千津代さんはツアーガイドをしておられた経験があり、その当時、文化財指定を受けた古民家をツアー客に案内する

図 10･4　吉田家

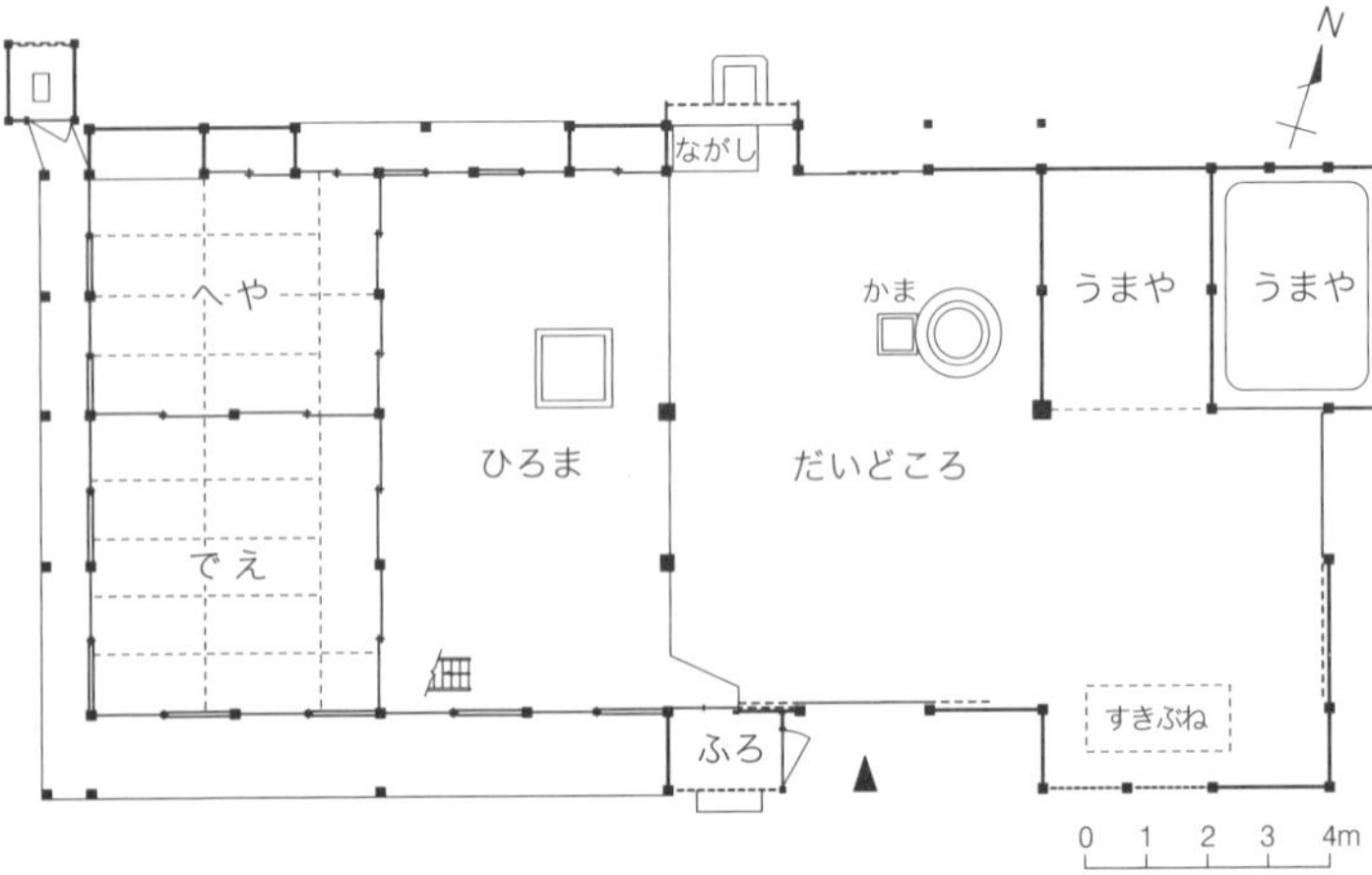

図 10･5　吉田家一階復原平面図

(『重要文化財吉田家住宅―その修理と調査の記録―』『重要文化財吉田家住宅』掲載図より作成。

「すきぶね」を旧内野家(図 10・3)に倣って破線で記入)

図 10･6　囲炉裏端の吉田さん夫妻

こともあったが、観る人たちの反応は無感動であったし、千津代さん自身も案内する家に興味を持てなかった。「重要文化財に指定されて規制ばかり多く、あんなつまらない家になるのは納得いかなかった」とその当時を振り返っておっしゃる。ご当主の辰己さんも同様の思いで、そこから文化庁の担当者と度重なる折衝が始まった。

吉田さん夫婦は重要文化財指定に伴う修理工事の開始に当たって、工事後に家の中で囲炉裏を焚くこと、家を自由に使えること、家を使ってミニライブ、展示会、かるた会などのイベントをして一般に公開できることの三点を文化庁に申し入れたのである。いずれも他の指定建物ではあまり例のないことであったが、三点の内、囲炉裏を焚くことは文化庁にとって一番の難問題であった。重要文化財の指定をしたものは国の宝として末永く保存していかなければならない。ちなみに、指定を受けた建物の多くは、家の内外を含めて禁煙にしているのが一般である。それに対して囲炉裏を焚くなど文化庁にとっては想定外のことであった。しかしながら囲炉裏を焚くことは担当者たちの暗黙の自主規制のようなもので法的な禁止規定はなかった。幾度かの協議の後、囲炉裏を焚くことを含めて他の二点とともに吉田さん夫妻の要望は受け入れられ、一九九六年（平成八年）一〇月から二年五カ月をかけて解体保存修理工事がなされたのである。工事に当たっては厳密な調査がされ、他の重要文化財指定建物と同様、可能な限り享保六年の創建時の状態に戻された。

このときの調査で、吉田家には「畳割《たたみわり》」の技法が用いられていることが判った。柱の位置を決める技法として、まず柱の位置を定められた寸法に基づいて配置し、畳の大きさはそれに合わせる

「柱割《はしらわり》」の方法と、あらかじめ決められた畳の寸法に合わせて柱を配する「畳割」の方法があるが、吉田家では「畳割」の手法が採られていたのである。図10・5の「へや」「でえ」の柱配置を見ると梁間方向の「でえ」では一間を七・七五尺とし、奥の「へや」では一間が六・二五尺である。桁行方向では七・七五尺の二間としている。ここでいう「間《けん》」は以前にも書いたが柱と柱の間《あいだ》のことを言う。柱の太さと敷居の幅を五寸とすることにより「へや」「でえ」の部屋の内々の寸法がちょうど一五尺、または一二尺となり、三尺×六尺の畳をそのまま敷き詰めることができる。柱と柱の寸法の「間」は時代、地域によって異なり、代表的なのは六・五尺を基準とする「京間」、現代のように六尺とするのを分類上「田舎間」と呼ぶが、吉田家では明暦大火（一六五七年）以降に江戸で普及した「田舎間」の基準寸法によらず、主に中京地方に見られる一間＝六・二五尺の「相間《あいのま》」による「畳割」の技法がとられていることに留意しておきたい。そのほか、外回りの主だった建具は板戸二枚に障子一枚の三枚構成になっていることにも古式を見ることができる。

修理工事に当たって確証は得られていないが手漉き和紙の原料の楮を煮詰めたかと推定される大釜跡が確認された。大釜跡が発見されたことや明治期に紙漉きをしていた伝承があるので、内野さんの家と同じように漉き舟を置いていたと推定される場所の前面には明かり障子が復原された。こうして吉田さんの家は埼玉県内で創建年代が確認できる最古の家であるとともに、細川紙が隆盛を見た江戸中期から明治にかけての紙漉きの家の遺構として、一九九九年（平成一一年）から一般公開されるようになったのである。一般公開後、吉田さん夫妻はこの家でさまざまなイベントを企画するとともに、蕎麦やコーヒーを提供している。そして囲炉裏を焚き続けているのである。囲炉裏の暖と煙は家中を回り、一般公開以来一五年を経過して屋根裏が顕《あらわ》しになっている土間、中二階の屋根下地として組まれている竹は深い飴色に変化している。囲炉裏が茅屋根の維持のために良いのは言うまでもない。総葺き替えの年数を倍以上も引き伸ばすことができる。家の中に入った当初はなんとなく煙っぽく感じるがほどなく気にならなくなり、囲炉裏から一番離れた中二階に上がったとき、真冬にも拘らずその部屋の暖かさに驚かされた。これまで多くの民家を見てきたが、これは初めての経験であった。茅屋根家屋での生活の片鱗を体感したように思えた。かつての家が囲炉裏と不可分であったことを改めて認識したのである。吉田さん夫婦はこの家を小学生たちにも開放しているが、子供たちが家の中で生の火を見るのは初めてであり、かつて家が火と一体になって存在していたことを知って驚くであろう。

秩父の屋根職人

小川町の麦わら屋根の消滅とともに麦わらで屋根を葺く屋根職人も坂田朝次さんを最後に絶えてしまった。しかしながら小川町の隣りの秩父市に今も麦わらで屋根を葺く現職の職人がいる。加藤国作さんで、一九三三年（昭和八年）生まれの八四歳になられる。二〇一四年（平成二六年）には市の有形文化財の指定を受けている内田家住宅の屋敷門の葺き替えを担当した。その前には埼玉県

図 10･7　宮崎家（民宿すぎの子）

有形文化財の萩平《はぎだいら》歌舞伎舞台《かぶきぶたい》の葺き替えをした。この二つの仕事に先立って、加藤さんは秩父市に残る唯一の麦わら葺き屋根の一般家屋である宮崎義彦さんの家も担当してきた。余談ながら秩父市には先述の内田家住宅とは別の内田家住宅があり、国の重要文化財の指定を受けている。こちらは文化財建造物保存技術協会の調査、設計監理のもとに文化財の修理専門業者によって二〇一三年（平成二五年）から四年をかけて解体修理工事が行われ、「繭の家」として一般公開されている。

宮崎さんは民宿「すぎの子」を営んでおり、一度に屋根全体を葺き替えるわけにはいかない。毎年、傷んだところを部分的に葺き替え、または差し茅をして屋根を維持している。加藤さんに仕事を依頼した当初は足場を組んだり、材料上げを手伝ったりする程度であったが、加藤さんの年齢を考えると自分で屋根葺きの仕事を覚えなければならないと思うようになった。しかし、加藤さんは何も教えてくれない。自分の仕事を盗め、と言う。そこで宮崎さんは加藤さんの仕事を観察し、内田家の屋敷門の修理の際には屋根の下地直しの状態から逐一をビデオに撮り、それを幾度も見て自分の家の屋根の平場の部分から少しずつ葺くことをやり始めた。昨年（二〇一六年）も技術的に難しい妻側と平側の寄せの部分は加藤さんに依頼したが、平場は下地材料の竹、麦わらも自分で調達し、自力で仕上げることができた。麦わらは麦の生産地として知られる熊谷地方から「さとのそら」と「農林六一号」を無償で貰ってくる。宮崎さんは「あと二年、国作さんに頑張ってもらえば、寄せの部分やはな（妻破風）の仕上げも覚えられる。」と話しておられた。

小川町、秩父地方の麦わら葺き屋根の技術は、麦わら葺きの下地として割り竹を敷き並べるなど全国的に見ても独特のものがある。坂田朝次さん、加藤国作さんで絶えるかと思われた伝統技術もかろうじて宮崎さんの手で保持されることとなったのである。

11

枝郷《えださと》の家

天明から文化年間にかけて信州、東北、蝦夷地などを歩き多くの紀行文を残した菅江真澄（一七五四〜一八二九年）は、一八〇七年（文化四年）に現在の秋田県由利本荘市岩館《いわだて》を発ち現在の八峰町の八森《はちもり》を経て旧峰浜村一円を巡り、能代市の大柄《おがら》の滝を見ている。その途中、小さな集落に出会い「桃の盛と聞て、しばしゆけば手這坂《てはいざか》といふ。家四五、河くまの桃の花園にかくろいてぞありける。此坂の上に立て見やるに、まことや流れにさかのぼりて、洞《ほら》うちのかくれ里をもとめたりしもかくやありなましと、しらぬもろこしのいにしえをたどる」と記し、挿絵とともに次の歌を添えている。

こゝに誰れ世々さく桃にかくろひて
おくゆかしげに栖《すめ》るひと村

これは白神山地に源を発する水沢川の上流部の手這坂を陶淵明《とうえんめい》の『桃花源記《とうかげんき》』に描かれた郷《さと》になぞらえたものであるが、真澄が訪れてから二百年以上経過した現在も歌に添えられた挿絵の風景が残っている。真澄が訪ね歩いた地でその面影を残すのは手這坂だけになったとされる。

『峰浜村史』は手這坂の語源を二つ上げている。一つはテハ・イで、テハは山や谷の入り口、イは水路や川などを意味するとする。もう一つはテ・ハイで、テは分村を示す出の転訛、ハイは開墾を意味するハリの可能性があるとしているが、集落の成立時期について確かなことは判らない。真澄は手這坂の手前の大久保岱《おおくぼだい》を通り「この村に宇治てふ姓のいと多し。山城の国兎路（宇治）の人、

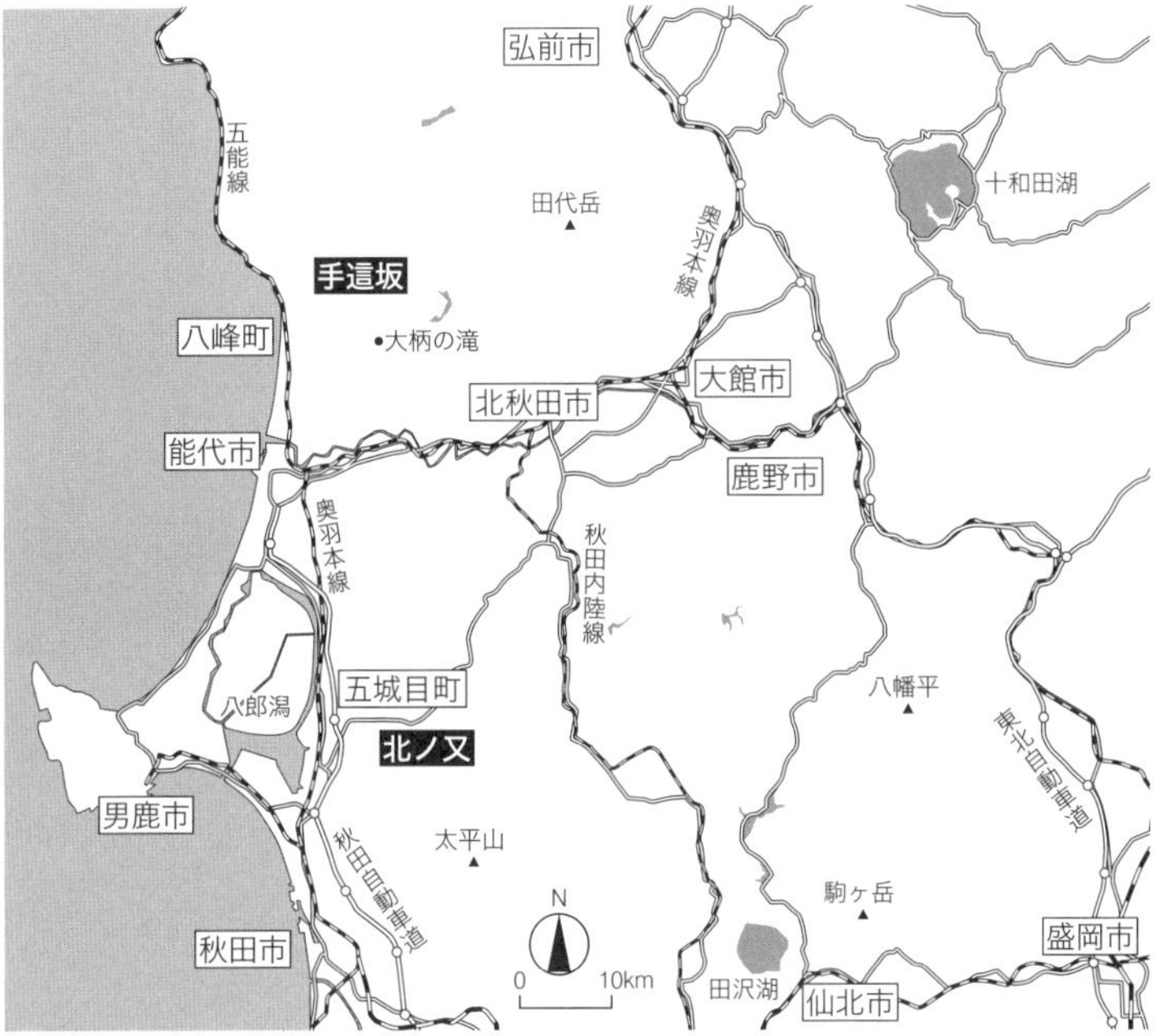

〈所在地〉

手這坂：秋田県山本郡八峰町峰浜水沢手這坂

北ノ又：秋田県南秋田郡五城目町北ノ又

図 11･1　手這坂遠望（2010.04）

総角《そうかく》のむかしこゝに世をしのび、山を墾《ひら》きてすめり」としており、この辺りでは当時、他所から移住してきた人たちの集落がいくつかあったことを窺わせる。東北地方ではある程度の戸数がまとまっている本村から少し離れた地に、手這坂のような数戸の集落をよく見かける。これを枝郷とか枝村、地域によっては端村《はむら》と言っている。マタギや木地師が定住したもの、元の村に十分な耕作地がないことにより分家したもの、外部からの移住によるものなどその発生の様態は一様ではない。

菅江真澄が訪れたときの手這坂の家数は四〜五軒とあり、笹本と塚本を名乗る家が二百年後の現在まで変わらずに続いてきた。雪は一一月半ばから始まり、積雪量はさほど多くないが交通は閉ざされる。真澄は一七八五年（天明五年）の紀行『外が浜風』で一七八三年（天明三年）に東北地方を襲った大飢饉の凄惨な様子を聞き書きしている。それによると行き倒れ者が多く、折り重なって道をふさいだと言う。人食いの凄惨な様子も伝えている。真澄と同時代人の鈴木牧之《すずきぼくし》（一七七〇〜一八四二年）は『北越雪譜《ほくえつせっぷ》』で越後魚沼の雪国の様子を記述しており、板を藤蔓でくくって菅《すげ》を編んで壁とした粗末な家で暮らす老婆の話を記録しているが、そこにも天明の飢饉で村が全滅したことを載せている。東北、新潟では天明の大飢饉から五〇年後の一八三三年（天保四年）にも前代未聞の大凶作が襲っており、多数の餓死、病死者を出した。このような状態は昭和になっても変わらず、昭和六、七、九年と凶作が続き、秋田県の農山村では娘の身売りが多発した。『峰浜村史』はそのときの人数を芸妓、娼妓、女中、子守、女工など合わせて秋田県全体で一万一一八二人としている。特筆すべき生産物もなく、ほぼ自給自足の自然との闘いとも言える厳しい生活は、手這坂でも同様であったであろうことは容易に想像できる。しかし、そこに春には桃の花が豊かに咲き、訪れる人に〝桃源郷〟とも見なされた。

無人化、観光地化、そして荒廃

秋田県内で消滅した村を調査した佐藤晃之輔は、昭和三〇年代後半から急速に集落の解体が始まり、昭和四〇年代に行政による「集落再編成事業」が行われたこともあり、一二五の地区、集落が消滅したとしている。手這坂ではこれらの村々に遅れて平成に入ってから離村が始まり、二〇〇〇年（平成一二年）に無人化した。これを知ったグリーンツーリズムを提唱する旧秋田県立農業短大の故山崎光博教授は学生を連れて残された家屋の清掃作業に入った。山崎は従前の集客に主眼を置いた観光地化構想を止めて、何もしない滞在、目の前の畑から採ってきた食材での鍋料理、都会生活で見えなくなったものを発見するなどの農村での過ごし方を構想していた。これを契機にして地元有志による「手這坂活用研究会」が結成されることになる。

「手這坂活用研究会」は一時期、会員総数が一五〇名に達し、山崎の考え方を受けて、残された家周辺の遊休農地をトラクターで起こして農地を再活用できるようにしたり、菜の花やレンゲ草を植えてかつての山村風景を再現したり、蕎麦や麦を栽培して会員の農業体験の場にしたりした。手這坂の家は規模が比較的小さく、土壁は冬のいてつく寒さに弱いので外壁は板張りである。空き家になった家の荒廃は進んだがトタン張りであった外壁を杉の焼き板に張り替えたり、茅屋根の修理も部分的であるが実施したりした。桃源郷にちなんで桃の植樹も進められた。これらの財源は会員の会費によるほか、民間財団や秋田県の「景観モデル事業資金」などの助成を受け、設立からの一一年間で約一三〇〇万円を投じている。その結果、活動がテレビで紹介されたり新聞などでたびたび報道されたりしたことによって会の思惑を超えて観光地として知られるようになり、桃の季節には大型バスが乗り入れたり、多くの車が入り込んだりした。地元の道の駅では「桃源郷だんご」が売られたり、手這坂への行き帰りに地産野菜を求める観光客が年々増え、地域に与える経済効果も少なからず生じ始めた。

このように述べると「手這坂活用研究会」の活動は順調な進展をして、これといった観光資源のない村に大きな貢献をしたように見える。しかしながら週末ともなると大勢の人たちが訪れるような状態は研究会が考えてもいなかったことであるし、会員から疑問を抱く声も立ち上がった。研究会はあくまでもグリーンツーリズムの考え方に立ち返って農業など里山での生活が体験できる持続したシステムの構築を模索した。しかしながら無人化した家屋の保全は容易ではなかった。そこには土地、家屋が個人所有であるという潜在的な問題がある。民間、公的助成とともに助成金は原則として個人財産には使用できない。そこで屋根や外壁の補修は会員やボランティアたちの共同作業として、専門技術を要する作業は専門職に委託し、共同作業への指導料の名目で手間賃を供出することになる。また、助成を受けるには一定額の自己資金を用意しなければならない。研究会では農家民宿、市民農園的な運営などによる資金調達の道を考えたが、茅屋根の維持は容易なことではなかった。

加えて空き家になっているといえど家主の意思が第一に尊重される点に壁があった。研究会では手這坂固有の地域通貨を発行し、ボランティア活動に参加した者が宿泊できるシステムを試みたりして財源の確保に努めたが、会が家屋を所有するのは困難であった。そして四軒の家は次第に荒廃を増していった。

自給自足農を目指して

そんな折、四棟残った茅葺き家屋の内、二棟の所有者が家屋を売却、または賃貸する告示を町のホームページの「空き家情報室」に掲載した。何件かの引き合いがあったが、関心を寄せて現地を訪れた人たちは家の傷み具合を見てたじろいだ。そんななかで一人の青年がここに住んで自給自足農を試みることを決意する。木村友治さんである。木村さんは当時三〇才で、大学を一年修学した後に自主退学し、静岡県の有機農家で農業を学び、海外協力隊員として南米・パラグアイで二年一〇カ月のあいだ野菜栽培の指導に当たった経歴を持つ。帰国したのは二〇一一年（平成二三年）の東日本大震災直後で、しばらくはボランティアで被災地のがれき撤去作業に従事し、パラグアイでの経験と東日本大震災の体験を重ね合わせるようにして自分が目指す農業実践の場として手這坂に

図 11·2　木村さんの家

たどり着いた。

移住したとき、借りた家の屋根からは雨漏りがしており、取りあえずブルーシートで一部を被った。そして翌年、屋根の補修に使う茅を自力で刈り取り、次の年に刈り取った茅を使って後に紹介する秋田茅手《かやで》の後継者として嘱望される風間崇さんの協力を得て屋根の補修を始めた。

木村さんが手這坂に住み着いたことから「手這坂活用研究会」は一区切りが付いたとして解散したが、その一方で一時期は苦情を寄せていた町も手這坂の景観を再評価し、また木村さんが定住したことを重く見て積極的な支援に乗り出した。二〇一六年（平成二八年）六月には手這坂で町の主催による「移住ツアー」が開催され、茅屋根や屋内改修の実習を実施し、三十数名が集まった。その内七名は八峰町への移住希望者で、このツアーを契機に三名が八峰町への移住を決意した。このときの財源には「地方創生過疎化対策交付金」が使われている。

木村さんは移住して二〜三カ月目に舞踏家の郁代さんと出会い、男の子が誕生した。二反の田んぼと三反の畑を耕し、四年目にしてようやく自給自足の目処も付いてきた。自分たちが食べる分の余りは無農薬野菜、加工食品として町のカフェや八峰町に隣接するスーパーで販売している。こんな木村さんたちを見て家主は先祖から受け継いだ財産として愛着も執着もあった土地、家屋であったが、取りあえず家屋だけは木村さんに譲り渡すことになった。郁代さんが「この土地の歴史、風土のことなどがしっかりと身体で感じられるようになったら、そこからもう一度舞踏を始めたい」と言っていたのを印象深く思い出す。秋田生まれで、日本の伝統と前衛を融合させて土着への回帰

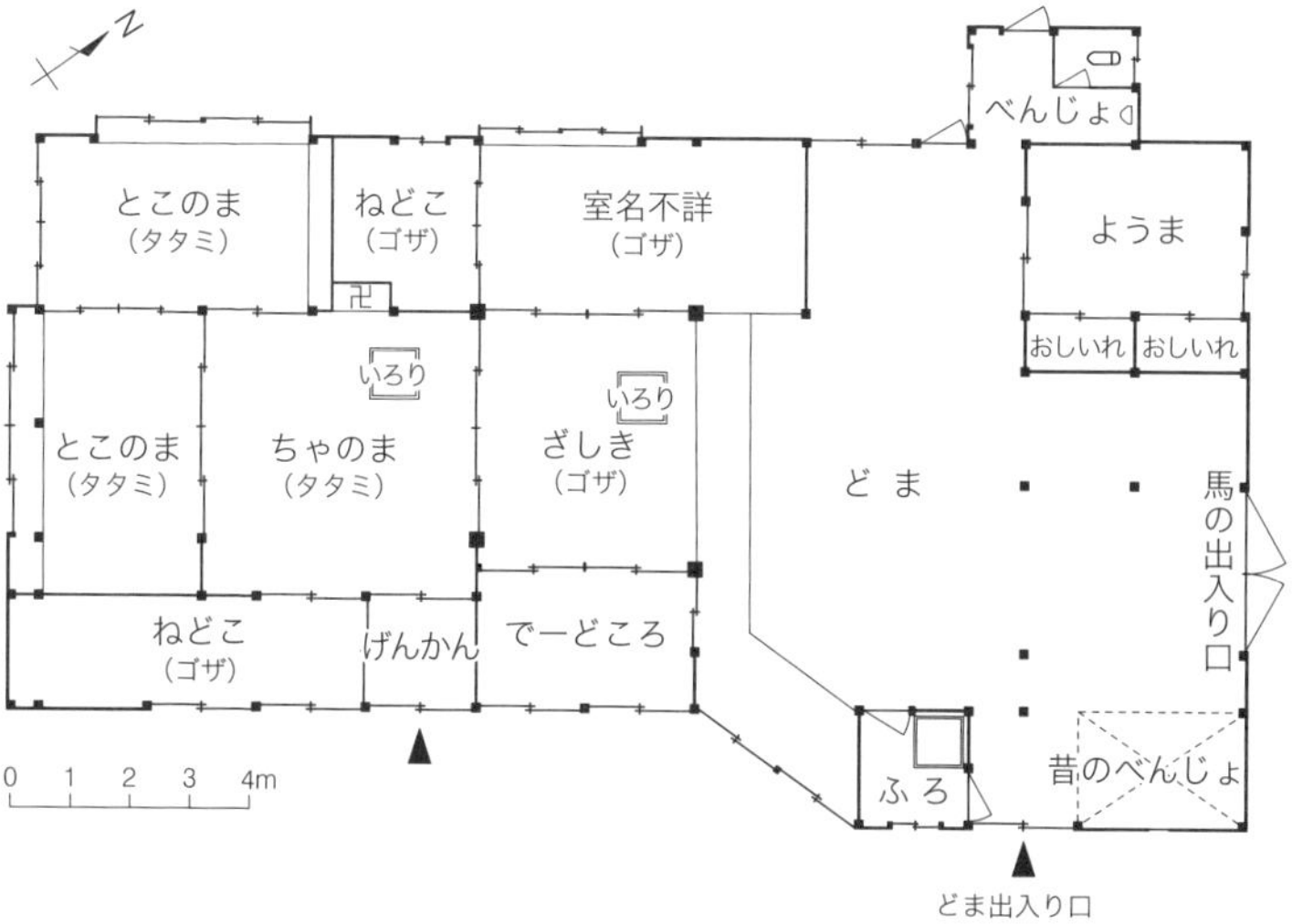

図 11·3　旧笹本家概略平面図（木村さん入居前の状態）

性が高い独自のパフォーマンスを創造した舞踏家土方巽《ひじかたたつみ》が「初めての土地に行ったときには、まずその土を食《は》む」と語っていたのを思い出し、風土と家、そこでの生活の根源的な関係性について改めて考えさせられた。

木村さんが譲り受けた家は手這坂で一番古く、創建は幕末と想定される。そこで、木村さんが入居する前の平面を記録として残すために図11・3に示した。図には木村さんから旧所有者の笹本泰市さんと奥さんに聞いてもらった部屋の呼称と床仕上げを一部に不明な点があるがそのまま記入した。この図からは家の各所が創建時とは大幅に改変されている様子が判る。「どま」右奥の「ようま」と「どま出入り口」左側の「ふろ」は明らかに増築されたものである。「べんじょ」が西北側に移動し、「でーどころ」が室名不詳とした位置から東側に移動している。

図 11・4　秋田杉で改装された屋内

また、元の玄関は「どま出入り口」とした位置から一間《いっけん》奥に入った「ふろ」と「昔のべんじょ」の間に大戸口としてあったと思われる。北側には馬の出入り口用の大きな開き戸が現在も残っており、笹本さんはその出入り口から「ようま」側の奥が厩であったと記憶しておられる。その他、東南角の「ねどこ」は「2花祭の家」の熊谷家で見たのと同様の若夫婦用寝室への改変であろう。

外廻りを見ると北側以外は新たに開けられたと思われるものを含めて開口部はすべてがアルミサッシで、家全体の大幅な改築とともに、新たな開口部の設置、アルミサッシの取り付けがされたと推定される。おそらくそれはアルミサッシが普及する昭和四〇年代に入ってからのことであろう。これらが何度かに分けてなされた可能性もあるが、「ようま」

図 11・5　茅屋根が抜け崩落直前の家（2016.10）

「ねどこ」の増設、「げんかん」「でーどころ」の移動などはアルミサッシの普及とともに昭和三〇年代後半から四〇年代にかけて農山村においても住宅様式が大きく変化したことを示している。

その他、西、西南側の「とこのま」二室の詳細は不詳であるし、一般に「じょうい」と呼ばれる「どま」に接する囲炉裏の部屋がゴザ敷きであるにも拘らず「ざしき」と言っていたと記憶されているのは、この部屋が現在で言う居間のような使われ方をしていたことによる呼称の転化かと思われる。

なお、木村さんが入居した旧笹本家以外の家は明治末期から大正時代に建てられたもので、二〇一四年（平成二六年）に一棟が潰れ、続いてもう一棟も二〇一七年（平成二九年）一一月に屋根が崩落し、一二月には外壁も倒壊し

図 11・6　茅屋根が抜けた家の屋内（2016.10）

た。もう一棟も雨漏りが始まっており、すでに床が抜けている。荒廃がここまで進むと再生は最早困難であろう。ともあれこうしていったん無住になった手這坂は一〇年に渉る「手這坂活用研究会」のボランタリーな努力の成果としてかろうじて一棟を残すことになったのである。

木村さんは、二〇一七年（平成二九年）五月にＮＰＯ法人「ミチのクニ手這坂」を設立し、今後は「茅刈りツアー」を開催して材料を確保し、風間さんの指導を受けながら差し茅により茅屋根を守るとともに、循環型の里山保全を目指そうとしている。「ミチ」には「みちのく」と「未知」、「クニ」には新たなコミュニティとしての「國」をかけたと言う。

木村さんは冬は道路の除雪がされる県道脇に車を留めておいて、家から県道までの道はカンジキを履いて歩く。かつて手這坂に住んだ人たちは飢饉、凶作に苦しめられながらここで生活してきた。以前と比べると格段に便利になった今の時代に、自分たちにそれができなくはないという木村さん夫妻の腰の座った生き方がたった一軒残った家に新たな息吹を吹き込むことになったのである。

陶淵明がいう「桃源郷」は単なる理想郷を示すのではない。ましてや観光地の類ではない。人間の精神の深いところでの安息を与える場所である。木村さん夫婦の生き方は地域再生の名の下での観光地化やグリーンツーリズムの発想を超える可能性を内在している。

秋田県の茅屋根家屋

故山崎教授は一九九六～二〇〇二年に秋田県内の茅葺き家屋の残存調査を行っており、それによると生活家屋の他、廃屋、公共物を含めて五〇二戸を確認し、県内の残存推定数を五五〇戸とした。その他、茅屋根の愛好家が二〇〇〇～二〇〇六年に県内の踏査をし、五一一戸を確認した未公開資料があるとされる。これに基づいて秋田の若い茅手の育成に尽力した田上正典は二〇一〇（平成二二年）時点で四〇〇～五〇〇戸程度の茅葺き民家が残っているのではないかと推定している。しかしながらここ数年の内に屋根の崩落、解体が急速に進んでおり、現在では四〇〇戸を下回るのではないかと推測される。ちなみに秋田県内でも茅屋根家屋が集約的に残存してきた羽後町は、一九八七

図 11･7　かつての北ノ又遠望（1996 年）(写真：桜庭文男)

図 11・8　屋根が崩落した家（2016.10）

年（昭和六二年）と二〇〇九年（平成二一年）に町内全域での悉皆調査を行っており、この調査によると二二年間で二五九戸から八七戸へと大幅に減少したとする。そして現在は四十数戸とされる。いずれにしろ秋田県全体で四〇〇〇棟前後の茅屋根家屋が残っているとして、茅屋根が群として残存し、かつての農山村の面影を数年前まで残していたものの内、手這坂は一棟だけとなり、あとの羽後町の一部、五城目町の北ノ又集落も瀕死の状態にある。

北ノ又は秋田市の北に位置する五城目町の中心部から二〇キロほど東に入った山間にあり、かつては九戸の集落であった。私が初めて訪れた二〇一〇年（平成二二年）には廃屋を含めて五軒の茅屋根が残っていたが、現在は二軒が潰れ、一軒は屋根が抜けて倒壊直前である。あとの二軒の内の一軒は現在も居住されており、屋根は自分で補修していると言う。もう一軒は二〇〇六年（平成一八年）に映画『釣りキチ三平』のロケに使われたのをきっかけにして、今は無住になっているがたまに訪れる人の案内をするために、家主の近野俊一さんが潟上市《かたがみし》から毎日ここへ上がり、家の案内、管理に当たっておられる。家の下方には豊かな田んぼが広がっており、一時期、五城目町は「農山村活用向上モデル事業」として北ノ又集落の保全に乗り出したものの、現在は積極的な支援がなくなっている。

秋田県には中門造りが多く、北ノ又に現在残る二軒も中門造りの形態をとっている。家の構えも手這坂に比較すると大きい。田んぼ、畑も広く、同じ小規模の集落であっても家の規模、様式に違いが生じているなど、東北地方の枝郷の形成過程を考えるうえで貴重な存在である。しかしながら、手這坂ともども十分な調査がなされないままに集落としての姿が失われようとしている。

秋田の茅屋根と茅手《かやで》

近年著しい減少を来たしているとは言うものの秋田県には多くの茅屋根家屋が残ってきた。その大きな要因の一つは家主と茅屋根職人との関係にある。東北地方では茅屋根職人を茅手と呼んでいるが、家主と茅手との関係は以前にはどの地方でも見られたお抱《かか》え大工のようなもので、家主は特定の茅手に数年に一度は屋根の補修を依頼する。ここでは現在の一般建築請負工事と違って、家主と仕事をする職人との間に企業が介入しておらず、家主は茅手に仕事を直接依頼する。以前は家主が屋根の材料のすすきをあらかじめ刈り取って用意し、補修の手間賃を茅手に支払って仕事を依頼した。現在でも基本のところでこのシステムに変わりはなく、家主が補修に必要な茅の半分ほどは自分で用意しておくことが多いと言う。

秋田県に多くの茅屋根が残ったもう一つの要因は、秋田一帯では白川郷で見たように屋根全体をまるまる葺き替えることはなく、傷んだところを一定の範囲で部分的に補修し、これを数年おきに繰り返すことにある。この方法を差し茅と言うが、屋根の葺き厚さが厚いので表層の傷んだところの茅を取り除きそこに新たな茅を差し入れて補修をすれば囲炉裏を焚くことのなくなった現在でも一〇年は持つと言う。茅屋根は村落共同体としての互助組織である「結い」が解体したことによって消滅していくことになったが、秋田地方では家主と茅手の密な関係が持続して現在に至っているのである。

現在、県内の茅手は十数人程度とされ、その大半は八〇歳の後半に差し掛かっている。その一人、仙北、田沢地方で六十数年にわたって仕事をしてきた佐藤喜一さん

図11・9　佐藤喜一さん（右側）から話を聞く筆者

図 11・10　オトシバリを差し入れる風間さん

は一九二八年（昭和三年）生まれで、八九歳になられる。今年は屋根に上らなかったが、一昨年までは現役の茅手として十数軒の家の仕事をこなしてきた。茅手の高齢化によってこのままでは秋田茅手の伝承技術が消滅しかねないが、幸いなことに少数ながら若手の茅手も育っている。その代表格が風間崇さんで、二三歳のときに農業実習のために関東から旧峰浜町に来て、峰浜の風土に魅せられ二年後に茅手となるために藤島勇親方に弟子入りした。以来一五年、今では県北を中心に年に十数棟の仕事をこなしている。仕事は雪が消え始める四月から降雪の始まる一一月初めまでで、一軒の家に一～二週間くらいをかけ、年間一五〇日以上の稼動がある。最近、大卒の男性から弟子入りの申し入れがあり、見習いとして研修も始めた。

その他に、二〇〇九年に仙北市と羽後町は国の雇用対策事業を活用し、親方たちの指導の下に茅葺き職人の養成を実施した。そのとき受講した四〇歳前後の三人が、それぞれの親方の基盤を引き継いで差し茅の伝統技術を継承している。ちなみに風間さんによると八峰町や能代市などの県北、羽後町などの県南、仙北市を中心とする岩手県よりとでは差し茅の技法がそれぞれ違うと言う。日本海側は海風が強いために、傷んだ部分に差し入れた茅をオトシバリという道具で屋根裏に引掛けた荒縄でタテ、ヨコに固定していく。一方、雪の深い岩手県よりの地では押しぼこという細木で差し茅の上部を押さえ込んで固定する。文化財に指定された茅屋根の補修には一定の基準が設けられ、地域によっては地元の茅が使えないこともある。葺き替え技術も標準化され、庶民の家が従来維持してきた方法とは異なるものになっている。これに対して秋田では昔ながらの家主と茅手の関係が生きており、従前からの伝統的な方法が継承されて茅屋根が維持されているのである。

以上に見るように、全国的に見て茅屋根の残存数が多い秋田県においても近年は一層の減少を来たし、数棟の群として茅屋根が残りかつての山村風景をかろうじて残していた手這坂、北ノ又の二集落もその姿を変えていくことになった。しかしながら秋田の茅屋根は文化財の指定、選定などを受けている家の保存とは異なり、秋田独自とも言える昔ながらの伝統的な方法で引き継がれているのである。そして、手這坂に定住した木村さん夫妻の姿勢は秋田の茅屋根を支えてきた風土性と無関係ではないと思える。

12

中門造りの家

小田原城を開城し、関東を平定した豊臣秀吉は東北の押さえとして一五九〇年（天正一八年）に蒲生氏郷を伊勢松坂から会津若松へ移封した。氏郷は新しい城下の経営に当たって郷里の日野、ならびに前任地の松坂から商人を伴い、定期市の開設、楽市楽座の導入、手工業の奨励などを行って会津若松を南東北の中心地にする基盤を作った。以来、会津若松に隣接する米沢、新潟、常磐、栃木、群馬への街道が整備され、主要なものを会津五街道と呼び、これらの街道を通して物資の流通が行われた。街道の整備は東北地方と関東、関西に止まらず日本海側と太平洋側の文化交流に資するところが大きかった。住宅様式にもさまざまな影響が生じたものと思われる。ここでは主要街道から離れ、現在も交通が至便とは言えない奥会津の地にわずかに残った茅屋根家屋に日本海側と太平洋側の文化交流の跡を見るとともに、現在どのような状態にあるのかを述べる。

新屋敷《あらやしき》……星家

会津五街道の一つである会津若松と宇都宮領藤原を結ぶ道は下野《しもつけ》街道と呼ばれていた。五街道には入っていないが群馬県の沼田と結ぶものを沼田街道と呼び、両方の街道ともに会津若松から関東方面に向けて南下している。二つの街道は一〇〇〇メートル級の山々の谷間に拓かれたものであるが、途中三本の東西道で繋がっている。その一番南側の栃木県寄りの道が現在の国道三五二号で、舘岩川に沿って旧舘岩村を横断している。この国道三五二号の沼田街道寄りに「たのせ」という集

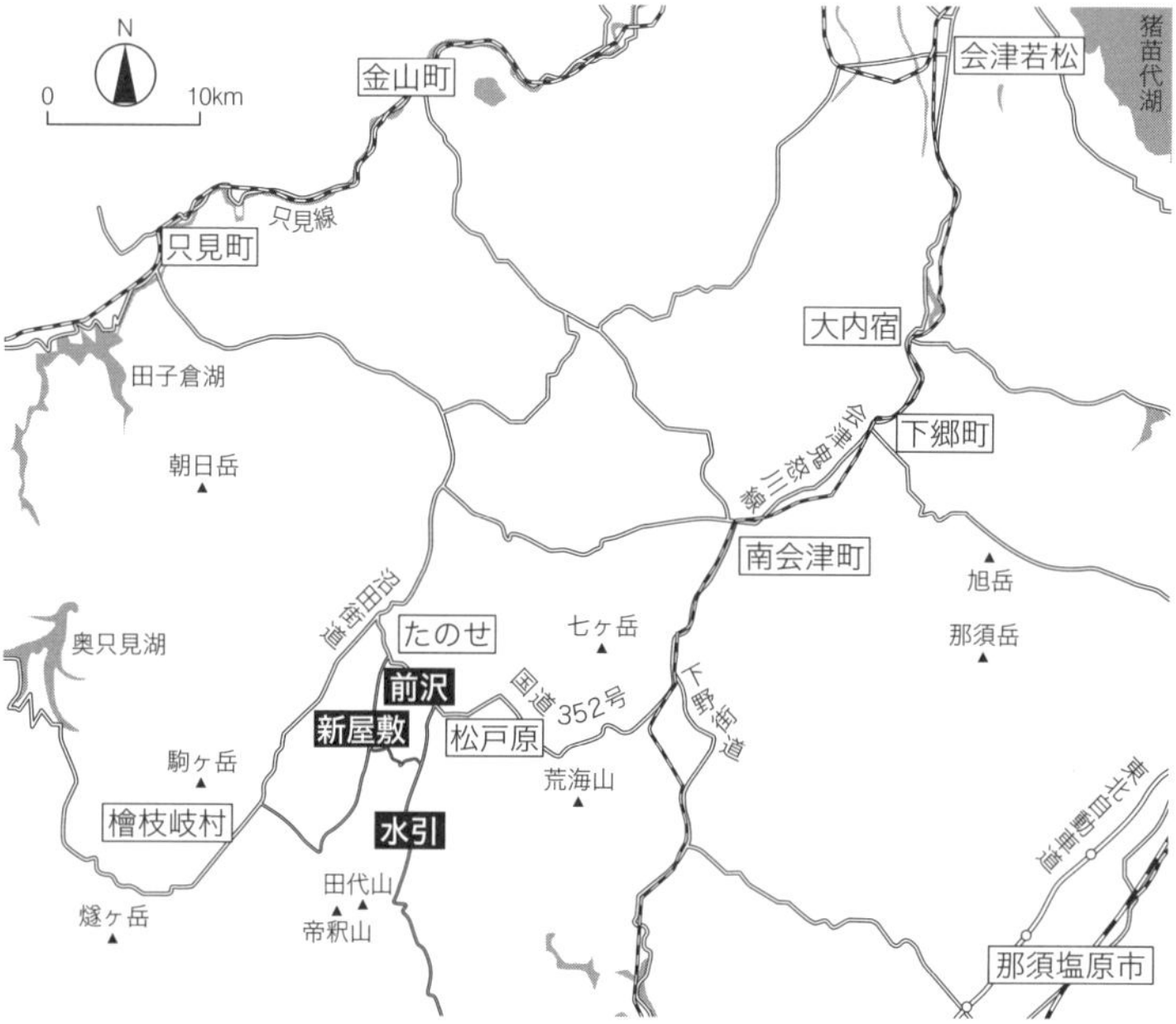

〈所在地〉

新屋敷（星家跡地）：福島県南会津郡南会津町新屋敷

前沢集落：福島県南会津郡南会津町前沢

水引集落：福島県南会津郡南会津町水引

図 12･1　屋根の抜けた星家（2013.04）

落があり、ここから西根川沿いに南下すると木賊《とくさ》という鄙《ひな》びた温泉に至る。この木賊温泉の少し手前に一軒の茅屋根民家が何年も前から空き家のまま、周りから取り残されたようにして佇んでいた。中門造《ちゅうもんづく》りの星家である。中門造りは前述のように秋田、山形、新潟、福島地方の雪深い地に見られる住宅形式で、「4 昔語りの家」で取り上げた南部曲り家の入り口が主屋とL型に突き出た厩との接合部にあるのに対して、中門造りの入り口は主屋から突き出た厩の正面にあるのを通常とする(図4・1)。

星家は近隣に残る中門造りと比較して軒の高さが低く、「1 千年家」でとりあげた皆河の「古井家」を思いださせるものがあった。創建は江戸時代まで十分に遡ることを窺わせた。しかしながら長年のあいだ茅屋根の手入れがされてこなかったために二〇一二～二〇一三年(平成二四～二五年)の豪雪により屋根が抜けてしまった。奥会津に残る茅屋根民家の内で、おそらくもっとも古い部類に属すると思われる建物が何の記録も残されずに消え去るのは忍びないことであったが、家主の星義秋さんはやむを得ず解体除去を決意された。私はこのことを知って星さんに解体前の事前調査を申し入れたところ快諾を得た。調査はわずか三日間の簡易なものであったが、以下はその調査から得られた知見の一部である。

星家は代々新屋敷の手前の小高林集落にある室山熊野神社の太夫(神主)を勤めてきた家系である。室山熊野神社は〝戦の神〟として武運長久の信仰が篤く、戦時中は遠くの集落から山越えで多くの人たちが参詣した。星家も元は小高林にあったが火災に遭い、そのとき馬が逃げてきて休んだ処に居を移したと言う。星家には長さ五メートルに及ぶ長大な系図「木賊神官星家之系」が残されており、それには一五九二年（文禄元年）に新屋敷へ移住したと記されている。新屋敷は三、四軒で集落を構成していた様子で、冬は三メートル近い積雪により隣の集落から閉ざされる。「11 枝郷の家」で述べたが東北地方ではこのようにある程度戸数のまとまった村から離れて数戸からなる集落があるが新屋敷もそのような端村《はむら》の一つである。

調査時に建物の外部廻りは冬の雪囲いのために波型トタンで覆われていた。それらを撤去すると創建時のままと判断される柱、壁が顕れた。開口部はアルミサッシに変えられていたが、星義秋さんによると昭和四〇年代半ばに室内が大幅に改築され、そのときにアルミサッシが取り付けられたとのことであった。住宅用アルミサッシは昭和四〇年代に入って急速に普及しており、雪深い奥会津の住まいにも大きな影響を与えたのである。

図12・2は解体時の平面図である。星義秋さんの話からこの図を見ると、これまでたびたび触れてきた民家における就寝形態について興味あることが判る。星さんは両親と星さんたち子供四人に祖父母の八名で、この家で生活していた。両親と星さん親子の六人は「ざしき」を寝室とし、祖父母は「うわえん」に接する「へや」を寝室にしていた。祖父が亡くなった後、祖母は「したえん」脇に新たに増設した「へや」に移り、星さんの両親が「うわえん」側の「へや」に移動している。当主夫妻が「うわえん」側の「へや」を主寝室とし、家督を次世代に相続させた後は「したえん」側の「へや」に移動するという就寝形態は舘岩地方では近年まで続いてきた。一方、「どま」側の

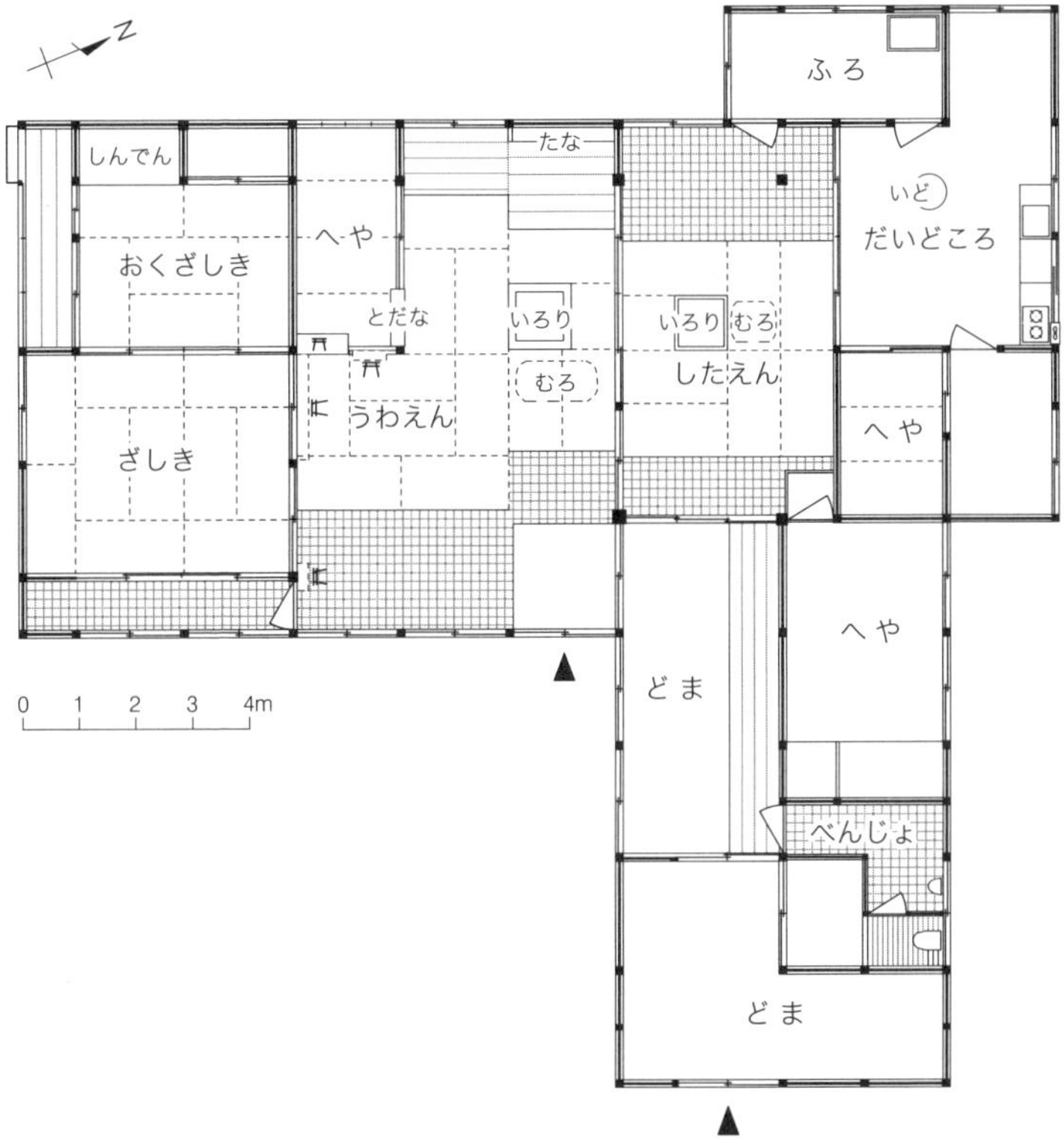

図 12・2　星家解体前平面図（2013 年 5 月 24、25、26 日調査）

「へや」は昭和四〇年代半ばに改築されたもので子供部屋として使われた。ここには子供に独立した部屋を与える昭和四〇年代になってからの傾向が見て取れる。

寝室としての小部屋は「2 花祭の家」「8 兜造りの家」でも見たが、ちなみに「2 花祭の家」で見た熊谷家における縁側の寝室は昭和になってから増設されたものであるし、星家の「したえん」側の「へや」と「どま」側の「へや」の増設も戦後になってからであることに留意しておきたい。世代交代に伴う当主の寝室の移動が始まる以前の就寝形態については、家族のそれぞれが個室を持つのが当たり前になった私たちの生活からするとなかなかその像を結ばない。

以上のほか、星家では奥の座敷を「しんでん」と呼び、一段上がった床の間に「天照皇大神《あまてらすすめおおかみ》」「八幡大菩薩」「春日大明神」「住吉大明神」「玉津島明神」を横書きにした軸を掛け、その前に幕と鈴を垂らして祭壇としていた。万《よろず》の神々を勧請して祀っているところに総社の趣があり、奥深い山村らしい地での信仰のあり方が感じられる。また「うわえん」には神棚が設けられている。図12・4の三戸兵衛家に見るとおり一般の家でここは仏壇の位置である。この他、星家には「ざしき」と「おくざしき」に縁が設けられていることに注目を要する。「ざしき」の外の縁はアルミサッシが取り付けられる以前には建具がなかったと星義秋さんの叔父の義勝さんは語っており、このことは調査でも確認でき、後述するが星家のルーツを知るうえで重要な要点である。

推定復原と創建年

昭和四〇年代の増改築時にかつての土間廻りが大幅に改変され、さらに「うわえん」「したえん」に天井が張られ、壁廻りも化粧合板で覆われた。調査時にこれらを撤去したら創建時のままと思われる構造躯体が顕わになった。図12・3、6はそれらの実測調査によって作成した復原図である。

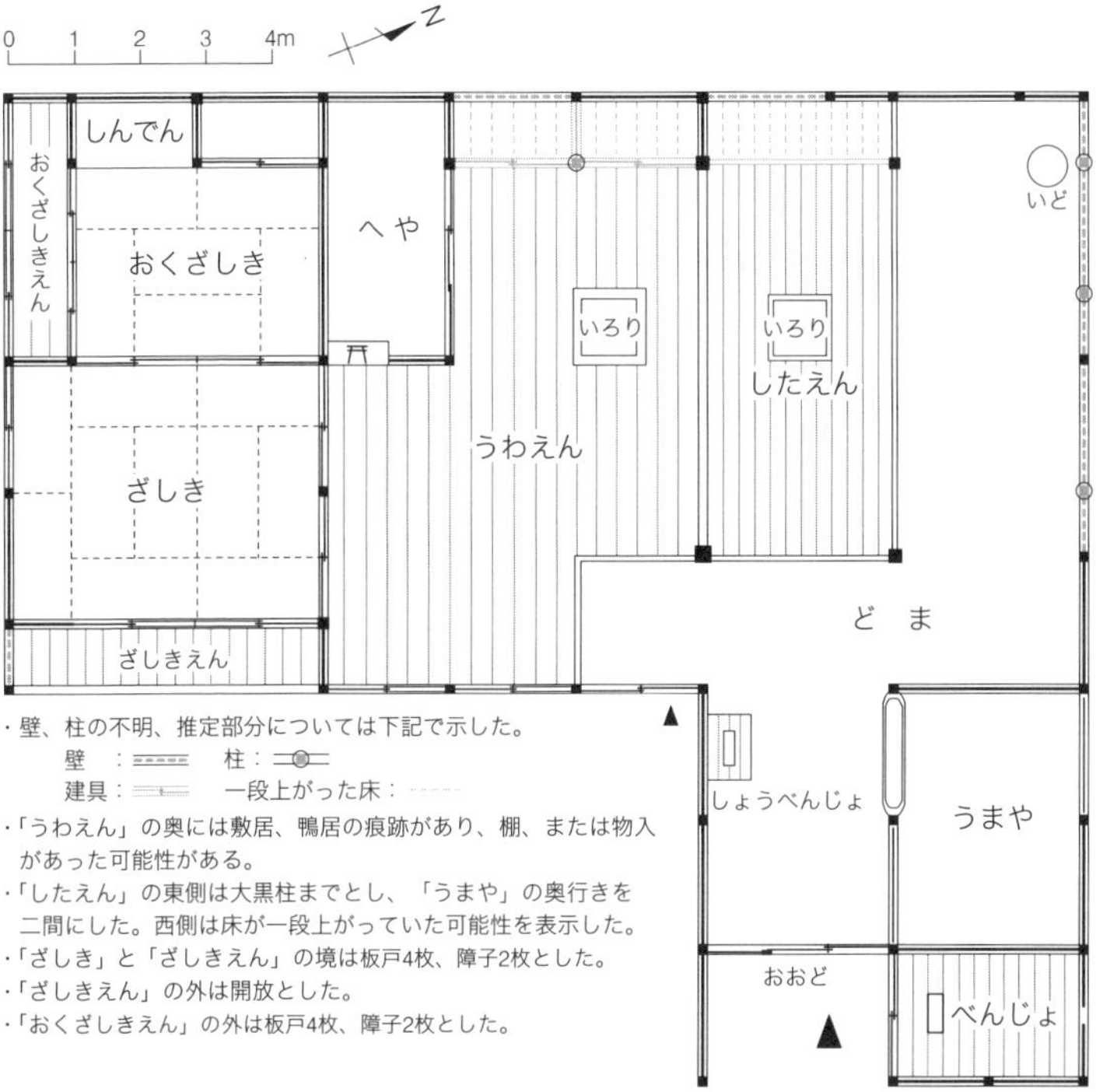

・壁、柱の不明、推定部分については下記で示した。

・「うわえん」の奥には敷居、鴨居の痕跡があり、棚、または物入があった可能性がある。
・「したえん」の東側は大黒柱までとし、「うまや」の奥行きを二間にした。西側は床が一段上がっていた可能性を表示した。
・「ざしき」と「ざしきえん」の境は板戸4枚、障子2枚とした。
・「ざしきえん」の外は開放とした。
・「おくざしきえん」の外は板戸4枚、障子2枚とした。

図 12・3　星家推定復原平面図

子供部屋であった「へや」廻りを解体した結果、母屋の東側にL型に突き出した部分が「うまや」であり、その外に「べんじょ」があったことが判った。玄関の「おおど」を入ってからの土間は母屋の北側奥まで続いており、「うわえん」と「したえん」の床は板敷きで、部屋境に建具がなかったことも判明した。

この平面構成は新潟県魚沼地方の典型的な「中門造り」の影響を受けたものである。ただし、「うわえん」に突き出すようにしてある「へや」の位置は魚沼型中門造りと異な

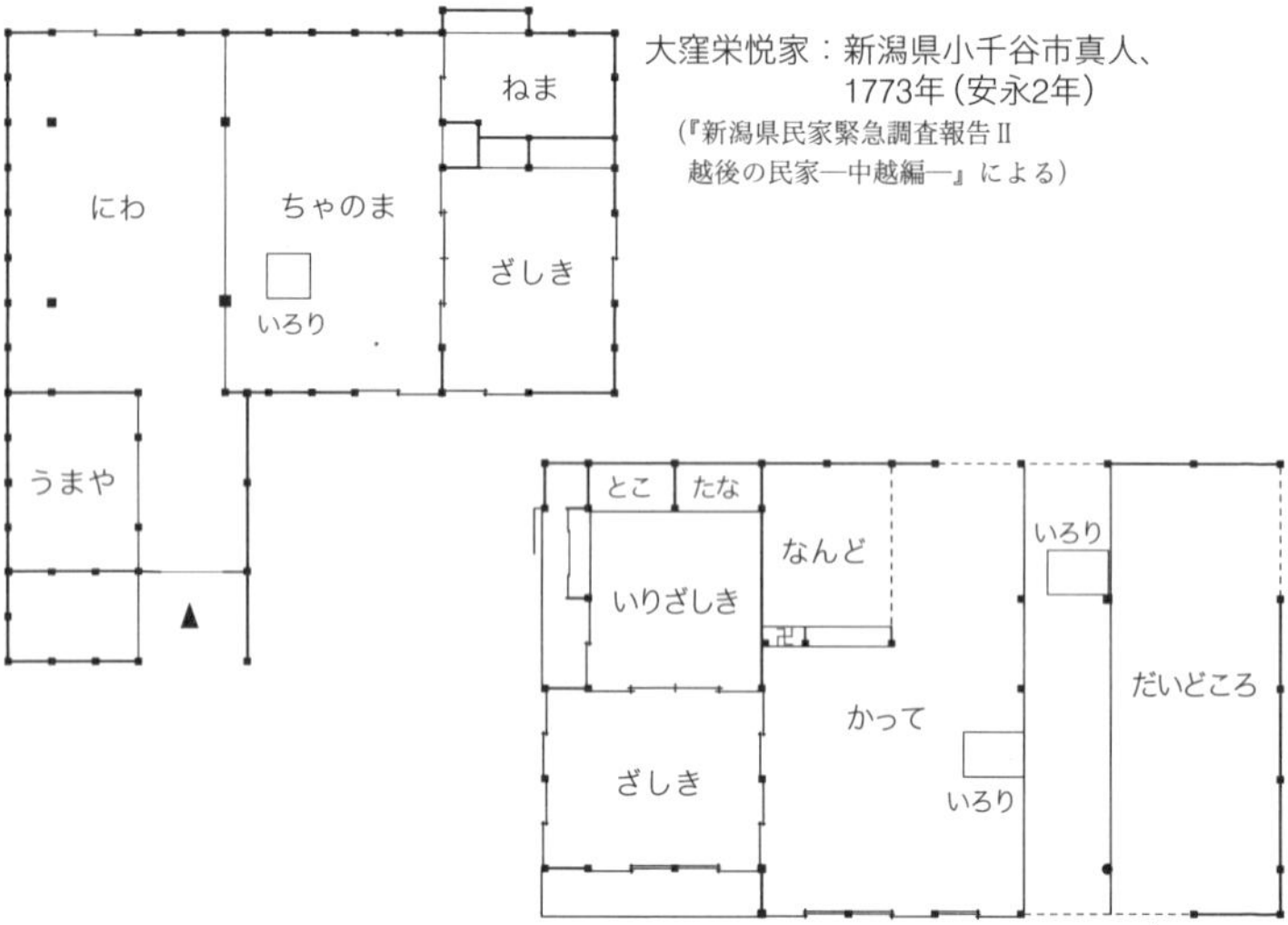

大窪栄悦家：新潟県小千谷市真人、
1773年（安永2年）
（『新潟県民家緊急調査報告Ⅱ
越後の民家―中越編―』による）

三戸兵衛家：いわき市下川字宿ノ川、
明和年間（1764〜1771年）以降
（『民家緊急調査報告書 福島県の民家 Ⅲ いわき』による）

図 12･4　魚沼型、いわき型平面比較

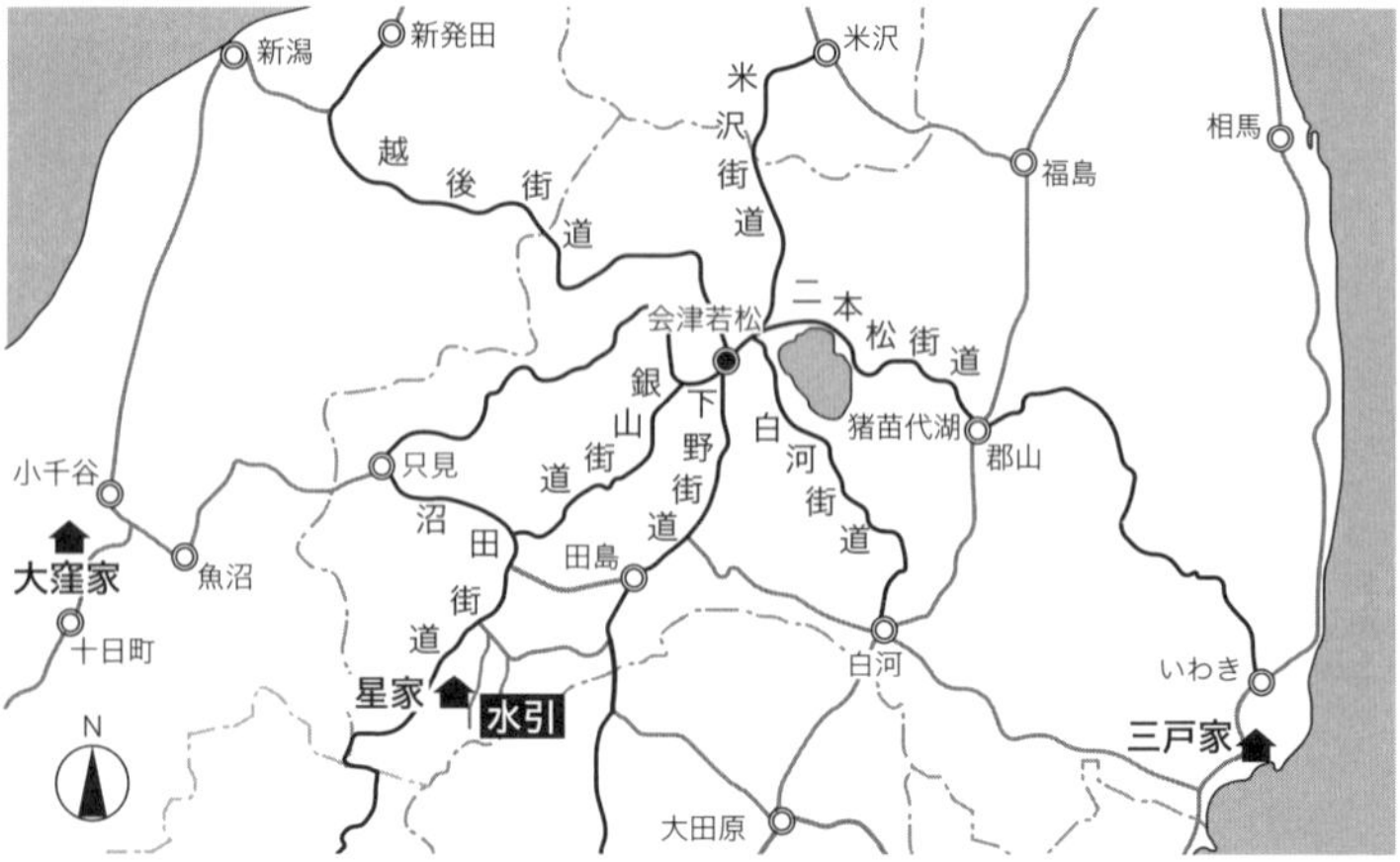

図 12･5　街道図

る。「へや」は前述のとおり当主夫婦の寝室であるが、魚沼など新潟地方の中門造りでの「へや」は「ざしき」の北側に置かれるのを通常とする。星家のように当主夫婦の寝室が「うわえん」に接して配置される例は魚沼地方になく、太平洋側のいわき地方の直屋に見られるものである。また「ざしき」前の建具のない開放型の縁は雪深い奥会津に似つかわしくない。「ざしき」と「おくざしき」の構成が星家と同様で、両部屋ともに縁を持ち、「ざしき」前の縁が建具のない開放である例は一七六四〜一七七一年（明和年間）に建てられたいわき市の三戸兵衛家に見られる。

以上を考え合わせると、星家は日本海側の中越系中門造りと太平洋側のいわき系直屋《すごや》の形式が折衷してできていることになる。つまり新屋敷のある奥会津地域は、会津若松から南下してくるものよりも、日本海側から小千谷、魚沼、只見を経て入ってきたものと、太平洋側からいわき、白河、田島を経て入ってきた文物の交差点であったことを窺わせるのである。

次にはこの建物はいつ建てられたのかが問題となる。これに関して調査に協力をいただいた南会津町教育委員会の河原田宗興さんが、襖の下張りからたいへん貴重な文書を発見された。そこには新屋敷に移住した第三四世星義安の建てた家が消失したので第三九世星義久が「八間×四間三尺下屋」の家を再建し、その後、新屋敷に数度の火災があったが火難を逃れてきたとある。系図によると第三九世星義久は一七四八年（寛延元年）に死亡したとしているので解体された家は一八世紀前半に建てられたことになる。ただし、この文書の記載から創建年を即断することはできない。復原した平面は八間半×四間半で、「ざしき」と「おくざしき」の縁を三尺下屋と読むと「八間×四間三尺下屋」に符合するがこれは推定の域を出ない。また、文書は東側に突き出た中門のことを書いていない。中門はこの文章が書かれた後に増築された可能性を否定できないが、小屋裏に上って母屋と中門との取合い部分を確認したところ、中門は創建時からあったものと判断した。

星家に見るような前中門は中越地方ではすでに一八世紀前半に発生しているが、普及するのは上層農家で一八世紀の中ごろ、小規模な家に付くのは一九世紀初めになってからとされる。ちなみに奥会津地方に保存されている茅屋根民家を見てみると一七一八年（享保三年）創建の重要文化財に指定されている旧五十嵐家（只見町）には中門が付いていない。享保五年前後の創建とされる旧馬場家（会津民俗館移築）では中門の出が小さく、前中門として十分に発展していない。前中門の完成形が見られるのは一七八一〜一七八九年（天明年間）の旧斉藤家（南郷民俗館移築）、一八〇七〜一八〇八年（文化四〜五年）の旧馬場家（福島民家園移築）である。

これらを配慮したうえで、星家の構造形式がもっとも良く現れている「うわえん」「したえん」境を見ると正面の東側では一間入ったところに大黒柱を立て、背面の西側では三尺入ったところに小黒柱を立て、これを背が四八センチの指物で繋いでいる（図12・6）。この手法は中越地方の中規模の家の形式に類似するが、指物の背が広いことからすると一八世紀前半までは遡らない可能性を感じさせる。また、中越地方で二室続きの座敷を持つものは、上層農家では一八世紀中ごろに現れるが、広く普及するのは一九世紀になってからとされる。このことからも襖の下張りの文書から星家の創建を一八世紀前半に遡らせることに疑問が残る。平面構成、構造架構の編年からすると一八世

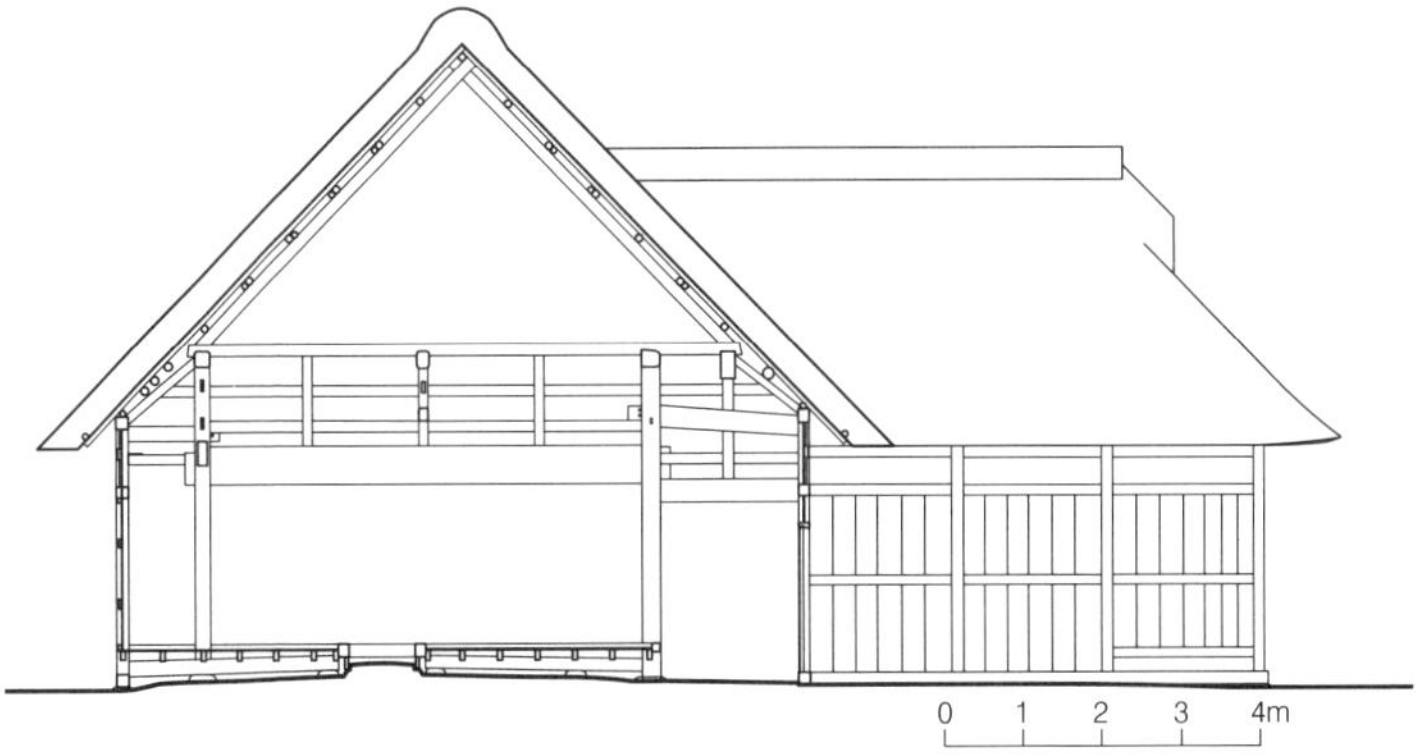

図 12･6　星家復原断面図

紀後半から一九世紀前半に創建年代をおくことを排除できないのである。もし創建を一八世紀前半におくとすると図12･3に示した中門は後補で、「したえん」も土間であった可能性が生じるが、残念ながらそれを検証することはできなかった。

ともあれ、古文書の記載にしたがって星家の創建を一八世紀前半まで遡らせるにしても、一八世紀後半から一九世紀前半とするにしても、星家が奥会津地方の民家の歴史を考えるうえで重要な存在であったことに変わりない。それが十分な調査も何の保存処置を加えられることもなく解体除去されたのである。奥会津には星家のほかにも中門造りを中心として何軒かの茅屋根家屋が残っているが、その多くは空き家になっており、いずれ近いうちに屋根が崩落したり倒壊したりするものが少なくないであろう。

山間の水引集落《みずひきしゅうらく》

星家のあった新屋敷が属する舘岩地域には中門造りを中心とする茅屋根が群として残る集落が二つある。その一つは二〇一一年（平成二三年）に国の重要伝統的建造物群保存地区に選定された前沢集落で、ここでは今も生活がなされている一一棟の家屋と、南会津町が管理する建物が三棟残っており、重要伝統的建造物群保存地区に選定されたことにより年々整備が進んでいる。もう一つは水引集落で、こちらには七棟の生活住居が残っている。前沢と水引とは八キロあまりしか離れておらず、同じ地域に茅屋根家屋が群存する二つの集落が残っているのは全国的に見てもここだけかと思われる。両集落の家屋ともに中門造りを主体とするが、集落の配置構成は異なっている。前沢が山を背にして袋状に家々が集まっているのに対して、水引は集落を縦断する道に沿って茅屋根が並んでおり、集落の形成過程、景観構成を考えるうえでも貴重な存在である。

実はこの二つの集落は昭和四〇年代に文化庁の支援で行われた全国の民家緊急調査の対象から漏れており、あまり巷間に知られてこなかった。これに対して旧舘岩村が一九八〇年（昭和五五年）に過疎化対策の一つとして高杖《たかつえ》高原スキー場の開発を立ち上げた際、事前調査のために入村した東京芸大藤木忠善助教授は村内に残る茅屋根民家に注目し、地域遺産としての重要性を村に進言した。当時、旧舘岩村村長であった星力《ほしちから》は「何の変哲もない茅屋根の曲家《まがりや》が重要な文化財であるとの教

図 12･7　雪の前沢集落

示を受けたことは、まさに衝撃であった」と書いている。ちなみに旧舘岩村に隣接する檜枝岐村《ひのえまたむら》では、奥会津の深奥であるにもかかわらず昭和四〇年代に茅屋根家屋はほとんど残っていなかった。檜枝岐村は一九六〇年（昭和三五年）に只見ダムが開発されたことにより立地村として大規模固定資産税の増収、交付金の恩恵を受けて防災上の配慮から村内に残る茅屋根の上にトタンが被せられた。檜枝岐村に限らず茅屋根集落は過去に全戸が消失するような火災を何度も経験しており、防火対策は茅屋根を持つ自治体にとって重要課題であった。電源立地地域対策の濃淡は茅屋根の残存に大きな影響を与えたのである。

ある面で近代化から取り残されていたとも言える旧舘岩村は、思いがけない指摘を受けて村内の茅屋根調査を藤木助教授に委託した。さらには一九八八年（昭和六三年）に「環境美化整備基金条例」を制定し、前沢と水引の二地区を保存地区に指定し、茅屋根の補修、外壁の改修に対して工事費の三分の二を助成することにした。文化財の指定を受けていない個人財産に対する公的支援は全国でも珍しい制度であった。これによって前沢、水引の茅屋根家屋は他の地域で普及したようにトタンが被せられることもなく、生活住居として維持されることになった。さらに村は観光資源として茅屋根を検討するようになる。ちなみに旧舘岩村の近くには一九八一年（昭和五六年）に重要伝統的建造物群保存地区に選定された大内宿がある。大内宿は山村の茅屋根宿駅として全国的に注目され、一九九八年（平成一〇年）には観光客の入り込み数がすでに六〇万人を超え、地域おこしのモデルとなっていた。過疎化の進行にさいなまれる旧舘岩村が村内にある二カ所の茅屋根集落の

図 12·8　水引集落遠望

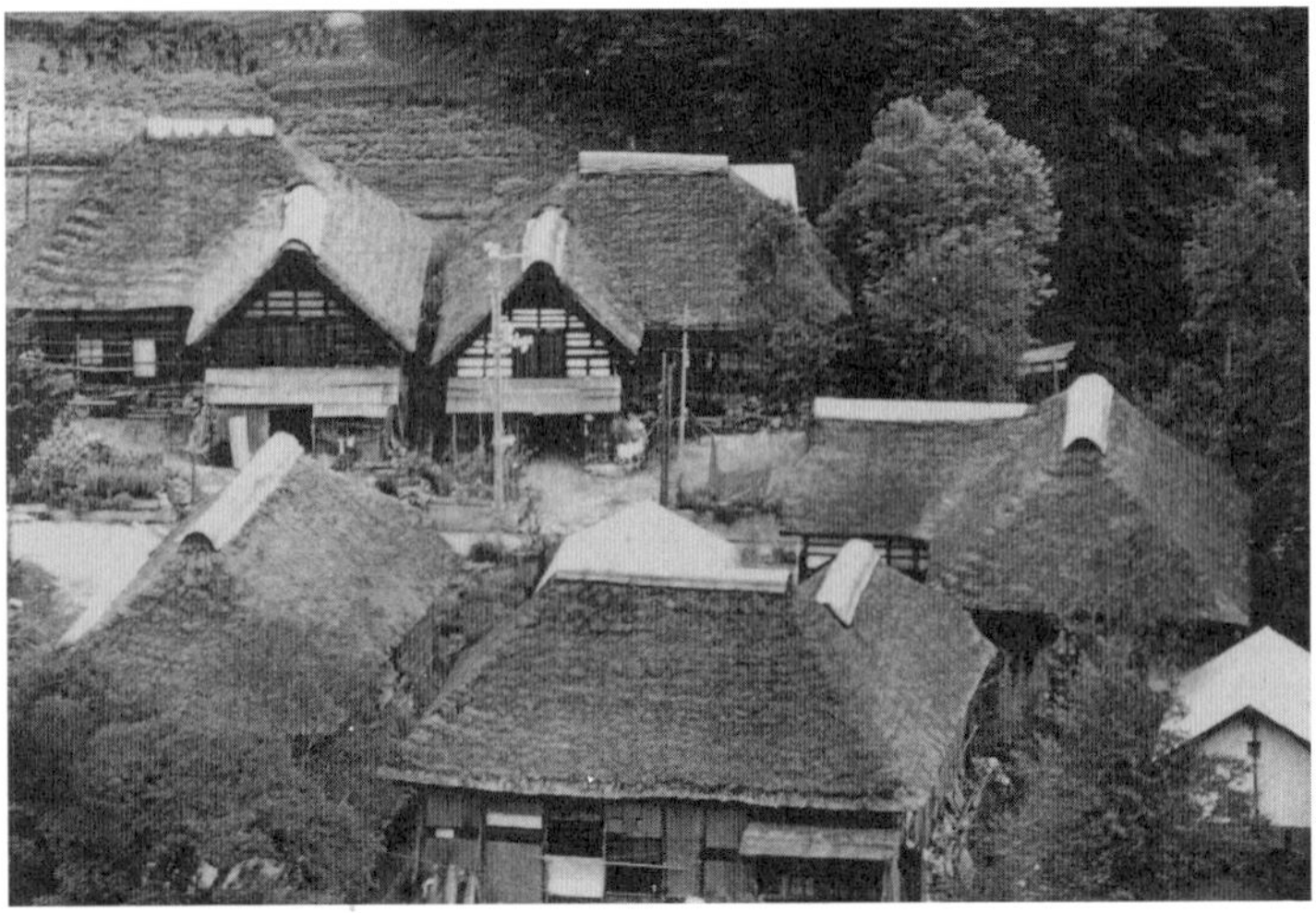

図 12･9　昭和 30 年代の水引集落(写真提供：五十嵐恵子)

図 12･10　水引集落全域図

図 12・11　集落、近隣の協力で屋根が崩落した家の茅の最終処理

保存と同時に、それらを地域再生資源と見なそうとするのは自然の成り行きであった。しかしながら村が二つの茅屋根集落を均質に整備していくことは容易ではなかった。前沢集落は国道三五二号に面しているのに対して、水引は国道からさらに山間部に入り込んだ谷間にある。自ずからインフラをはじめとする環境整備は前沢に比重が置かれるようになった。加えて、水引では保存地区指定の直前に二戸が、指定後も一九九六年（平成八年）に一戸が取り崩された。二〇〇〇年（平成一二年）にはそれまでトタンで覆われていた一戸が民宿を開業するに当たって茅屋根に復旧したものの、二〇〇四年（平成一六年）に田島町、舘岩村、伊南村、南郷村の一町三村が合併して南会津町になるに伴って従前の「環境美化整備基金条例」は「南会津町ふるさと景観づくり推進基金条例」に吸収され、水引への支援は住民合意が得られない

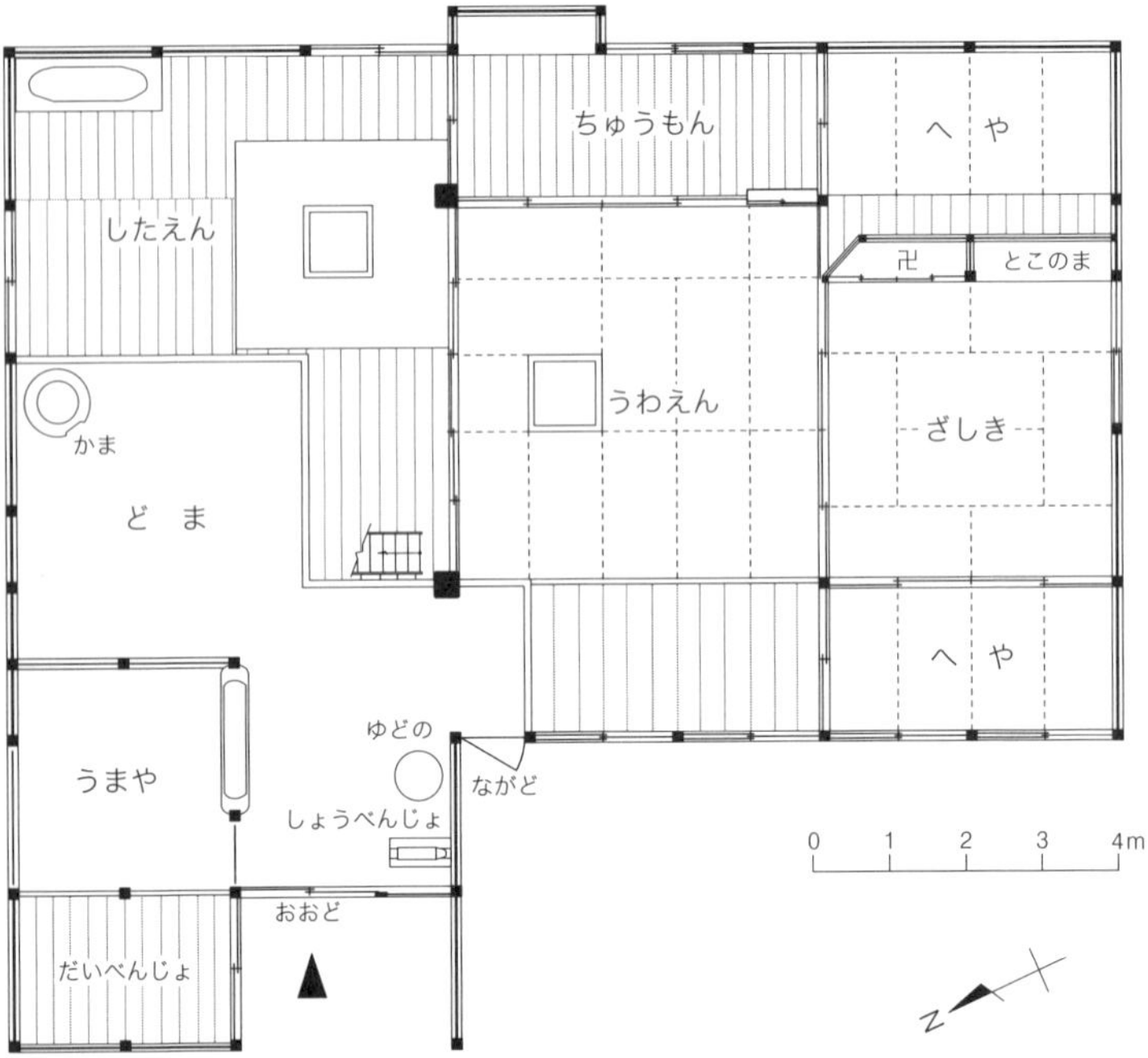

図 12・12　屋根が崩落した家の復原平面図

ことを理由に打ち切られた。このような経過を経て前沢集落だけが重要伝統的建造物群保存地区の選定を受けることになったのである。この間に奥会津一帯は二〇〇五年（平成一七年）の暮れから二〇〇六年（平成一八年）にかけて、東日本の広範囲で大雪となった一九八六年（昭和六一年）の「六一豪雪」以来の記録的な豪雪に見舞われ、かつ例年に増して湿った雪であったために、水引では積雪に耐えられず一軒の茅屋根が崩落した。さらに他の二軒の茅屋根にも雨漏りが始まり崩落が心配される状態となった。

屋根が崩落した家は集落の中に

いつまでも放置されたままであった。一軒の家を解体除去するには数百万円を要する。一人暮らしの年寄りにその負担は重すぎた。水引集落は国立公園尾瀬田代山の田代山への登山口に至る道に面しており登山客を乗せたバスが通る。バスの中で屋根の崩落した家を指差して談笑する姿がしばしば見受けられた。その光景は都市と地方の断層を象徴的に表象していたと言ってよい。このことに心を痛めた私は集落の人たちに、みんなで崩落した家の片付けをすることを呼びかけた。早速に集落の人たちをはじめとして近隣の人たち、役所の職員を含めて総勢三〇人近い人たちが集まって屋根の崩落した家の解体処分を行ったのである。私はこれを契機にして残る七軒の茅屋根を維持していく方策を模索することになる。

なお、屋根の崩落した家は創建以来あまり改造されてこなかった様子で、片付けの際に採取した平面から復原図を作成した（図12・12）。

茅屋根支援NPO法人の設立

水引は新屋敷と同じように、国道三五二号を旧舘岩村の中心地である松戸原《まつとはら》から湯ノ岐川《ゆのまたがわ》に沿って六キロばかり南下した最奥の集落である。集落の起源には平家落人が住み着いたとする説と、良好な湧き水に魅せられた三人の猟師が定住を始めたという説がある。前者は奥会津辺りでもよく言われる俗説で、おそらく後者が起源であろう。現在の水引は集落を南北に走る県道田代山線に沿って二九戸からなる。世帯数、人口構成を見ると一六九六年（元禄九年）の宗旨改の際の帳簿では九戸九四人で、その後微増し、一八七一年（明治四年）には一四戸となり、大正から昭和にかけての「開墾移住家屋条例」による補助を受けて分家が行われ、一九八四年（昭和五九年）には三四戸一二一人となっている。この内、古くからの家を旧戸、「開墾移住家屋条例」補助によって分家した家を新戸と呼んでいるが、旧戸の家々が茅屋根として残されてきた。一九八四年の調査報告書には一三戸の茅屋根家屋が採録されており、その内訳は直屋二戸、中門造り一一戸である。

水引は一八八六年（明治一九年）と一八九六年（明治二九年）の二度にわたって全戸が消失しており、採録された一三戸はいずれも一八九六年の火災後に越後大工により再建されたものである。各家の平面構成は魚沼地方の中門造りの系譜でほぼ同一の形式をとっており、図12・12に見るとおり「うわえん」の後ろに「ちゅうもん」と呼ぶ部屋を各家ともに持っている。この「ちゅうもん」という呼称はおそらく新潟地方の中門造りから来たものと思われるがその用途ははっきりせず、現在は物置部屋として使われている家が多い。前述のとおり旧舘岩村からの支援が廃止されるまでに四戸が、廃止後に一戸が解体され、さらには二〇〇六年（平成一八年）の雪で一軒の屋根が崩落したので、現在残るのは七戸であるが、茅屋根が道に沿って並び、遠望すると山々を背景にして山村の穏やかな風景を留めている（図12・8）。

現在、茅屋根集落として重要伝統的建造物群保存地区の選定を受けたものは白川郷・五箇山、京都府の美山、福島県下郷町の大内宿、加えて前沢集落が著名であるが、いずれも選定による整備が進んだことで以前の生活様態が変化し、建物の外観に留まらず日常の生活基盤まで大きく変化している。とりわけ白川郷荻町と大内宿の観光地化による変容は、そこで自然との共生が行われていたかつての山村集落の景観とはまるで違ったものになっている。その点、水引の佇まいは高度成長期以前なら何処にでもあった山村風景を手付かずのまま残していた。私はこれをいわゆる文化財保存とは異なる方法で維持していく方法はないかと考えた。いったん文化財の指定、または重要伝統的建造物群保存地区の選定を受けると、建物は文化庁の方針に従って創建時の外観に復し、それを維持することを原則とする。また、補修に当たってはさまざまな規定が定められており、所有者の自由意志では直せない。そのことによってそれぞれの家が育んできた歴史やさまざまな出来事が消し去られていく。これに対する反措定として水引での茅屋根の維持を考えたのである。

このような考え方から私は水引の茅屋根を支援するNPO法人を立ち上げた。以下に私が試みた水引への支援とそこから得た問題を記したい。

茅屋根を維持するには相応の財源がいる。そのために一般会員を募り、一方で財源の確保に努めた。幸い数社の企業と篤志家の理解を得て傷んだ家の補修を実施していく当面の原資を確保することができた。そのうえで一般に呼び掛けて茅刈りツアーを企画した。水引には集落の上《かみ》と下《しも》に全国的にも珍しく昔からの茅場が残されていた。茅場のススキは畑のための堆肥として一部は利用されていたがほとんど放置された状態であった。茅場は放置しておくと柳などが自生していずれは雑木林となっていく。水引の茅場は茅屋根と一体になったきわめて貴重な生活文化遺産であることを地域内外の人たちに呼びかけて集落の人たちと一緒にすすきを毎年刈り取り、整備していくことを目論んだのである。

次の問題は茅屋根職人を探すことであった。すでに水引の近隣に茅屋根職人は見当たらず、この作業は容易ではなかった。まずはウエブを通して栃木県にある茅屋根専門会社に行き当たり、この会社の紹介を得て大内宿のある下郷町の親方の下で茅屋根職人の修行をしていた堀江篤郎さんに出会ったのである。堀江さんは東京の大学を出た後、会社勤めをしていたが、退職して高杖高原でペンションを営む父親の元に身を寄せながら茅葺き職人の修行をしていた。何軒かの家は屋根を支える下地が劣化していたし、外壁も相当に傷んでいたので大工も不可欠である。幸いにして水引の近くの角生《つのう》集落で大工棟梁の星郁夫さんに出会うことができた。こうして二人から採算を度外視した協力を得ることになった。

工事はまず雨漏りが始まり、屋根にブルーシートが掛けられていた家の外壁、屋根の全面改修から着手した。傾いた家をジャッキで起こして外壁を整えてから、屋根の補修にとりかかった。屋根の差し茅に使う材料の一部は茅刈りツアーで賄うことにしたが、募集をしてみると首都圏を中心にして三〇人近い人たちが集まった。東京から水引までは片道四時間を要するが、山村と茅屋根に思いを寄せる人たちが大勢いることに認識を新たにすることになったのである（図12・13、12・14）。

図12・15は外壁、屋根の全面改修をした家の図であるが、工事とともに家の採図をして記録として残していくことにした。この家は敷地の関係で厩中門の張り出しが少ないが、「うまや」「だいど

図 12・13　傾いた家をジャッキで起す

図 12・14　集落の長老の指導で茅刈り

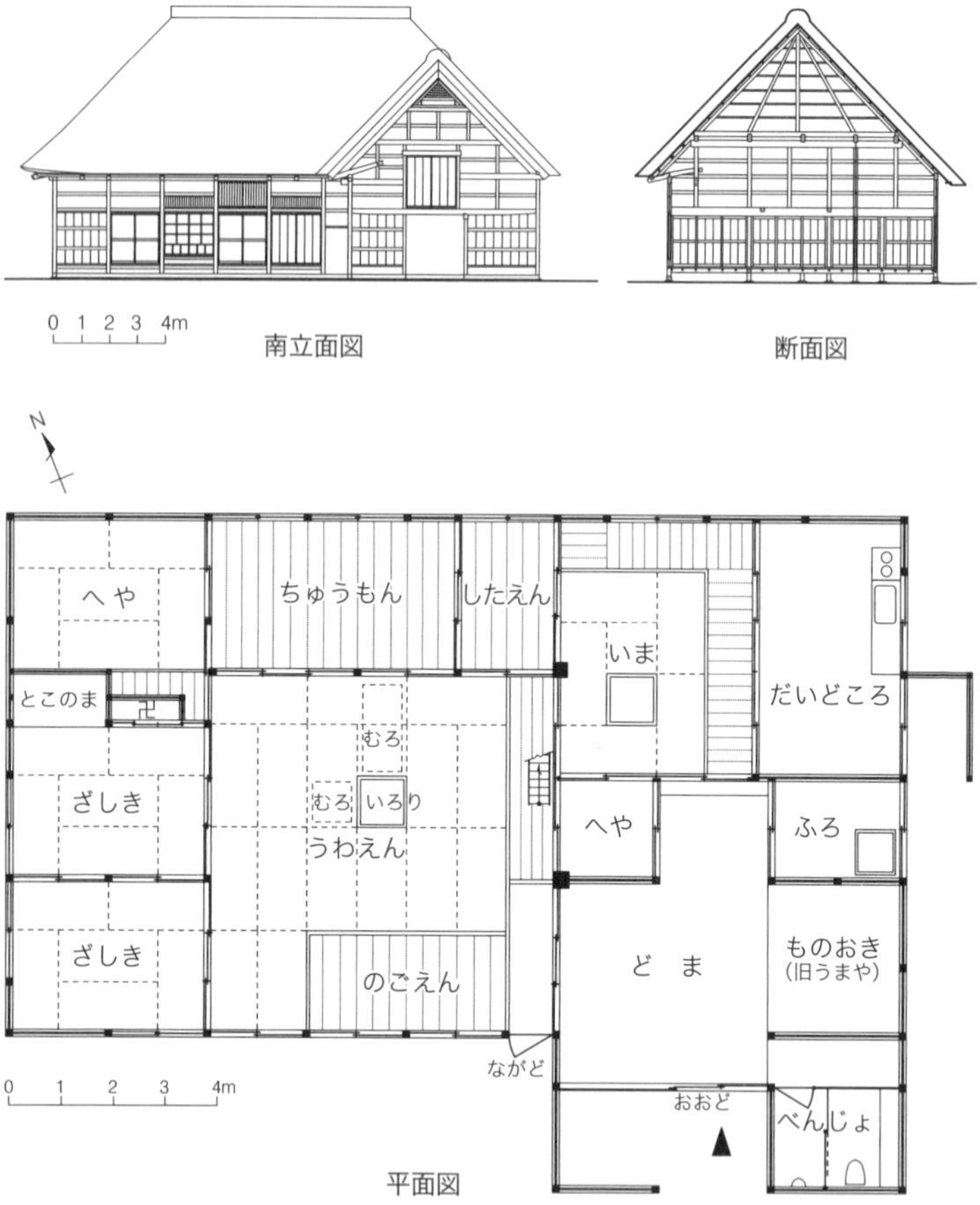

図 12･15　外壁・屋根の全面改修をした家

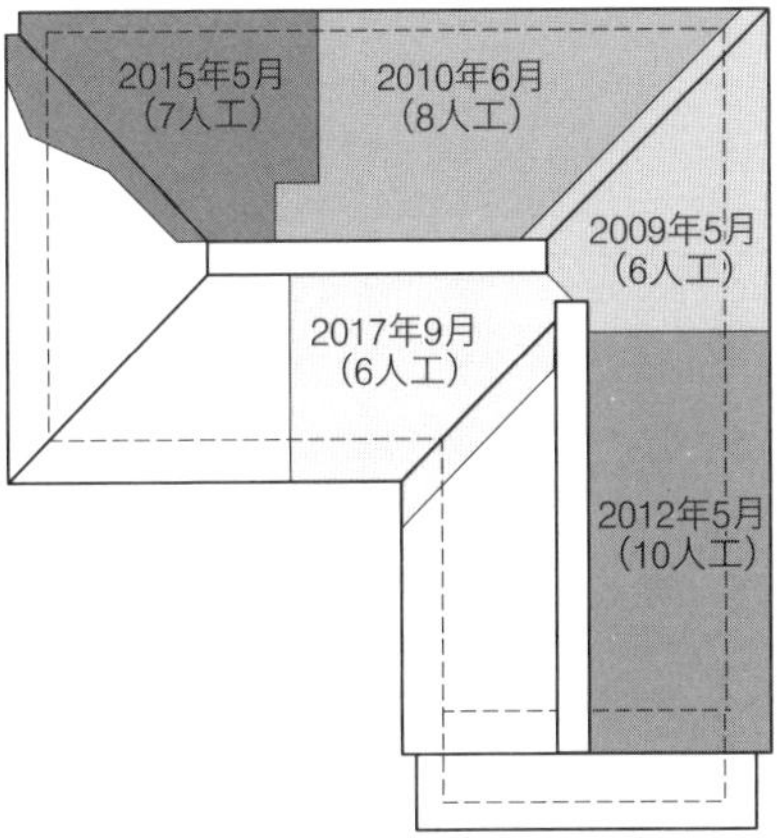

図 12・16　差し茅補修記録

ころ」「ふろ」など「どま」まわりに改造が見られるが、創建時の旧態を良く残していた。

　この工事を契機にして茅刈りツアーを毎年行うことになったが、二年目には話を聞きつけた人たちが県内外から駆けつけ五〇人近い人が集まった。三〇人を超えると集落の受け入れ態勢を超えるので三年目からは公募を止め、リピーターを中心にして毎年の茅刈りを実施することが恒例となった。

　こうして茅刈りツアーで刈った茅を冬に乾燥させ、雪が解ける五月を待って傷みの激しい家から順番に堀江さんに補修をしてもらうシステムが数年の内に出来上がった。補修に当たっては茅を全部取り除くのではなく、表層の傷んだ部分だけを抜き取り、そこへ新たな茅を差し入れていくもので、これは秋田の風間さんを紹介したところで述べた差し茅の手法である。この差し茅の合間に星郁夫さんの手で外部廻りの補修が実施された。これらの工事箇所は毎年記録に残し、七軒の家が平等に循環補修されていく配慮もした。

　今まで写真や絵画の好事家がたまに訪れるだけであった水引に毎年大勢の人が来て茅を刈り、屋根の補修が始まったことに地域の人たちは驚いた。水引の茅屋根の将来を心配していた近住の人の中には大量の茅を刈り取ってNPO法人に提供する人も現れた。いったん見放した形になっていた役場も協力を惜しまず、茅刈りツアーのときなどNPO法人が企画するイベント時には職員を派遣したり、車両の提供をしたりするようになった。こうして晩秋の茅刈りツアーと春の差し茅補修が水引の恒例行事になったのである。この間にじゃがいもの植え付け、大根の種まき、収穫などを集落の人たちと一緒に行って交流を深めたりもした。

このようにして茅屋根の維持支援とともに、集落の人たちと首都圏を中心とする茅屋根に関心を寄せる人たちの交流が可能になったのは、NPO法人が一定の財源を確保したうえで活動を始めたこと、茅屋根に関心を寄せる人たちに会誌やSNSを通して情報を発信したこと、工事を工務店などの会社を通さずに茅職人、大工に直接依頼し工事費を格安に上げたこと、南会津町役場をはじめとして地域の人たちの協力が得られたことの四点によるところが大きい。この内の一つでも欠けたら七軒の茅屋根を維持していくことは困難になる。つまりこのシステムを継続していくことが次の課題となった。

茅屋根補修への助成再開

NPO法人の財源には限りがある。そんな折、南会津町は二〇一三年（平成二五年）に景観条例を制定し、そこに景観重要建造物の規定を策定したのである。これは二〇〇四年（平成一六年）に施行された国の景観法に基づいたものであるが、南会津町の景観条例では茅屋根家屋を景観重要建造物とし、屋根の維持補修への助成が定められた。茅屋根の補修工事に三分の二の補助を支給するというもので、環境条例の中に茅屋根への助成が組み込まれたのは全国的に見て画期的なものであった。ただし、助成は個人にはされない。景観法の考え方を受けて、良好な景観形成とまちづくり推進にかかわる団体が対象となる。これにはＮＰＯ法人の水引での活動が評価された一面があると密かに思われ、取りあえずはＮＰＯ法人が景観形成活動団体としての認定を受け、三年間の助成を受けた。そのうえでこの実績を茅屋根家屋の所有者たちに引き継いでもらうことを図ったのである。

ここには隠れた意図があった。ＮＰＯ法人の活動は二〇〇七年（平成一九年）から始まり、それ以来水引集落に対してさまざまな支援がなされたが、そのことにより茅屋根家屋の所有者たちが自分たちで自分の家を維持していこうとする姿勢が失われてきたように思われた。当事者たちの主体が失われたところでの外部支援は好ましいことではないと気づいた私は、所有者たちが新たにできた制度を自分たちで活用していく必要があることを説き、「水引茅屋根結ぃの会」の結成を呼びかけたのである。「結ぃの会」は七軒の茅屋根の内、後述する事情があって一軒は抜けたが六軒によって結成された。所有者の大方は年金生活者であるので脱落者を極力なくすために月々一〇〇〇円ずつを積み立てることにした。年間の積立額は六軒で七万二〇〇〇円であるが、この内六万円を毎年供出すれば町から一二万円の補助を受けて総額一八万円の補修工事ができる。差し茅工事は茅職人の堀江さんに直接依頼するし、足場は家の所有者たちの協力で組み立てることもできる。屋根材料の

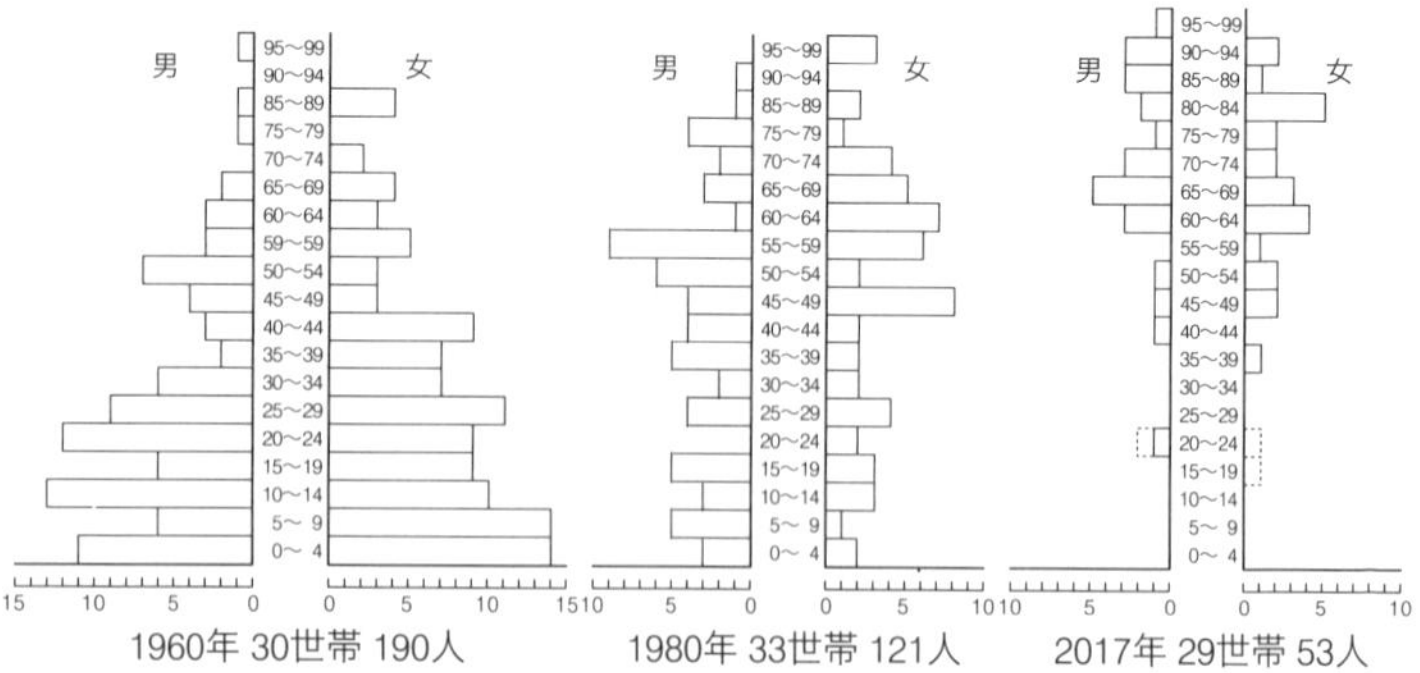

図 12・17　水引集落の人口マクロトレンド

（1960 年、1980 年は山本充『奥会津の山村舘岩村における生活形態の変化』による。2017 年は年齢別人口統計表（EUC）から作成。破線は住民票を置くが、地域外で就学。）

茅は首都圏を中心として毎年訪れる茅刈りツアーの人たちで刈り取られたすすきが用いられる。この方法によれば工務店や茅屋根専門店に依頼する場合の三分の一程度の費用で茅屋根を維持していくことができる。加えて有志から「結いの会」への支援があれば、補修する家を毎年二～三棟にすることもできる。このようにして二〇一七年度（平成二九年）から茅屋根の所有者が自分たちの主体で茅屋根を維持していくシステムが整ったのである。これに合わせて茅刈りツアーを若い世代に引き継いでいくことを目指してＮＰＯ法人の組織替えも行った。

しかしながらこれで万事整ったというわけではない。図12・17に水引集落の人口推移を示したが、ここには現在のわが国の中山間地域の現状を見ることをできる。一九六〇年（昭和三五年）ではおおむね正規のピラミッド型をしている。しかしよく見ると三五～三九歳、一五～一九歳、五～九歳では男女のバランスを崩している。五～九歳の男児が女児に比して少ない原因は確定できないが、三五～三九歳男性の減少は都市部における急激な雇用の増加に伴う流出、一五～一九歳男性の減少は就労、就学に伴う流出であろう。一九五〇年代末から壮年、若年層の流出が始まり、二〇年後の一九八〇年(昭和五五年)では完全にピラミッド型が崩れている。男性に比べて出産年齢女性層の減少も顕著である。さらに、一九六〇年から五七年後の現在は、三〇歳未満の男女はわずか四人、その内三名は住民票を置いているものの就学のために水引を離れており、卒業後もこれといった職業のない郷里に戻る可能性はほとんど期待できない。茅屋根の所有者たちの高齢化も進行しており、世帯主の平均年齢はすでに七〇歳を超えている。この三年の内にも居住者の死亡、療養のための移住により三軒が空き家になった。三〇歳未満の実質人口はなく、都会に出た者、現代風の家の生活になれた相続人たちが茅屋根に住む見通しはたっていない。

そんななか、空き家になった一軒は遠縁に当たる人の尽力でNPO法人が家の管理を任されることになった。町も積極的な支援に乗り出し、NPO法人は地区の人が主体となって国立公園尾瀬田代山の案内所、水引を訪れる人たちのゲストハウスにするなどのほか、地区の人たちと水引を訪れる人たちとの交流の場にすることなどを構想したりした。しかしながら崩落寸前になっていた茅屋根の全面改修と外壁廻りの補修工事が終わった段階で相続権者の末端から強烈な反対があり、町も仲介の労をとったがこの計画は頓挫した。他の空き家になった家も先祖から引き継いだ「家」への所有者の執着や、継続的な運営の見通しが付かないことなどから現状では芳しい方向は見えていない。全国的にも珍しく現在まで茅屋根家屋が生活住居群として残り、かつての山村の風景を留めて

図 12・18　水引“山桜の森”イメージ図

いる水引集落であるが、その将来にはさまざまな可能性がある一方で、所有者の高齢化、所有に対する根強い執着から終わりが来るようにも思われる。このところ集落の周辺には田んぼが見られなくなったし、耕作放棄地も増えてきた。今のところ熊の出現の話は聞いていないが、鹿、猪《いのしし》が山から下りてくるようになった。山と郷《さと》の境界に変化が生じ、野性の領域が広がりつつあるように見られる。

ＮＰＯ法人は有志の方々を募って基金を集めるとともに、民間企業の環境基金の助成を受けて、集落の外延の耕作放棄地とそれに続く谷の一部に山桜の幼木を二〇〇本と辛夷《こぶし》の成木二本を植樹した。辛夷は奥会津の遅い春一番に白い花をつけ、長い雪の冬からの再生を告げてくれる。山桜の幼木はやがて生長し、ソメイヨシノを見慣れた都会の人たちに山村の優しさ、懐かしさを語りかけるだろう。二〇〇本の山桜と二本の辛夷は、江戸時代の入植以来、過酷な生活をしのいできた集落の人たちと、これまで茅刈りツアーをはじめとするさまざまなイベントに参加した延べ三〇〇人を超える人たちの思いの象徴となり、家の終わり、集落の終焉、そして家を残すことの意味を問い続けるに違いない。

13

消える家

あのよ、私のよ、お祖母さんから、聞いた話だけんど、一〇〇年前か二〇〇年前か、知んねんけどよ。山の方にお嫁に行ぐど、税金が、殿様からかからねぇって、楽に暮らすィって、里の方から、山形近在から、登ってきたんだそうだ、オレ家《ち》のお祖母《ばぁ》さん。里の方で、税金が高くて、障子一枚酒一升って、暮らすに、とてもひでえかったんだそうだ。で、山の方に登ってぐと、税金がないがったんだな。税金、付かねえの。山の方さお嫁に行ぐど、税金もねえす、楽に暮らすィっていうわけで、行ったんだっけど。そしたら、南蛮（トウガラシ）も、赤くなんねえっけど……南蛮なの植えだって、赤くもならなくて「南蛮も赤くなんねえどごさ、住んでいるもんでねえどお」って、お嫁にきてみたけんども、考えて、だんだん人増えて、いっぱい、この人数が増えだら、どうしてか、暖かくなったか、木、切っぱらったせいか南蛮も赤くなって、みんな住みよくなったんだっけど。はいづ、あいづだね。

これは山形県上山市大門古屋敷で小川伸介監督が一九八二年（昭和五七年）に撮ったドキュメンタリー『ニッポン国古屋敷村』の冒頭に登場する媼《おうな》の昔語りである。小川監督はこの映画を撮る前に、今は成田国際空港となった成田市三里塚の農民と生活を共にしながら空港建設に反対する農民運動、いわゆる「三里塚闘争」を記録したドキュメンタリーを七作撮った。その後、小川プロダクションのスタッフと共に上山市牧野に移住し、農業を営みながら『ニッポン国古屋敷村』と『一〇〇〇年刻みの日時計牧野村物語』を発表している。

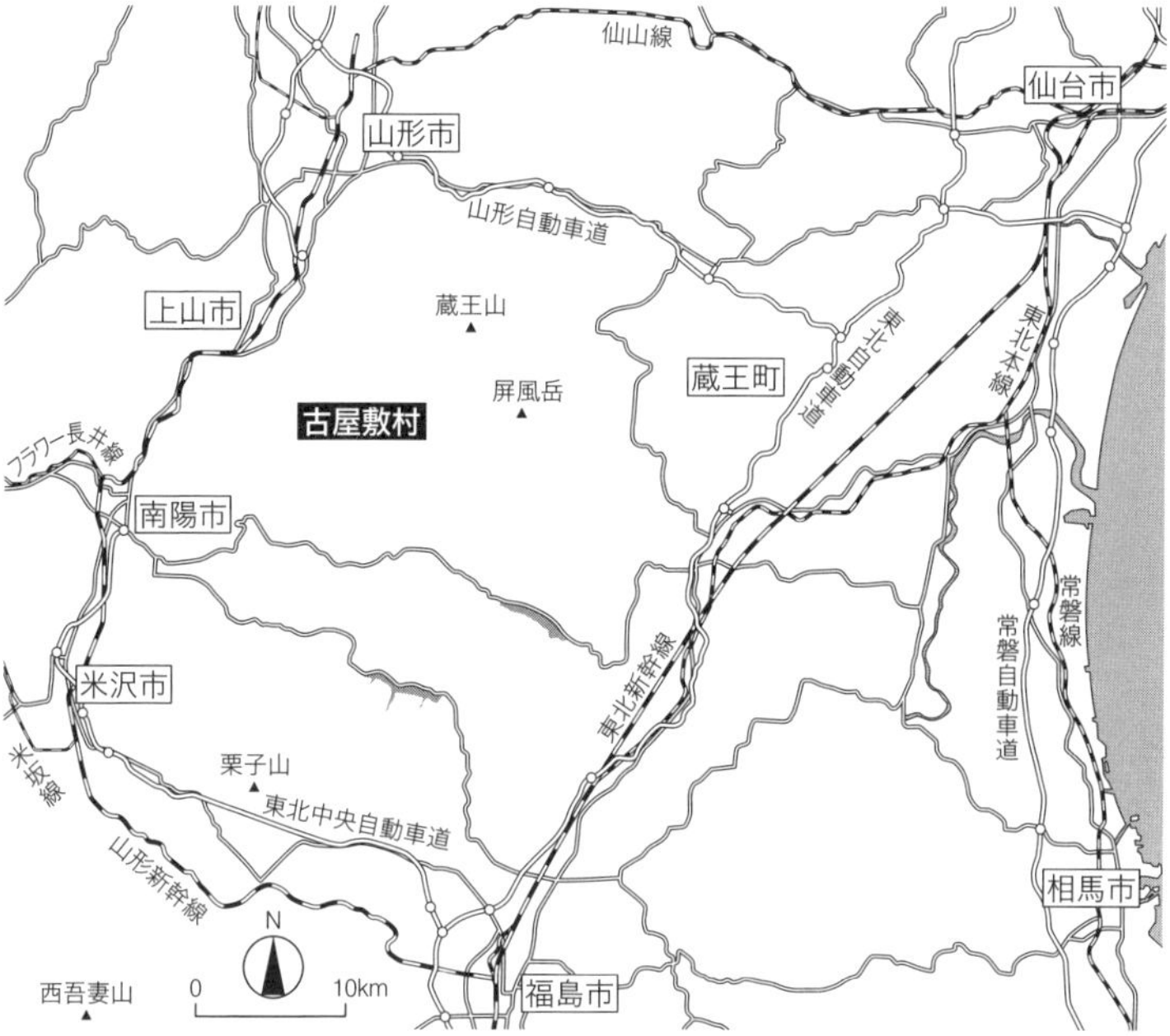

〈所在地〉

古屋敷村：山形県上山市大門古屋敷

牧野に移った小川監督は一九八〇年（昭和五五年）に東北地方を襲った冷害を切っ掛けに古屋敷村に入り、稲作と冷害の関係を科学的に検証するとともに、村で生きる人たちの生活を深いところで映像化し、『ニッポン国古屋敷村』はベルリン映画祭国際批評家連盟賞を受賞している。宮城県側の山を越えて南からシロミナミと呼ぶ冷気が下りてきて夏でも気温が一五度を下回ることがあった冷害の実態、稲が青立ちのままで稲穂が実らなかった原因の究明、村の古老から炭焼き、養蚕、戦争体験、農地改革で受けた喪失感、そして若者の都会への流出などを聞き取り、戦後、ことに一九五四年（昭和二九年）から一九七三年（昭和四八年）にかけての高度経済成長期が農山村に与えた影響に迫り、きわめて貴重な記録となっている。ここではその内容に深入りすることはしないで、冒頭の媼の話について考える。

年貢が免除されていた古屋敷村

媼は古屋敷村では年貢の上納が免除されていたことがあったとの祖母の記憶を語っている。古屋敷村がかつて属していた東村地域の『東郷土史』に載《の》せる「上山三家見聞日記」は古屋敷村で一六五五年（明暦元年）に検地があり、年貢取立ての命が下されたが、農民の願い出により免除となり、それが一六九六年（元禄九年）まで続いたことを記している。

年貢は豊臣秀吉による太閤検地によりその基礎が定められ、江戸時代に全国的な制度として定着

図 13・1　雪の古屋敷村（2012.01）（写真：齋藤真朗）

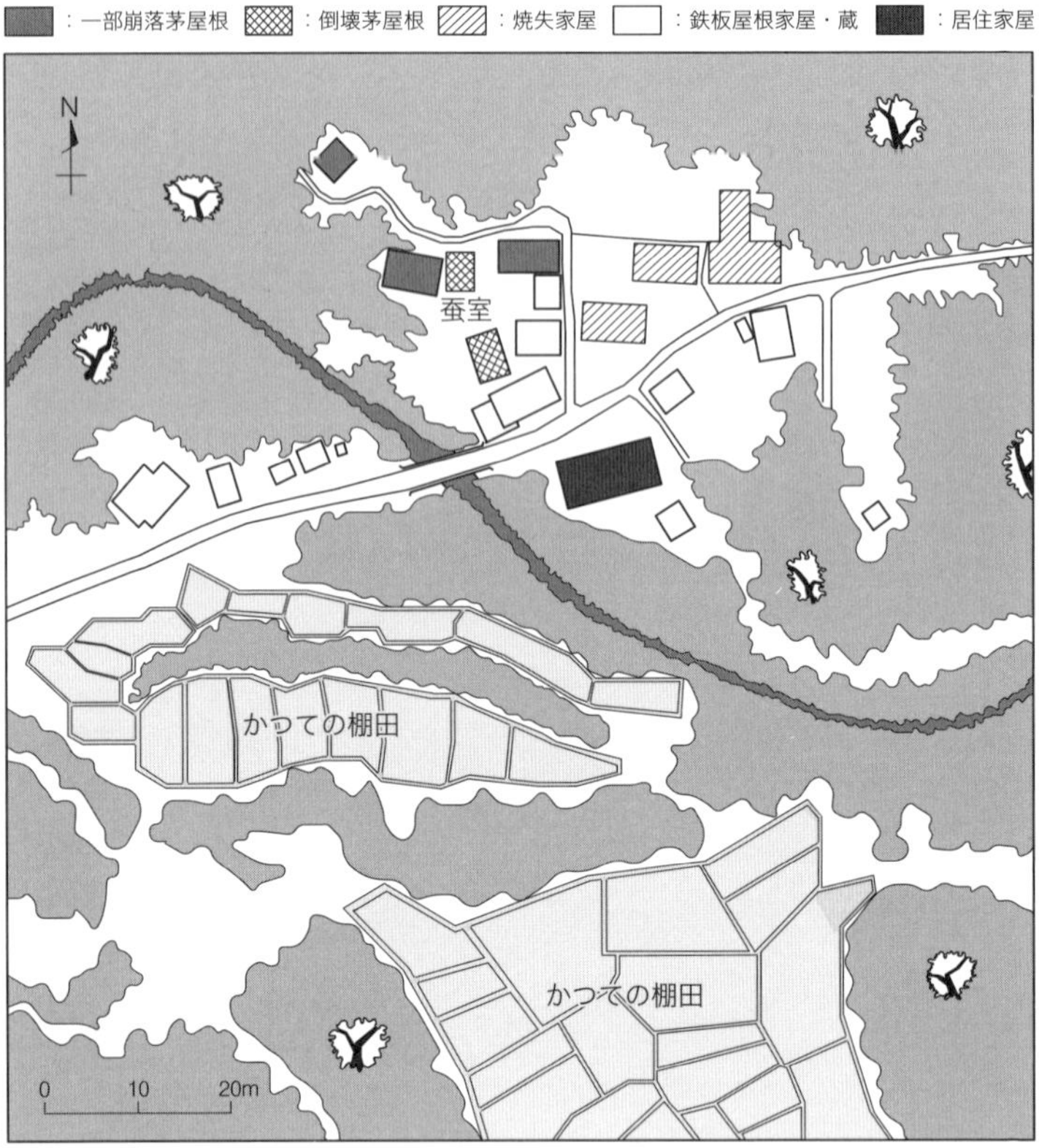

図13･2　古屋敷村全図(google、yahoo航空写真に1975年の航空写真を重ねてかつての棚田を描き込んだ)

した。年貢の取り方は時期や地域、領主との関係によって違いがあったとされるが村単位で負荷されたようで年貢免除の制があったことも判る。たとえば、著名なのは豊臣秀吉と柴田勝家の間で生じた賤ケ岳合戦で功があった滋賀長浜の町民に明治に至るまで一定の免除があった例、寺社境内や特別な由緒ある土地が検地帳から除地とされていたこと、凶作のときに年貢を免除した石田三成や真田真幸の例などが見つかる。その他、江戸幕府は年貢を一定期間免除する入植振興策をとった時代もあったとされる。

これらから推測すると媼の話にある古屋敷村での年貢免除は本村から離れた新地開発時の免除か、一七八二〜一七八八年（天明二〜八年）にかけて東北地域を襲った大飢饉の折の領主の処置であったのであろう。そして、媼が最後に「だんだん人増えて、いっぱい、………みんな住みよくなったんだっけど。」と語っているのは、古屋敷村が居住地としてある程度まで安定してきたことを物語っている。

古屋敷村は上山市の中心街から一二キロばかり宮城県側に入った標高四二〇メートル余りの地にあり、戸数は一七二六年（享保一一年）の「見取場書上帳」によると一四戸で、一八七一年（明治四年）まで変わらず、明治二〇年代になると鉱山労働者とか一人住まいの奉公人や祭文師らもいて二〇戸前後になったと『東郷土史』は書いている。

古屋敷村での生業は木炭製造と養蚕であった。ことに木炭製造は一九四五年（昭和二〇年）の時点で一六戸がなんらかの形でかかわっており、『ニッポン国古屋敷村』も吹雪の中で炭俵を運搬し、二貫から三貫目（一〇キログラム前後）の炭を背負って上山まで売りに行く話を伝えている。しかし、一九三三年（昭和八年）に上山市街から古屋敷村までの自動車道が開鑿《かいさく》され、一九五四年（昭和二九年）に古屋敷村の奥の萱平《かやだいら》まで一日三本ながら定期バスが開通すると古屋敷村の生活は一変する。この間の事情を『ニッポン国古屋敷村』では古老の喜一郎さんが「あの簡易舗装道路あんてできたべえ？大変、こんどは裕福に暮らせると思ったら、まるで反対なんだもねえ！　はいつぁ、こんどは仕事がかえってなくなっちゅうもんだ。こんどあ！　ある、一定な人に、特殊な人にばり、金、取られて。…中略…　幸せに暮らせるだろうなんて言うけんども、ほれとは正反対だもなあ！」「んだからあんまり開けるちゅうことは…良いことであり、悪れえことであり、みんな公平に恩恵に浴するあんちゅうことはぜったい不可能だべなあ！」と語っている。こうして若い人たちが一人、二人と現金収入を求めて山を下り、それに続いてその家族も徐々に村を下りて、一九七三年（昭和四八年）に三戸が離村し、一九八七年（昭和六二年）にはついに二戸を残すだけとなり、後には無人の家屋が放置されたままになった。

保存を考える会の設立

そんな時代経過のなかで、地元の老舗温泉旅館が空き家になった茅屋根家屋を敷地ごと買い取り、「ふるさと創生」の文化施設として保存活用に乗り出し、茅屋根を葺き替え、周辺を整備して観光地

図 13・3　屋根が崩落した家（2017.09）

化を図った。改装した茅屋根の家々は「谷川庄」「鈴虫庄」「まゆの庄」などと名づけられ、養蚕の蚕室は「民具資料館」、座敷土蔵は山形市出身の詩人、評論家でもある真壁仁の資料館とされた。

しかしながら老舗旅館は屋根の維持コストの問題などで施設の維持が困難になり、二〇〇〇年（平成一二年）に事業を中止した。建物は荒廃するままに放置され、やがて建物の取り壊しが検討されることになった。そんななか、古屋敷村の再生に関心を寄せる上山市や山形市の有志数名が二〇〇八年（平成二〇年）に「古屋敷村の保存を考える会」を立ち上げ、保存再生に向けての活動を始めた。会では老舗旅館との間で施設の引渡しを協議する一方で、傷みが激しい屋根に厚いビニールシートを被せて保護処理をしたり、茅刈りイ

図 13･4　村の北側に並ぶ三棟（2010.04）（中央の屋根がシートで被われたのが蚕室）

図 13･5　上図の 7 年後の状態（2017.09）（蚕室は潰れ、奥の茅屋根も屋根が崩落し草で被われている。手前の茅屋根にも穴が空き、崩落寸前である）

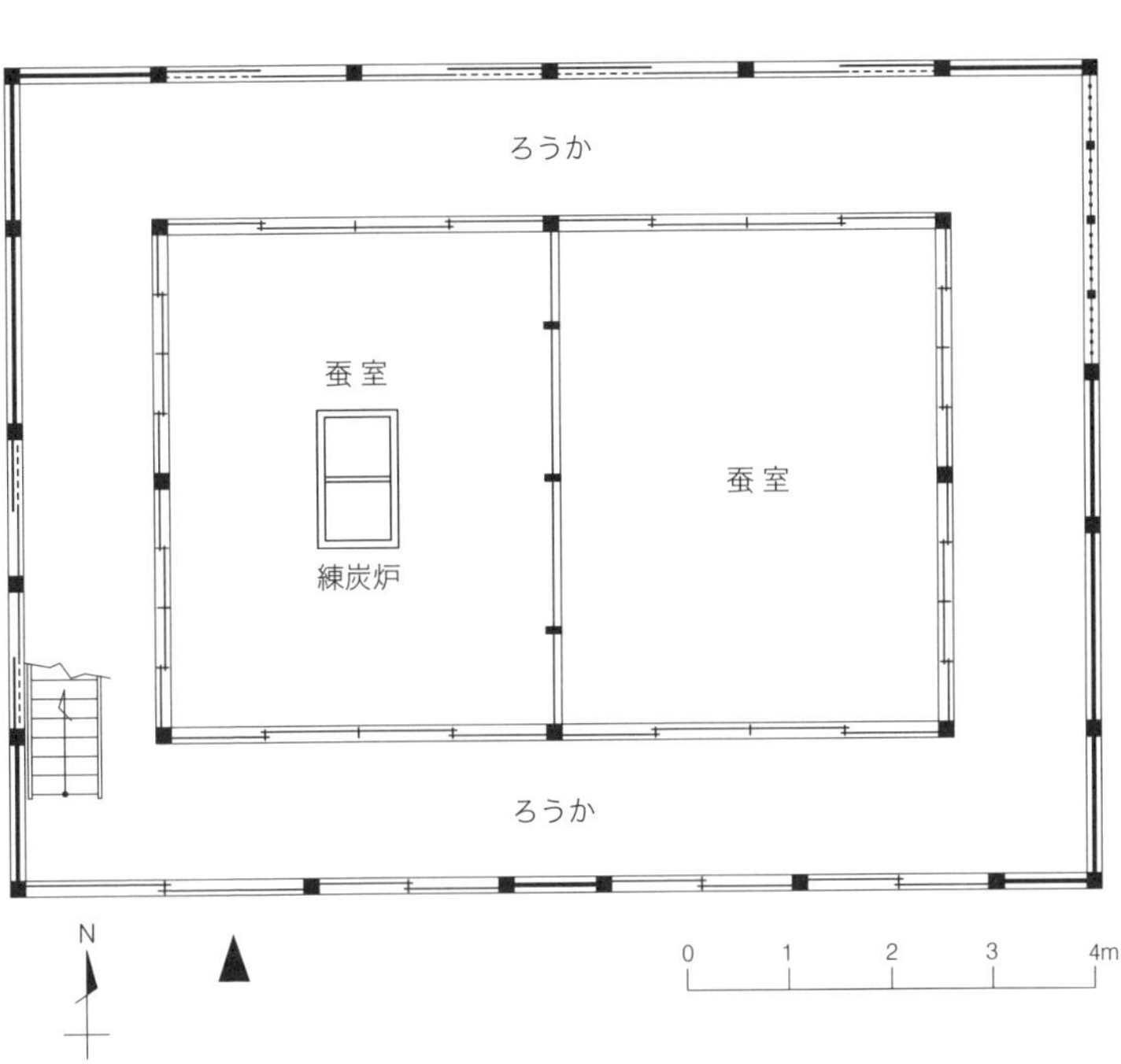

図13・6　蚕室1階推定復原図
（外部廻りは写真から復原、屋内蚕室廻りは『ニッポン国古屋敷村』掲載図から推定復原）

ベントや茅葺き職人を迎えての「かやぶき学習会」を開催したりした。その他、野菜料理を学ぶ「昔のごちそう学習会」を催したりして、古民家を巡る建築技術や生活文化、食文化の再現と継承を試みた。

　ところが二〇一一年（平成二三年）に不審火により茅屋根二棟を含む三棟が消失し、老舗旅館が「民具資料館」としていた蚕室も二〇一三年（平成二五年）の積雪に耐えられず屋根が崩落し、倒壊した。養蚕は一九〇五年（明治三八年）に「蚕種予防法」が公布されると個人経営の製造は次第に減少し、業者による企業化が進んだ。

しかし、この蚕室は一八九四年（明治二七年）に建てられたもので、蚕の「温暖育」が普及し、養蚕が個人経営として隆盛していた時代の生活文化遺産としてきわめて貴重なものであった。『ニッポン国古屋敷村』に掲載されているイラストと「古屋敷村の保存を考える会」が撮った写真から不十分ながら一階平面を推定復原すると図13・6のようなもので、石組みで敷地を高くして湿気を防ぎ、通風を良くしている。外部廻りは高腰板紙障子の引き戸を主体とし、屋内は四周に四尺五寸幅の廊下を取り、中央に一〇帖二部屋の蚕室を設けている。二階も同様の間取りで、蚕室と廊下の仕切りは引き違い障子である。二階の床はスノコ張りで、一階で焼いた練炭の暖気が屋内を満遍なく循環する仕組みがとられており、屋根の棟には気抜きの起し屋根が付いている。福島県の伊達辺りの様式を取り入れたものとされる。今和次郎は『日本の民家』で温暖育時代の蚕室をいくつか採録しており、それを参考にして図13・6を見ると、四方を囲む廊下は蚕の餌として大量の桑を供給するのに便利にしたもので、二室になっているのは一室を稚蚕用に、他を壮蚕用にしたものと推測される。また壁を少なくし、間仕切りは建具を基本にしているのは季節による通風調整のためであろう。

蚕室の倒壊以降も建物の荒廃は進み、「古屋敷村の保存を考える会」が主な保存活動の対象としていた建物も二〇一五年（平成二七年）から二〇一六年（平成二八年）にかけての雪で屋根に大きく穴が開き、最早、再生の見通しが立たなくなり、事実上、会の運営の継続を断念せざるを得なくなった。こうして古屋敷村の茅屋根は自然に還っていくことになった。その他の金属屋根の家々も外部から移住してきた人が住む一軒を残して倒壊するのは時間の問題であろう。

一九七五年（昭和五〇年）に撮られた航空写真に拠ると集落の南側の傾斜面に一枚一枚はわずかな面積の棚田が認められる。古屋敷村の人たちが長い年月をかけて森を拓き、水を回し、作り上げていったものであろう。しかしながら何年も耕作されていない現在はすでに森に還ろうとしている。図13・1には往時の記録としてGoogleおよびYahooの航空写真から見ることのできる現状に、昭和五〇年の航空写真で得られた棚田を描きこんだ。

田んぼを見下ろす超高層マンション

山形新幹線がかみのやま温泉駅に近づくと、突如として東京方向から右手に超高層マンションが田んぼの真ん中に山を背にして見える。一九九九年（平成一一年）に竣工したスカイタワー41という分譲マンションである。上山市の中心街まで徒歩三〇〜四〇分、山形市までは車で二〇分の位置にあり、七〇〜一〇〇平方メートルのファミリー仕様で、二〇〇〇〜四〇〇〇万円で販売されたが数年後に半額程度になり、二〇〇五年（平成一七年）に完売している。分譲当初は一般住宅のほか、セカンドハウス、賃貸投資用としても買われたようであるが、最近は車で三分程度のところにスーパーマーケットができ、保育園、幼稚園、小学校ともに車で五分圏内にあるので、住居として中古購入する人が増えてきたと言う。何処へ行くにも車での移動が当たり前の地方都市の若い家族にと

図 13·7　田んぼを見下ろす超高層マンション

ってマンション住まいは古いしきたりに囚われることや、村社会に残る近所付き合いの煩わしさもなく、雪国では何よりも冬の雪下ろし、雪かきの心配をしなくてよい。

なぜこの場所にこのような超高層マンションが建てられたのかにはいろいろいわくがあるようだが、ここで私が関心を抱くのはこのマンションが古屋敷村から車でわずか一〇分あまりのところに、それも田んぼを見下ろす形で屹立《きつりつ》していることである。

その姿はまさに時代の転換を象徴している。現在、全国各地の中山間地域では「12　中門造りの家」の水引集落で見たように急激な高齢化と空き家化が進行している。中山間地域だけではなく地方都市の駅前商店街、高度経済成長期に開発された郊外住宅団地でも同様であり、近年は住み手がなく相続放棄される家が目立ってきている。利便性の低いところに立地するマンションもしかりである。

ちなみに、現在のわが国の人口は二〇一〇年（平成二二年）の一億二八〇五万人をピークとして、国立社会保障・人口問題研究所が二〇一七年（平成二九年）四月に発表した出生中位、死亡中位とした場合の将来推計では二〇五三年に一億人を割り、二〇六五年には八八〇八万人になるとしている。二〇一二年（平成二四年）の内閣府の資料では二一一〇年に四二八六万人になる可能性も載せている。過去を振り返ると江戸時代の享保年間から明治維新までの一五〇年余りはほぼ三〇〇〇万人強で定常しており、明治維新から現代までの一五〇年の間に約四倍近い増加を来たしたのである。人口の増減は世帯数、家屋数と密接に関連しており、人口減少に伴い家が不要になるのは必然の状況である。総務省の統計によるとわが国の住宅総数は二〇一三年（平成二五年）時点で六〇六三万戸、その内、空き家は八二〇万戸あり、住宅総数に対して一三・五パーセントを占めている。それにも拘らず年間九〇万戸を超える住宅が新築され、住宅着工件数は景気を判断する先行指標の一つとされる一方で、空き家は年々増加している。このような時代状況を鑑みたとき、スカイタワー41は将来にさまざまな課題を抱えているもののコンパクトシティの典型として多くのことを考えさせる。

ちなみに、平成の市町村大合併により実態が見えにくくなったが、全国には五〇〇世帯前後ないしはそれを下回る自治体、または旧自治体が少なくない。これらの地域ではいずれそう遠くない将来に消滅する地区を幾つか抱えており、福祉や安全対策などを考慮するとスカイタワー41に収斂《しゅうれん》される集落のコンパクト化は将来の一つのモデルを示している。一階に庁舎を設け、低層階は公共施設、商店にし、中層階以上を住居用にすれば居住者の利便性、安全性は担保されるし、自治体の経済効率も高まる。周辺の農地はデジタル技術で集約的に耕作すればよいし、放棄された家、屋敷、耕作地は自然に還してやればよい。これらの経済的合理性と利便性を将来の仮想像とした場合、利便性と合理性の裏側で見失われていくものが次第に増していくように思われる。このような現実を迎えて、今、私たちは何を大切にし、何をなすべきか考え続けることが必要とされる。

『ニッポン国古屋敷村』で冒頭の媼とは別の媼が標高五〇〇メートルの炭焼き場で四〇〇〇万年から二〇〇〇万年前の貝の化石を拾った話を語っている。四〇〇〇万年から二〇〇〇万年前に山形県辺りの東北地方はまだ海底であった。四〇〇〇万年の時の流れのなかで、村が生まれ、そして家が倒壊し、一つの村が消滅するのは何ほどのことでもない。しかし、そこで生きてきた人々の命、生活、そしてその住まいとしての家はかけがえがない。また、全国各地でそれらの人たちの日々の営みの場としての民家の保存に尽力してきた人たち、今も奮闘している人たちの思いも深い。これらの記憶は決して消し去られてはならない。

古老の喜一郎さんは村が衰退していった原因の一つとして、村に自動車道が開かれて便利になったことを語っているが、経済が豊かになり、便利になることが必ずしも人々を幸せにすることではない。現在、経済をすべての軸足としなければならなくなった資本主義の限界を説く社会経済学者も少なからずいる。また、テクノロジーが加速し、ＡＩが人間の能力の多くを代行する可能性も見えてきた。グローバリゼーションが今後ますます進行していくことも間違いない。そんな時代の大きな変換点にあって、私たちは何を捨てたのか、何を創り出し、何を大切にしなければならないかを考え続けることを止めてはならない。

民家はまぎれもなく私たちの時代に、今、何が大切なものであるのかを考えさせてくれるよすがである。

参考文献

〈1〉
・重要文化財古井家住宅（千年家）保存修理委員会編『重要文化財古井家住宅修理工事報告書』重要文化財古井家住宅（千年家）保存修理委員会、一九七一年二月
・文化財建造物保存技術協会編『重要文化財箱木家住宅（千年家）保存修理工事報告書』文化財建造物保存技術協会、一九七九年一月
・工藤圭編『日本の民家　第三巻　農家Ⅲ』学習研究社、一九八一年一月二六日
・神戸市「こうべ No.254 特集：神戸の茅葺民家」一九九三年一二月
・全国重文民家の集い編著『重文民家と生きる』学芸出版社、二〇〇三年四月三〇日
・神戸市北区まちづくり推進課『北区内の茅葺き民家調査 及び 茅葺き民家所有者等ＥＮＱ調査結果』二〇〇九年三月
〈2〉
・城戸久「愛知県北設楽の農家」『城と民家』所収　毎日新聞社、一九七二年六月二五日
・折口信夫「山の霜月舞―花祭りの解説」『折口信夫全集　第十七巻　芸能史篇』中公文庫、一九七六年九月一〇日
・武井正弘「花祭の世界」『日本祭祀研究集成　第四巻　祭りの諸形態』名著出版、一九七七年三月
・宮沢智士編『日本の民家　第二巻　農家Ⅱ』学習研究社、一九八〇年六月一〇日
・飯島吉晴『竈神と厠神　異界と此の世の境』人文書院、一九八六年三月三一日
・『建築大辞典　第2版』彰国社、一九九三年六月一〇日
・山本ひろ子「花祭の形態学」『神語り研究4』春秋社、一九九四年
・文化財建造物保存技術協会編『重要文化財熊谷家住宅主屋及び新倉修理工事報告書』文化財建造物保存技術協会、二〇〇二年三月
・早川孝太郎『花祭』講談社学術文庫、二〇〇九年四月一三日
〈3〉
・玉城肇『日本における大家族制の研究』刀江書院、一九五九年

・城戸久「飛騨白川の合掌造民家」『城と民家』所収、毎日新聞社、一九七二年六月二五日
・江馬三枝子『飛騨白川村』未来社、一九七五年三月一五日
・柿崎京一「資本制成立期の白川村「大家族」の生活構造」『村落社会研究一一』一九七五年
・白川村教育委員会『荻町合掌集落 重要伝統的建造物保存地区』白川村教育委員会、一九八一年九月
・安藤邦廣『茅葺きの民俗学 生活技術としての民家』はる書房、一九八三年一二月二二日
・小山隆『山間聚落の大家族』川島書店、一九八八年一一月三〇日
・平村教育委員会『国指定史跡 越中五箇山相倉集落 相倉の合掌集落』平村教育委員会、一九九四年三月三一日
・柿崎京一編代表『白川郷文化フォーラム'92 合掌造り』白川村・白川村教育委員会、一九九四年六月二〇日
・民族文化映像研究所編『合掌造り民家はいかに生まれるか 白川郷・技術伝承の記録』白川村教育委員会、一九九五年一月三一日
・赤松啓介vs上野千鶴子『猥談 近代日本の下半身』現代書館、一九九五年六月一日
・『世界遺産 白川郷・五箇山の合掌造り集落 白川村荻町・平村相倉・上平村菅沼』合掌造り集落世界遺産記念事業実行委員会、一九九六年三月三一日
・白川村史編さん委員会編『新編 白川村史 上中下』白川村、一九九八年三月三一日
・合田昭二・有本信昭編『白川郷 世界遺産の持続的保全への道』ナカニシヤ出版、二〇〇四年三月三〇日
・宮澤智士『白川郷合掌造Q&A』智書房、二〇〇五年八月九日
・佐伯安一『合掌造り民家成立史考』桂書房、二〇〇九年二月一〇日
・松本継太、宮澤智士「合掌造り民家研究その2 白川村大牧の名主太田家住宅に関する覚書」『長岡造形大学研究紀要 第7号』二〇一〇年四月

〈4〉
・伊藤ていじ『民家は生きてきた』美術出版社、一九六三年一月一五日
・有賀喜左衛門『有賀喜左衛門著作集(3) 大家族制度と名子制度 ― 南部二戸郡石神村における』未来社、一九六七年五月一〇日

・吉本隆明『共同幻想論』河出書房新社、一九六八年一二月五日
・小野芳次郎『東北地方の民家』明玄書房、一九六八年六月三〇日
・小倉強『増補　東北の民家』相模書房、一九七二年一月一三日
・柳田国男『遠野物語』新潮文庫、一九七三年九月三〇日
・大河直躬編『日本建築史基礎資料集成　二十一　民家』中央公論美術出版、一九七六年四月二五日
・小倉強『東北の民家探訪日記』相模書房、一九七六年一〇月一五日
・折口信夫『折口信夫全集　第15巻　民俗学編I』中公文庫、一九七六年一一月一〇日
・遠野市教育委員会『遠野の曲り家：砂小沢（［ミサ］崎）の集落　伝統的建造物群保存地区調査報告』遠野市教育委員会、一九七七年三月三一日
・佐々木喜善『遠野のザシキワラシとオシラサマ』宝文館出版、一九七七年一〇月一五日
・東北大学建築学科佐藤巧研究室編『文化財調査報告　第26集　岩手県の古民家』岩手県教育委員会、一九七八年三月
・溝口歌子・小林昌人『民家巡礼―東日本編―』相模書房、一九七八年一〇月二〇日
・杉本尚次『日本民家の旅』日本放送出版協会、一九八三年六月二〇日
・観光資源保護財団編『南部の曲り家』観光資源保護財団、一九八四年三月三一日
・河本大地「岩手県遠野市における南部曲家の現状―その残存と継承に着目して―」『地理科学Vol.58、No.1』二〇〇三年
・遠野市『重要文化財千葉家住宅保存活用基本構想』遠野市、二〇一六年二月二九日

〈5〉

・村田典嗣『本居宣長』岩波書店、一九二八年三月五日
・城戸久『先賢と遺宅』那珂書店、一九四二年一二月二〇日
・出丸恒雄『宣長の青春―京都遊学時代―』光書房、一九五九年一〇月一三日
・芳賀登『本居宣長』牧書店、一九六五年三月二四日
・田原嗣郎『本居宣長』講談社、一九六八年一月一六日
・大野晋・大久保正編『本居宣長全集』筑摩書房、一九六八〜九三年

・芳賀登『本居宣長　近世国学の成立』清水書院、一九七二年五月二五日
・野崎守英『本居宣長の世界』塙新書、一九七二年五月二五日
・小林秀雄『本居宣長』新潮社、一九七七年一〇月三〇日
・岩田隆『本居宣長の生涯―その学の軌跡』以文社、一九九九年二月一五日
・株式会社林廣伸建築事務所『国特別史跡「本居宣長旧宅」修理計画書』二〇〇三年三月
・本居宣長記念館ほか編集『21世紀の本居宣長』朝日新聞社、二〇〇四年九月一八日
・相良亨『本居宣長』講談社学術文庫、二〇一一年六月九日
・吉田悦之『本居宣長　日本人のこころの言葉』創元社、二〇一五年五月一〇日
・吉田悦之『本居宣長にまねぶ』致知出版社、二〇一七年二月二五日

〈6〉

・内田寛一「伊那渓谷における特殊戸口現象―大草村の場合―」『新地理 Ⅲ－3』日本地理教育学会、一九五九年
・太田博太郎「本棟造りの成立」『信濃［第三次］12－5』信濃郷土研究会、一九六四年
・「大鹿村の民家」『長野県民俗資料調査報告 8』長野県教育委員会、一九六六年三月三一日
・太田博太郎・大河直躬『長野県民家緊急調査』一九七一年、一九七二年
・太田博太郎『信濃の民家』長野県文化財保護協会、一九七六年三月一日
・日高彩 外「信州における本棟造りの分布について（本棟造りの研究1）」『日本建築学会学術講演梗概集 F－2 歴史・意匠』二〇一〇年七月二〇日
・飯田市歴史研究所編『飯田下伊那史料叢書2 建築物編1 本棟造と養蚕建築』飯田市歴史研究所、二〇一一年三月

〈7〉

・新潟県教育委員会編『重要文化財笹川家住宅（表座敷 居室部 表門）修理工事報告書』新潟県教育委員会、一九六〇年三月
・角田夏夫『豪農の館―地主七代―』北方文化博物館、一九七九年五月一〇日
・宮沢智士編『日本の民家 第二巻 農家Ⅱ』学習研究社、一九八〇年六月一〇日

〈8〉
・横山秀哉「湯殿山麓の多層民家」『民俗建築 第八号』民俗建築会、一九五二年九月三〇日
・小倉強『東北の民家』相模書房、一九五五年五月一五日
・小林昌人「田麦俣の多層民家」『民間伝承 第24巻 7号』一九六〇年
・金子幸子「多層民家の住生活について」『家政学雑誌 第12巻 第4号』日本家政学会、一九六一年
・大沢力『田麦俣のかぶと造り 渋谷家移築資料』致道博物館、一九六七年
・小野芳次郎『東北地方の民家』明玄書房、一九六七年六月三〇日
・渡部留治『朝日村誌(一〜四)』朝日村、一九六四年〜一九六九年
・金子幸子「多層民家の変化について」『家政学雑誌 第20巻 第7号』日本家政学会、一九六九年
・木村正太郎『出羽の民家探訪』中央書院、一九七三年一月二〇日
・吉田靖編『日本の民家 第一巻 農家Ⅰ』学習研究社、一九八一年九月二五日
・田村茂廣『多層民家の里・田麦俣』東北出版企画、二〇〇一年一一月三日
〈9〉
・竹内義実『大平街道 下伊那街道史』一九五八年
・飯田市『大平史』飯田市、一九七一年一月一五日
・飯田市教育委員会『大平の民俗』飯田市、一九七九年
・(財)観光資源保護財団編『信州飯田・大平宿の集落』(財)観光資源保護財団、一九八一年三月一日
・全国町並み保存連盟東京事務局編『第7回全国町並みゼミ 町ぐるみ語れ、町並みこそふるさと』大平宿をのこす会+全国町並み保存連盟、一九八四年五月二六日
・吉田桂二「無住となった歴史的集落の保存と再生」『住宅建築 一九九五年五月号』
〈10〉
・内藤昌『江戸と江戸城』鹿島研究所出版会、一九六六年一月三一日
・埼玉県立文化会館編『住居の歴史 埼玉生活文化史シリーズ 3』真珠書院、一九六九年

・埼玉県教育委員会編『埼玉県の民家　埼玉県民家緊急調査報告書』埼玉県教育委員会編、一九七二年
・東秩父村教育委員会編『埼玉県指定文化財　細川紙紙すき家屋復原工事報告書』東秩父村教育委員会、一九八八年
・寿岳文・寿岳しづ『日本の紙・紙漉村旅日記』講談社文芸文庫、一九九四年四月
・文化財建造物保存技術協会編『重要文化財吉田家住宅保存修理工事報告書』重要文化財吉田家住宅修理委員会、一九九八年一二月三一日
・吉田辰己編『重要文化財吉田家住宅』吉田家、一九九九年五月一三日
・小川町教育委員会編『重要文化財吉田家住宅―その修理と調査の記録―』小川町教育委員会、二〇〇〇年
〈11〉
・内田武志・宮本常一編『菅江真澄全集 第一～四巻』未来社、一九七三年二月二五日
・内田武志・宮本常一編訳『菅江真澄遊覧記1～4』平凡社ライブラリー、二〇〇〇年四月一五日
・五城目町史編纂委員会『五城目町史』五城目町、一九七五年三月三一日
・日本歴史地名大系第五巻『秋田県の地名』平凡社、一九八〇年六月六日
・秋田県師範学校・秋田県女子師範学校編著『秋田県綜合郷土研究』東洋書院、一九八二年三月二三日
・峰浜村誌編さん委員会『峰浜村誌』峰浜村、一九九五年一〇月三一日
・鈴木牧之著・池内紀訳『北越雪譜』小学館、一九九七年六月二〇日
・佐藤晃之輔『秋田・消えた村の記録』無明舎出版、一九九七年一一月一〇日
・田上正典「秋田の茅葺き事情」『山村だよりNo.06』ＮＰＯ法人山村集落再生塾、二〇一〇年四月一〇日
・嶋津宣美「手這坂の民家再生活動」『山村だよりNo.14』ＮＰＯ法人山村集落再生塾、二〇一二年三月二〇日
〈12〉
・星文吉編『舘岩村郷土研究誌』一九六〇年一二月
・(財)文化財建造物保存技術協会編『重要文化財　五十嵐家住宅修理報告書』只見町、一九七四年二月
・『民家緊急調査報告書　福島県の民家 Ⅲ．いわき』福島県教育委員会、一九七二年三月
・石川純一郎『会津舘岩村民俗誌』舘岩村教育委員会、一九七四年七月二一日

・会津民俗館編『旧馬場家住宅調査・移築復原工事報告書』一九七四年一二月
・『新潟県民家緊急調査報告Ⅱ　越後の民家―中越編―』新潟県教育委員会、一九七九年三月
・山本充「奥会津の山村　舘岩村における生活形態の変化…水引集落を中心として…」『筑波大学昭和57年度卒業論文』一九八二年三月
・藤木忠善『会津舘岩村の民家　中門造の美』舘岩村教育委員会、一九八四年三月三一日
・執筆・編集 東北工業大学草野研究室『田島町文化財調査報告書　第11集　田島の民家　農民住居の遺構と近世の変遷』福島県田島町教育委員会、一九九五年八月二〇日
・舘岩村史編さん委員会『舘岩村史　第一～五巻』舘岩村、一九九二年三月～二〇〇二年三月
・企画展示報告書『ふるさとの茅葺き屋根』福島県田島町教育委員会、二〇〇五年七月三一日
・『山村だよりNo.01～25』NPO法人山村集落再生塾、二〇〇九年三月二〇日～二〇一四年一二月二八日
・藤木良明『新屋敷「星家」調査報告書』NPO法人山村集落再生塾、二〇一六年三月一八日

〈13〉

・『上山市史　上、中、下巻』上山市市史編さん委員会、一九八〇年三月～一九八五年三月
・今和次郎『日本の民家』岩波文庫、一九八九年三月一六日
・東郷土史編さん委員会編『東郷土史』東郷土史編さん委員会、一九九四年三月二〇日
・『月刊　かみのやま　第3号』スタジオ・ワン、二〇〇一年七月一日
・山形新聞社編著『やまがた地名伝説　第四巻』山形新聞社、二〇〇七年五月一八日
・「田んぼを見下ろす超高層」『週刊ダイヤモンド』二〇〇八年八月二日
・勝亦達夫・川向正人「清涼育と温暖育の蚕室の仕組みと構成要素―蚕書による近代蚕室に関する研究　その1―」『日本建築学会計画系論文集　第75巻　第648号』二〇一〇年二月
・木村迪夫『山形の村に赤い鳥が飛んできた　小川伸介プロダクションと二五年』七ッ森書館、二〇一〇年四月一日
・齋藤真朗「山形県上山市〝古屋敷村〟の保存活動について」『山村だよりNo.07』NPO法人山村集落再生塾、二〇一〇年六月二〇日

あとがき

本書の冒頭に書いた古井家の最後の住み手のかずゑさんが亡くなり、「千年家公園」として整備された後に再訪したとき、私は住み手をなくすと家はこんなにも変わるものかと大きな驚きを禁じえなかった。旧古井家がわが国に残る民家の初期遺構としての価値が大きいとしても、公園化された旧古井家からはかずゑさんが住んでおられたときに感じたなんとも言葉にしがたい安堵感が消え失せていた。このことは自治体の公園の片隅などに移築保存されている茅屋根民家を見るときも同じで、保存家屋の解説をいくら読んでもそこから生きた家の姿を思い描くのは容易でない。私はそんな思いから心にとまったいくつかの民家を語ることによって生きた家の姿を探りたいと考えてこの書を起したのであるが、取り上げた家々をどこまで生きた家として語り得たかには忸怩たるものがある。また、本書の終盤で紹介した茅屋根集落の保存に関しては、茅屋根を支える茅職人さんたちのことを含めて決して明るいとは言えない将来像しか提示することができなかった。

前者にあって民家研究を専門にする読者には情緒論に思われたかもしれないし、後者では民家を愛し、今なお民家の保存運動に尽力している方たちに暗澹たる思いを抱かせたかもしれない。しかしながら私はこの書で民家の様式論を語るつもりはなかったし、近年流行の古民家再生や活用事例を紹介する気はまったくなかった。民家は私の専門領域ではないし、古民家の再生や活用事例は全体状況からするとたまの機縁に恵まれたものが多く、成功例が他に影響を及ぼす要素は少ないというのが私の認識であった。むしろ、民家の専門外のところで民家の持つ意味を考え直し、そしてその滅びゆく現状を見るところから、現在の我々の日常から何が失われ、何をなくしてはならないかを考えようとしたのである。

ギリシャの映画監督アンゲロプロスは「経済というものさしが、政治も倫理も美学もすべてのことを決めてしまう」と語っているが、経済がすべてを決めてしまう壁の向こうへ私たちはどうしたら出ることができるのだろうか。私たちの前に立ちはだかるこの頑強な壁の扉を開ける術を、今、私は見えないが、民家を考えることから、そして長い時間をかけて培われた人と家と地域とのかかわりを見直してみることから何ものかが静かに生まれてくるのを期待するのである。

思い返せば本書をまとめるに当たってこの四十数年の間にほんとうに大勢の方々のお世話になった。故人となられた方も少なくないが、貴重なお話をお聞かせいただいた方々、ご厚情をいただいた方々のお名前を思い起こすままに記して感謝のこころをお伝えしたい。

古井かずゑ、森下武之、熊谷臣代、伊藤勝文、新谷とき子、松本継太、千葉哲雄、吉田悦之、御堂島サキ、松下虎夫、清野基美、渋谷幸雄、羽場崎清人、内野要吉、坂田朝次、吉田辰己、吉田千津代、宮崎義彦、木村友治、大高孝雄、風間崇、桜庭文男、安部久夫、田上正典、佐藤喜一、水野暁彦、星義秋、星義勝、渡部龍一、角田厚、星良榮、阿久津正人、小勝政一、河原田宗興、成田剛、星郁夫、堀江篤郎、五十嵐恵子、齋藤真朗、渡部はるゑ（敬称略）

なお、図版のうち私が実測調査して作成したもの以外は、出典を明記したうえで本書の割付に合わせて私自身が作成し直したものを掲載させていただいた。可能な限り元図を忠実に再現したつもりでいるが縮尺を小さくし、一部を省略しているので疑問をお持ちの場合は原典を確認いただきたい。掲載した平面図の室名は元図に倣って原則としてひらがな表記とした。地域、家によって用途が同じであっても呼称が異なっていることにもご理解いただきたい。

その他、本文中の家名に「旧」を付したものと付していないものがあるが、「旧」を付したものは所有者が自治体などに委譲されたものを示している。

本書は学芸出版社元社長で京町家の再生に尽力された京極迪宏さんに草稿を見ていただき出版への道を拓いていただいた。編集は京極さんの後を継いで社長職にお就きになった前田裕資さんにご多忙を押してご担当いただいた。お二人にこころよりお礼を申し上げます。

また、最後になるが長い付き合いの藤木典子さんにも草稿に目を通してもらい、多くの的確な指摘を貰った。それによって加筆した箇所が少なからずあることを感謝の気持ちとともに補記する。

藤木 良明（フジキ ヨシアキ）

1941年三重県生まれ、博士（工学）、一級建築士。
一級建築士事務所㈱スペースユニオン主宰、愛知産業大学造形学部教授、NPO法人山村集落再生塾代表を経て、現在、近江八幡市の江戸中後期の町家に居住。日本イコモス国内委員会理事等を歴任。

著書　『マンション管理とメンテナンス』（学芸出版社）
『集住の苦悩と幻想』（学芸出版社）
『マンション』（共著、岩波新書）
『マンションの地震対策』（岩波新書）
『マンションにいつまで住めるのか』（平凡社新書）
『アジアの仏教名蹟』（共著、雄山閣）、ほか

訳書　ジャック・デュマルセ『ボロブドゥール』（学芸出版社）

民家 最後の声を聞く

2018年4月10日　第1版第1刷発行

著　者………藤木良明
発行者………前田裕資
発行所………株式会社 学芸出版社
京都市下京区木津屋橋通西洞院東入
電話 075－343－0811　〒600－8216
http://www.gakugei-pub.jp/
E-mail　info@gakugei-pub.jp
印　刷………イチダ写真製版
製　本………山崎紙工
装　丁………KOTO DESIGN Inc. 山本剛史
編集協力………村角洋一デザイン事務所

Printed in Japan　ISBN978－4－7615－2672－6